中国西部经济发展研究中心资助项目
陕西省教育厅资助项目
西北大学“繁荣发展计划”优秀学术著作出版资助项目

西部企业家成长

环境与路径

邵金萍◎著

Growth of Western China Entrepreneurs
Environment and Pathways

中国经济出版社
CHINA ECONOMIC PUBLISHING HOUSE
·北京·

图书在版编目（CIP）数据

西部企业家成长：环境与路径／邵金萍著．--北京：中国经济出版社，2023.5
ISBN 978-7-5136-7306-8

Ⅰ．①西…　Ⅱ．①邵…　Ⅲ．①民营企业-企业家-经济行为-研究-中国　Ⅳ．①F279.245

中国国家版本馆 CIP 数据核字（2023）第 083637 号

责任编辑　贺　静　杨元丽
责任印制　马小宾
封面设计　任燕飞设计

出版发行　中国经济出版社
印 刷 者　北京艾普海德印刷有限公司
经 销 者　各地新华书店
开　　本　710mm×1000mm　1/16
印　　张　14.75
字　　数　226 千字
版　　次　2023 年 5 月第 1 版
印　　次　2023 年 5 月第 1 次
定　　价　69.00 元
广告经营许可证　京西工商广字第 8179 号

中国经济出版社　**网址** www.economyph.com　**社址** 北京市东城区安定门外大街 58 号　**邮编** 100011
本版图书如存在印装质量问题，请与本社销售中心联系调换（联系电话：010-57512564）

序

2000年前后，由于中国企业改革深入与发展的需要，一些国有企业与民营企业先后邀请我去做关于企业家精神的报告，同时与企业的一些管理者探讨企业家与企业家精神。2003年我应邀参加了南开大学举办的“创业与企业家精神”学术研讨会，并开始对企业家问题进行深入研究，先后发表了数篇关于企业家及企业家精神的研究论文。2004年，根据对企业高管人员培训的需要，我为西北大学现代经理人培训中心的企业领袖班讲授“企业家与企业家精神”，在讲授过程中，这门课程的内容逐渐丰满起来。2006年根据MBA教学的需要，我在西北大学MBA开设了“企业家与企业家精神”的专题讲座。这一阶段我对企业家与企业家精神的思考更进了一步，并逐渐形成了一些个人观点。2009年，西北大学开始招收EMBA学员，在课程设置方面为了突出西北大学综合性、人文性的特色，我们在EMBA的课程体系中专门设置了人文管理模块，开设了“企业家与企业家精神”。出乎意料的是，这门课程受到了学员们热烈的欢迎，一些企业不断邀请我们讲授这一课程，10多年来，这门课程始终是西北大学EMBA热门课程之一。我们还在西北大学本科生中开设了“企业家与企业家精神”通识课，并组建了课程团队，团队成员有西北大学经管学院吴振磊教授、邵金萍副教授、吴丰华副教授、赵伟伟副教授等。团队成员一起讨论，一起备课，并先后在企业高管、EMBA学员中做了4000多份问卷调查，不断丰富和完善课件内容，使课程大获成功，一度打破了通识课程报名人数的纪录，很多同学没有选上课就站在教室后面听课，这一场面在我们开课的几年里，每年都能遇到。后来由于团队人员工作的变化，以及其他一些原因停止了通识课程的开设，当时我们很想出一本关于“企业家与企业家精神”的教材，但随着通识课程的停止，教材自然也就不了了之，想想也是蛮可惜的。

2011年我辞去了西北大学经济管理学院院长职务，创办了永秀智库，创办智库的初衷也与“企业家与企业家精神”这门课密不可分。我们都是一群学者，没有办过企业，却要给MBA和EMBA的学员讲如何培育企业家精神，如何做一个合格的企业家，如何办好企业，我们深感不安。就这样，在团队成员的鼓励下，我领衔创办了永秀智库，真正体验了一把企业家的感觉，10多年创办企业的经历也让我对企业家与企业家精神有了更深刻的理解，一直都有写一本关于企业家内容的书的想法，但是由于身兼数职，整日忙碌，终未如愿。

《西部企业家成长：环境与路径》的作者邵金萍是我的博士生，是当年“企业家与企业家精神”课程的核心成员之一，同时也是永秀智库的创始人之一。我们都有一个共同的心愿，就是要写一些关于企业家的书，一方面是出于教育工作者的责任，另一方面是出于创业者的体会。

一个地区的经济发展与否，一个国家的兴盛与否，其关键因素就是企业家。西部经济发展长期落后，其中很大的原因是企业家匮乏，总结西部企业家成长的经验，分析西部企业家成长的环境，发掘适合西部地区企业家成长的路径是十分必要的。《西部企业家成长：环境与路径》一书，一方面对我们多年来讲授“企业家与企业家精神”课程中形成的一些关于企业家的基本理论做了较为全面的总结；另一方面从问卷、访谈入手，对东西部企业家成长环境和路径进行比较，探索了西部企业家成长的环境与路径，并提出了一些优化企业家成长环境、拓宽企业家形成路径的措施。虽然本书的研究还有待进一步深入和完善，但书中所提出的西部企业家成长过程中面临的环境和路径问题，必将越来越受到理论研究和实践工作者的重视。

白永秀

2021年3月　永秀智库

前言

这是一个巨变的时代，也是企业家辈出的时代。

改革开放40多年来，中国企业家经历了从无到有的发展过程，企业家群体逐步壮大，推动中国经济快速崛起，同时也加剧了东西部经济发展的不平衡，东西部差异的背后，除资源禀赋差异外是企业家群体的不同，企业家成长的秘密成为影响经济发展的重要因素。由于中国企业家成长的历史较短，我国学术界对于企业家成长的研究尚处于起步阶段，没有形成具有影响力的理论体系。因此，无论从实践中还是理论上，研究企业家的成长问题都具有十分重要的意义，特别是对于尚处在追赶超越中的西部地区而言更是如此。

企业家是一个特殊的群体，不同的学者对企业家的内涵理解不同，无论如何定义，企业家一定是企业和社会组织的领导者和决策者。在我国，国有企业家和民营企业家在生成机制上有很大的不同，为了研究的便利性，本研究所指西部企业家主要是指西部的民营企业家，旨在以西部企业家成长环境与路径为线索，分析东西部企业家成长环境及路径的差异，从理论上建立西部企业家成长的理论分析框架，在实践中调查西部企业家成长的现状及问题，分析西部企业家成长的环境特征，探索适合西部企业家成长的环境与路径，揭开西部企业家成功的秘密，为培养更多西部企业家献计献策。

目录

第1章 绪　论

1.1 新时代需要企业家

“世界之所以划分为发达国家和不发达国家，划分为富国和穷国，其区别就在经济增长上。任何一个国家和地区的经济发展主要取决于这个国家和地区的企业家资源的开发和利用，也就是最有才能的人究竟在干什么？他们是在做政府还是在做企业？”（张维迎，2014）改革开放40多年来，中国大量优秀人才涌向企业，成就了前所未有的中国式经济增长，中国经济发展的过程就是中国企业家产生、发展、壮大的过程。40多年来，我国涌现出一批如张瑞敏、柳传志、任正非、马云、马化腾、李彦宏等优秀的企业家，企业家群体不断壮大，企业家阶层逐渐形成，成为带动中国经济增长的强大力量，企业家作为一种独特的稀缺资源在市场经济中越来越发挥着主体作用，成为不可或缺的生产要素，特别是面对复杂的国际国内竞争环境和日新月异的技术更迭，在新思维、新思想的冲击下，更需要大量有胆识、有智慧和有魄力的企业家的存在。培养和造就优秀企业家队伍是中国建设社会主义强国不可回避的重要任务，企业家群体也越来越受到社会各界的普遍关注，西部民营企业家是民营企业的管理者、决策者和实际控制者，中国企业家经济已经到来。

1.1.1 新时代亟须民营经济高质量发展

党的十九大报告鲜明提出，中国特色社会主义进入了新时代。我国经济已由高速增长阶段转向高质量发展阶段，正处于转变发展方式、优化经济结构、转换增长动力的攻关期，新发展格局下的新时代必然是强调“创新是第一动力”的时代，民营企业作为创新的主体力量要充分发挥自身作用。2022年10月16日，党的二十大胜利召开，习近平总书记指出要“优化民营企业发展环境，依法保护民营企业产权和企业家权益，促进民营经济发展壮大，完善中国特色现代企业制度，弘扬企业家精神，加快建设世界一流企业”。经历了40多年的改革开放与社会主义市场经济的发展，走在社会主义市场经济前线的民营经济与民营企业得到快速发展，迎来历史最好发展机遇期（姜枫，2022）。党中央始终高度重视民营经济的发展，2018年11月1日，习近平总书记在民营企业座谈会上强调指出：“民营经济是我国经济制度的内在要素，民营企业和民营企业家是我们自己人。民营经济是社会主义市场经济发展的重要成果，是推动社会主义市场经济发展的重要力量，是推进供给侧结构性改革、推动高质量发展、建设现代化经济体系的重要主体，也是我们党长期执政、团结带领全国人民实现‘两个一百年’奋斗目标和中华民族伟大复兴中国梦的重要力量。在全面建成小康社会，进而全面建设社会主义现代化国家的新征程中，我国民营经济只能壮大、不能弱化，不仅不能‘离场’，而且要走向更加广阔的舞台。”

1.1.2 新时代呼唤民营企业家快速成长

民营企业家是民营企业的决策者、引领者和实际控制者。国家繁荣需要民营企业家，建设中国特色社会主义更需要民营企业家，我们所处的时代是实现“两个一百年”奋斗目标的新时代，是解决人民日益增长的美好生活需要和不平衡不充分的发展之间矛盾的新时代，是中华民族万众一心、共同奋斗的新时代，是勇于推进伟大社会革命和党的自我革命的新时代，更需要民营企业家秉承先贤传统，兴办实业、倾资兴学、精准扶贫，积极参与社会公益事业，让全社会不断感受到优秀民营企业家浓浓的家国情怀和耀眼的时代风采。

2020年全球新冠疫情大暴发，世界经济低迷，全球市场萎缩，保护主义上升。而始于2018年的中美经贸摩擦也不断升级，以美国为首的西方势力百般阻挠中国经济的崛起，对中国科技企业进行排挤、打压，中国企业陷入更为艰难的境地。面对复杂多变的国际国内局势，我国政府适时提出了构建以国内大循环为主，国内国际双循环共同发展的新格局。过去企业家以其对经济增长的独特贡献，确立了自己的历史地位，依靠企业家我们取得了辉煌的成绩，今天面对更为复杂的国际国内环境，更需要利用善于捕捉商业机会的企业家们的智慧和勇气。2020 年 7 月，习近平总书记在企业家座谈会上强调："优秀企业家必须对国家、对民族怀有崇高使命感和强烈责任感，把企业发展同国家繁荣、民族兴盛、人民幸福紧密结合在一起，主动为国担当、为国分忧。"2020 年 11 月，习近平总书记来到南通博物苑考察调研，了解张謇兴办实业、教育和社会公益事业的情况，他指出："民营企业家富起来以后，要见贤思齐，增强家国情怀、担当社会责任，发挥先富帮后富的作用，积极参与和兴办社会公益事业。"共同富裕是社会主义的本质特征，是中国共产党人的目标追求，也是中国人民的美好愿景。实现共同富裕，要靠全体社会成员的共同努力和奋斗，也离不开民营企业和民营企业家的参与。改革开放以来，我国民营企业蓬勃发展，民营经济从小到大、由弱变强，在稳定增长、促进创新、增加就业、改善民生等方面发挥了重要作用，成为推动经济社会发展的重要力量。民营企业家群体是推动实现中华民族伟大复兴的重要力量。在新征程上，民营企业家更应狠抓落实，时刻坚持以人民为中心的发展思想，将创新驱动发展战略作为实现企业自身发展和增进人民福祉的大事落实办好，办出实效。

1.1.3 新时代实现中华民族伟大复兴需要企业家精神

企业家精神是推动企业发展壮大的强大力量。党的十八大以来，习近平总书记始终非常重视民营经济发展，"企业家精神"一词多次出现在总书记的系列重要讲话之中。在《习近平谈治国理政》第三卷中，习近平总书记指出："民营企业家要珍视自身的社会形象，热爱祖国、热爱人民、热爱中国共产党，践行社会主义核心价值观，弘扬企业家精神，做爱国敬业、守法经营、创业创新、回报社会的典范。民营企业家要讲正气、走正道，做到聚精会神办企业、遵纪守法搞经营，在合法合规中提高企业竞争能力。"中共中央、国务院 2017 年 9 月 8 日下发《关于营造企业家健康成长环境　弘扬优秀企业家精神　更好发挥企业家作用的意见》（以下简称《意见》），提出企业家要爱国敬业、遵纪守法、创业创新、服务社会，这是我国首次专门以文件形式来明确企业家的市场地位，提出要保护和弘扬企业家精神。党的十九大报告再次强调企业家精神的重要性，将其上升为深化供给侧结构性改革、推进经济高质量发展的重要内容，提出要“激发和保护企业家精神，鼓励更多社会主体投身创新创业”。这些讲话，不仅再次为国内企业战胜当前困难、快速恢复生产、推动高质量发展增添了干劲，而且进一步丰富了企业家精神的时代内涵。

1.2 西部需要企业家

1.2.1 西部地区的建设和发展需要企业家成长

中国改革开放 40 多年来，东部沿海省份借助其地理优势与国家政策之便，经济发展高歌猛进，少数地区已达到西方发达国家的经济水平，而广大的中部和西部地区与东部地区相比仍存在不小差距。以先富带动后富最终实现社会全面共同的富裕是时代给予我们的任务，也是振兴中华的历史要求。习近平总书记指出，在我国经济发展进程中，我们要不断为民营经济营造更好的发展环境，帮助民营经济解决发展中的困难，支持民营企业改革发展，变压力为动力，让民营经济创新源泉充分涌流，让民营经济创造活力充分迸发。

西部大开发是中华人民共和国中央政府的一项国策，目的是提高西部地区的经济发展水平，加强国防。西部地区资源丰富，拥有丰厚的土地、地下水、矿产、石油、煤炭等资源，拥有占全国约 70% 的土地面积，占全国 1/4 以上的人口数量，从 1999 年中央提出实施西部大开发战略以来，西部经济增长水平有了显著的提高。西部大开发涉及的 12 个省、自治区和直辖市，经济较过去都有了很大的增长，但是与东部发达地区相比无论是经济总量还是经济的活跃程度都存在差距，其根本原因之一就是市场主体数量和质量上的差异，也就是西部企业家的匮乏严重制约了西部地区的发展。

企业家是经济的“弄潮儿”，是企业的主导者。西部经济正在发展，过程中涌现出的巨大商机吸引着越来越多的企业家，而企业家所掌握的精神核心、技术、人力资源也为西部的发展带来了强劲的促进力，对研究西部企业家成长环境、企业家成长路径等问题具有现实意义。

1.2.2 全社会已形成尊重企业家的氛围

党的十九大以来，我国逐渐形成全社会尊重企业家、理解企业家、支持企业家的社会文化氛围。2013 年 6 月国家主席习近平在出席博鳌亚洲论坛时说：“企业家是创造就业和财富的重要力量，是促进发展和合作的生力军，也是参与论坛活动的主体。”2014 年 11 月在北京召开的亚太经合组织工商领导人峰会上，习近平总书记强调：“深化改革，就要激发市场活力，市场的活力来自于人，特别是企业家。”此后，习近平总书记又在一系列公开讲话中数次提及企业家与企业家精神。2017 年 9 月，中共中央、国务院以官方正式文件的形式下发了《意见》，首次正式提及社会中的企业家及企业家精神。《意见》明确了对企业家人身、财产安全的保护，指出了要建设公平竞争环境、诚信经营环境和良好营商环境，促进企业家主观能动性的发挥、鼓励企业家创新，从而激发市场活力。近年来，社会各界对企业家的关注与研究越来越多，无不肯定企业家在社会经济发展、就业方面的作用。

1.2.3 西部企业家成长问题的研究相对较少且不成熟

从研究层面看，目前学术界越来越重视企业家问题的研究，一方面，由于企业家在经济社会中发挥着越来越重要的作用，企业、社会和国家的发展都需要企业家。另一方面，随着科学技术的进步和社会的发展，企业家群体日益壮大，成为一股强大的社会力量，这一群体本身自带光环，特别是一些著名企业家，他们个人的独特魅力越来越吸引大众眼球，无论是学界还是业界或是社会都对他们的成功充满好奇，无疑企业家本身已成为全社会关注的焦点，也是学术界讨论的热点问题。

国外对企业家的研究相对较早，逐步形成了一套完善的宏观理论体系，我国学者对企业家问题的研究虽然起步较晚，但随着我国经济的发展，企业家在经济建设中的社会地位不断上升，对区域经济社会发展贡献不断增大，中国学者对企业家的研究逐年增多。学者们根据中国国情对中国本土企业家的特质、成长环境等进行了探索性的研究。分析了改革开放后尤其是市场经济体系建立后企业家成长环境的变化，针对中国国情下的社会主义市场经济环境与企业发展环境提出了本土化的研究结论，在分析影响企业家成长的因素、构建企业家成长模型与成长机制、培育企业家的对策建议等方面，学者们从不同的视角进行了研究，其研究成果具有一定的价值。但是总体来讲，我国关于企业家的研究尚处于初级阶段，有关企业家的理论体系并不健全，对企业家的概念、企业家精神等基本概念以及企业家特质等一些基本问题还没有形成统一的认识，对于企业家成长问题的研究也相对薄弱，特别是对西部企业家成长问题鲜有关注，而对于西部企业家成长环境与路径的特定研究更少。

西部地区是中国相对落后的地区，但是西部地区却是我国十分重要的地区，肩负着国家安全、民族团结以及减贫、环保等重任。截至 2018 年底，土地面积 678. 1589 万平方千米，占全国总面积的 70. 6%；人口为 3. 795587 亿，占全国总人口的 27. 2%。西部地区地广人稀，包含 12 个省份，占我国国土面积的七成以上，但由于其特殊的地理环境、历史基础等多方面原因，西部地区是计划经济的重灾区，西部企业家面临的成长环境更为复杂，他们的成长更不容易，研究西部企业家特质、成长环境及成长路径问题具有特殊的意义。

1. 3　西部企业家成长特性

经过 40 多年的发展，我国民营经济在整个国民经济中占有举足轻重的地位。2012 年至 2021 年，我国民营企业数量从 1085. 7 万家增长到 4457. 5 万家，10 年间翻了两番，民营企业占企业总量的比重由 79. 4%提高到 92. 1%，在稳定增长、促进创新、增加就业、改善民生等方面发挥了重要作用，成为推动经济社会发展的重要力量。然而，民营经济在快速发展的同时，也形成了区域间发展的不平衡，我国东西部民营经济发展存在着巨大的差距，这已经成为一个不争的事实，主要表现在东西部之间企业家创业水平、成长环境、成长路径和成长特性等方面的差距。由此，提出本研究的核心命题：西部企业家成长的环境与路径。

1.3.1 研究意义

（1）理论意义

第一，更加明确地提出了“西部企业家”这个研究对象与命题，构建了西部企业家成长的理论分析框架，对后续学者研究相关命题具有一定的借鉴意义。

第二，研究了中国西部企业家的特质表现，针对西部企业家创业动机、面临的困境、成长环境、成长路径以及自我认知等方面展开调查，其结论对后续学者研究相关命题具有一定的借鉴意义。

第三，对西部企业家成长路径进行了较为深入的研究并做了总结，将企业家成长路径划分为个人奋斗、团队带动、导师引领、学校教育、特殊机遇、科技进步、家族继承、资本青睐 8 个维度，并对每个维度进行了深入研究，为后续学者研究西部企业家成长路径问题提供了借鉴。

（2）现实意义

第一，有利于中国西部企业家可持续发展。对西部企业家，特别是西部民营企业家提升自我、更好地带领西部企业发展具有现实指导意义。通过对西部企业家特质及成长环境与路径、面临的困境及自我认识方面的调查和研究，从中寻找西部企业家成长过程中的共性问题，特别是针对企业家在哪些方面能力存在不足，提请西部企业家审视自身、反思问题，更好地进行自我学习和提升。

第二，对西部地区政府更好地营造有利于西部企业家成长的营商环境具有指导意义。本书从西部民营企业家成长调查入手，分析西部企业家成长环境及路径、西部企业家面临的困境以及自我认知，有利于政府了解西部企业家群体现状，从发现的问题入手改善企业家成长环境，制定更有利于西部企业家成长的政策，出台促进企业家培育的相关对策建议，以培育更多西部企业家。

第三，为企业家教育改革提供了实证支撑。本书从西部企业家群体特征，尤其是教育背景方面反思管理教育可能存在的问题，提出高校管理教育在课程设置、教学方法等方面的建议，对高校培育更多企业家有一定的借鉴意义。

1.3.2 研究对象与研究方法

（1）研究对象

市场经济是企业家成长的土壤，一方面，西部市场经济尚不发达；另一方面，国有企业家和民营企业家在生成机制、管理体制等方面都有很大的不同，国有企业家成长受多种因素影响，其成长过程更为复杂。为了分析方便，本研究只针对西部民营企业家。因此，本书所提西部企业家主要是指西部地区的民营企业家，即以西部地区具有独立法人身份的民营企业中的董事长、总经理等高层管理者为研究对象。

（2）研究方法

①文献研究法。通过对中国知网（CNKI）以及 sciencedirect 等学术网站中企业家相关文献的搜集和阅读，梳理关于企业家基本概念与内涵、企业家面临的成长环境、企业家特质等的相关研究的发展历程、研究内容、研究现状等并进行评述，为后续研究奠定理论基础。

②访谈和问卷调查法。本研究通过访谈和问卷调查，对西部企业家成长群体基本情况、创业动机、成长环境与路径、面临的主要问题以及自我认识等方面进行了调查。了解西部企业家的素质和能力，进一步分析西部企业家成长环境与路径。

③比较分析研究。本书第 5 章为东西部企业家成长环境比较，对东西部企业家的成长环境、成长路径进行了详细的对比，从中找出西部企业家成长环境和路径的差距，针对自身的不足，汲取东部地区企业家成长的成功经验，为西部地区改善营商环境、培育更多企业家提供经验借鉴。

④数理统计分析法。本书第 7 章为西部企业家成长实证研究，首先通过问卷设计、问卷线下线上的发放获取数据，采用 SPSS 13.0 数据统计分析工具对西部企业家成长问卷调查样本数据进行了分析处理，通过数理统计和相关性分析得到大量一手数据，为研究结论提供可靠的数据基础。

1.3.3 研究思路与研究内容

（1）研究思路

本研究将企业家成长作为研究对象，聚焦西部企业家特质、成长环境及成长路径等问题，从文献综述入手，梳理企业家成长相关理论及相关文献，了解国内外关于企业家研究的发展历程、变化以及研究现状，同时了解西部企业家成长研究现状，奠定本研究的理论基础，进而建立西部企业家成长的理论分析框架，界定企业家、中国企业家、西部企业家、民营企业家和企业家成长等相关基本概念，分析中国企业家的地位、作用及天职，分析西部企业家成长环境和成长路径的特殊性，进而构建西部企业家成长的理论分析模型，搭建本研究的理论框架。在此基础上提出本研究的基础假设，进一步分析西部企业家成长的现状及存在问题，并在比较东西部企业家成长差异的基础上，设计西部企业家成长调研问卷，对西部企业家进行实证研究，使用SPSS软件分析，并进行西部企业家成长环境、路径与特质的相关性分析。在优化西部企业家成长环境与路径、培育西部企业家精神以及西部企业家管理教育改进等方面提出建议。最后，反思本研究的局限性，展望未来可以进一步研究的方向。

（2）研究内容

本书的基本内容结构安排如下：

第1章为绪论。绪论分3节，第1.1节是新时代需要企业家。主要阐述了新时代背景下民营经济、民营企业家和企业家精神培育和发展的必要性及重要性。第1.2节是西部需要企业家。本节结合西部地区实际情况，分析西部民营企业家队伍建设的紧迫性和必要性。第1.3节是西部企业家成长特性。主要介绍本书选题的理论与实际意义，说明本书的研究对象和所运用的研究方法，阐述研究的基本思路及框架结构，概括研究的主要创新点。

第2章为企业家成长研究现状。该章包括5节，第2.1节是企业家内涵、分类与特质；第2.2节是企业家成长理论根源，包括特性学派、创业学派、环境学派、行为学派、社会学派、机会学派、动机学派的企业家成长理论；第2.3节是企业家成长环境研究现状；第2.4节是企业家成长路径研究现状；第2.5节是研究述评，对企业家内涵、特质、成长环境及路径的现有研究加以分析，并指出可取之处与不足。

第3章为西部企业家成长现状与存在的问题。该章包括3节，第3.1节为西部企业发展现状，包括西部企业及企业家组织发展现状、西部企业家成长的社会组织、榜上有名的西部企业家。第3.2节为西部著名企业家典型经历，包括西部企业家成长现状总体描述和西部著名企业家成长概况。第3.3节为西部企业家成长存在的问题，提出西部企业家成长中存在的主要问题。如西部民营企业家数量相对较少，整体实力较弱；西部企业家创业经验不足，管理能力有待提高；西部企业家个人素质差异较大，能力亟待提升等突出问题。

第4章为西部企业家成长理论研究。该章包括3节，第4.1节为概念界定，对企业家、中国企业家、西部企业家、民营企业家以及企业家成长等概念进行了界定。第4.2节为西部企业家成长环境。通过建立西部企业家成长环境评价体系，一是分析了西部企业成长的外部环境，包括经济与政策环境、法律与市场环境和社会文化环境3个方面；二是分析了西部企业家成长的内部环境，包括企业治理结构环境、组织结构环境、人力资源制度环境、企业内部文化环境、个人及家庭环境5个方面；三是对西部企业家成长的内外部环境的优劣势进行评价分析。第4.3节为西部企业家成长路径。一是对企业家成长路径的认知；二是将企业家成长路径划分为个人奋斗、团队带动、导师引领、学校教育、特殊机遇、科技进步、家族继承和资本青睐8个维度。

第5章为东西部企业家成长环境比较。该章共包括4节，第5.1节是东西部企业家成长政策环境比较，从财政税收政策和法律制度政策两方面进行对比。第5.2节是东西部企业家成长经济发展环境比较，包括经济环境和资源环境。第5.3节是东西部企业家成长社会文化环境比较，从社会环境和文化环境两方面进行对比。第5.4节是东西部企业家成长市场环境比较，从市场主体数量、人才吸引力、优秀企业家和落户政策4个方面进行比较。

第6章为西部企业家成长路径案例研究。该章共包括8节，是西部企业家成长的八条路径及其对应的典型案例，分为个人奋斗、团队带动、导师引领、学校教育、特殊机遇、科技进步、家族继承和资本青睐8小节，每一小节都在案例分析的基础上对企业家们创业守业的经验进行了详细分析。

第7章为西部企业家成长实证研究。该章包括6节，第7.1节为研究问题；第7.2节为研究思路；第7.3节为问卷设计；第7.4节为样本选择及数据收集；第7.5节为数据分析；第7.6节为实证研究结论。本章包括西部民营企业家及企业基本情况分析、西部民营企业家创业动机分析、西部民营企业家面临困境分析、西部民营企业家成长环境与路径分析、西部民营企业家素质能力分析等方面。

第 8 章为西部企业家成长的改革与探索。包括 6 节，分别是西部企业家精神培育、优化西部企业家成长环境、探索西部企业家成长路径、西部创新创业教育改革、培养和造就高素质企业家队伍、提高企业家应对不确定性的能力。

本书的研究框架如图 1-1 所示。

（3）创新点

第一，系统梳理中国西部企业家群体特征及西部企业家成长现状。根据企业相关统计数据推导西部企业家群体规模，通过问卷调查西部企业家所处行业、创业动机、成长环境与路径、面临困境以及对企业家性别、学历、年龄、教育背景等个人信息进行梳理，探讨中国西部企业家特征表现并分析中国西部企业家成长面临的问题。同时梳理了西部企业家组织，为后续学者的进一步研究提供参考。

第二，构建西部企业家成长理论分析框架，并进行东西部企业家实证对比分析。明确提出并界定了“中国企业家”和“西部企业家”概念。总结西部企业家成长环境对后续学者研究相关命题具有一定的借鉴意义。在东西部企业家对比分析及问卷调查的基础上，探寻西部企业家成长的特殊性和规律。

第三，针对西部企业家成长路径中的学校培育路径，提出了可能的改革方向。通过加强高校管理教育，更好地营造西部企业家成长环境。本书在研究西部企业家的成长环境与路径的过程中，发现相当多的西部企业家是基于管理教育的路径成长起来的，即高等院校中的管理教育成为西部企业家成长的直接路径，因此，本书从重视专业技能培养与企业家精神培育、搭建校企合作平台、促进管理教育教学内容和方式的改革、重视和毕业生的联系 4 个方面，提出了高校管理教育的改革方向，对改善西部企业家成长环境有一定的现实意义。

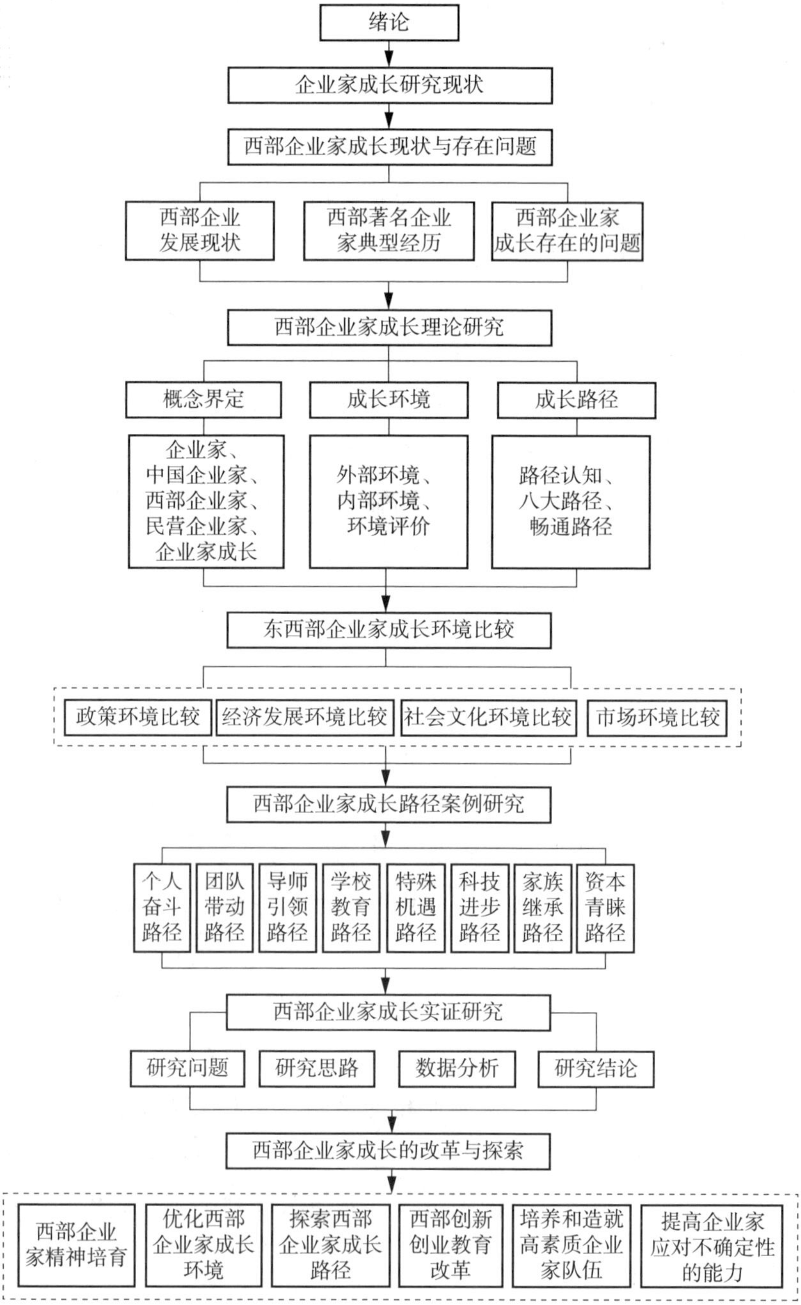
绪论
企业家成长研究现状
西部企业家成长现状与存在问题
西部企业发展现状
西部著名企业家典型经历
西部企业家成长存在的问题
西部企业家成长理论研究
概念界定
成长环境
成长路径
企业家、中国企业家、西部企业家、民营企业家、企业家成长
外部环境、内部环境、环境评价
路径认知、八大路径、畅通路径
东西部企业家成长环境比较
政策环境比较
经济发展环境比较
社会文化环境比较
市场环境比较
西部企业家成长路径案例研究
个人奋斗路径
团队带动路径
导师引领路径
学校教育路径
特殊机遇路径
科技进步路径
家族继承路径
资本青睐路径
西部企业家成长实证研究
研究问题
研究思路
数据分析
研究结论
西部企业家成长的改革与探索
西部企业家精神培育
优化西部企业家成长环境
探索西部企业家成长路径
西部创新创业教育改革
培养和造就高素质企业家队伍
提高企业家应对不确定性的能力

图 1-1　本书的研究框架

第2章

企业家成长研究现状

“企业家”一词源于法语“Entreprendre”，意为“在经营工商业事务中承担风险的中间人”。18 世纪的企业家扮演着“风险承担者”的角色，到 19 世纪初其成为“协调者”，到 20 世纪初期企业家演变为“企业拥有者”和“资源整合者”，直到 20 世纪前期“机会利用”“创新”等内涵融入了“企业家”。企业家的内涵在经济不断发展和研究不断深入的背景下变得更为宽泛和抽象，不再拘泥于详细的职务和角色。学者们从管理学、社会学、经济学、心理学等多个领域对“企业家”进行了深入研究，研究内容由起初的企业家自身能力提升和素质培养深入如今的企业家精神、企业家成长机制与培育、企业家绩效等方面。

2.1 企业家内涵、分类与特质

2.1.1 企业家内涵研究现状

法语“Entreprendre”早期的字面含义是“中间承担人”或“中介人”。在工业时代的发展过程中，国外关于企业家内涵的研究不断深入，“企业家”的概念在 1732 年由法国经济学家理查德·坎蒂隆（Richard Cantillon）初次引入经济学领域，他认为企业家是“风险承担者”，即企业家需要承担包括市场和价格在内的不确定风险（Herbert and Link，1982）。法国经济学家萨伊（Jean-Baptiste Say，1997）提出企业家是组合各种生产手段和经济资源之后，将其由低产量、低效率的地区转移到高产量、高效率的地区的人，即企业家的形象是“市场协调者”。英国经济学家马歇尔（Alfred Marshall，1997）指出企业家是“风险承担者”“利润获得者”“企业经营指挥者”，把握企业产业实权，负责企业经营管理，同时参与剩余价值的分配，获得利益。企业家内涵的研究在20世纪中期扩展到“企业家精神”等抽象概念，不再拘泥于经营管理方面，研究领域由经济学、管理学扩展到心理学、行为学等。奥地利经济学家熊彼特（J. A. Joseph Alois Schumpeter，1981）认为企业家可以不是企业资本的所有者，不拥有所有者所具备的权利，企业家应作为“创新者”，在企业中提倡创新并且引领行动。此外，企业家还被德鲁克（Peter F. Drucker，1982）、奈特（Frank Hyneman Knight，1967）、卡森（Mark Casson，1997）等赋予了“机会识别与利用者”“最终决策者”“判断者”等内涵。20世纪末，“社会企业家”的概念出现并逐步进入公众视野，其背景是因为社会目标和商业方式的融合，社会各界广泛关注了公益创业这一活动。与传统企业中的企业家相比，社会企业家更注重其社会使命和社会责任感，他们认为经济方面的利润是实现社会目标后的附加价值。如美国斯坦福大学社会企业家精神发展中心的研究人员（2001）认为社会企业家是利用传统的商业模式，通过创新的手段来处理社会问题，实现社会价值。Austin、Stevenson和Wei-Skillern（2006）则认为积极探寻融资策略和管理模式，同时不求获得经济利润的人是社会企业家。钱惠英（2013）通过对西方“社会企业家”的研究，提出作为企业家、非营利组织和政府机构的管理人员都应积极向社会企业家转型。国外关于企业家内涵的研究演进见表2-1。

表2-1　国外关于企业家内涵的研究演进

时间	代表人物	企业家内涵（角色）
1732年	理查德·坎蒂隆	“风险承担者”，不确定风险的承担者
1997年	萨伊	“市场协调者”，生产资料和方法的整合和转换，实现资源的最优分配
1997年	马歇尔	“风险承担者”“利润获得者”“企业经营指挥者”，把握企业产业实权，负责企业经营管理，获得利益
1981年	熊彼特	“创新者”，提倡创新并且引领行动

续表

时间	代表人物	企业家内涵（角色）
1982 年	彼得·德鲁克	“机会识别与利用者”
1967 年	弗兰克·奈特	“最终决策者”
1997 年	马克·卡森	“判断者”
1997 年	J. 格雷戈里·迪斯	“社会企业家”，注重社会使命和社会责任感

国内于 20 世纪 80 年代开始了企业家的相关理论研究，经济学者张维迎首先提出企业家应当是具备财富和才能的人，且成为企业家的必要条件是拥有资本，同时他在《企业的企业家：契约理论》一书中构建了企业家的均衡模型，提出个人财产充裕、管理能力显著、不畏惧风险是成为企业家的要素，此外，企业家的激励与监督的能力是其与工人的根本区别，是构成企业家能力的重要方面。

针对企业家内涵的研究，国内形成了三种视角：

第一，企业家行为、职能和目的视角。其认为企业家负责经营与管理企业，在承担风险中做出决策，同时收获经济利润与社会价值。如刘文华、丁栋虹（2010）提出企业家可以利用其异质性人力资源取得利润，成为企业的“经营管理代表者”。刘茂松、左宏（2007）指出企业家作为专业的经营群体，在产权的市场竞争中，通过将其知识财富与物质财富相结合，从而拥有企业的整体资产，并独立地、创造性地、高效率地引领企业，在承担风险中经营管理，实现企业价值创造目标和获取个人利益。刘志成、吴能全（2012）认为，企业家应具备机遇警觉性和创新性并积极采取行动，同时企业家应当利用人力资本培育、关系网发展、组织经营管理、技术设备支撑等战略辅助其行动。胡晓琼、余来文（2021）指出在共同富裕的时代背景下，社会发展将赋予企业家新内涵，企业家的新内涵要求其外显行为与社会责任意识同步更新，企业家外显行为的改变应该从对待员工的态度开始，过去企业主习惯将员工收入作为成本严格管控，而企业家要致力于构建企业与员工共赢的收入分配机制，以细微处的改变积极响应国家共同富裕的号召。

第二，企业家精神、能力、素质的视角。其认为企业家不仅应具有强烈的成就渴望和社会责任观念，而且应拥有决策、组织、领导、协调、监督、控制等基本管理的能力、专业知识储备和实际工作经历。如厉以宁（2000）指出，在面对加入世界贸易组织后的商业环境时，中国企业家除了要具备组织、勇气和眼界等基本能力，还应当善于运用新的理念和方法，把握利益导向的管理思想，同时灵活使用资本市场。李正卫、李建慧等（2017）指出具有社会追求的企业家，同时会具备崇高的精神向往，他们建立企业是为了创造社会价值，从而获得社会公众和企业人员的拥护和理解，而不是一味地追求利益，如果企业家能拥有这样饱含人性之美的价值取向，那么其企业一定会获得长久的发展。陈春花（2019）指出在企业中，企业员工的举止及企业整体的文化管理，均会被企业家的行为潜移默化地影响。如果企业家能够保持自律和自省，那么他很有可能会在将来引导企业获得成功，实现企业价值。高冬萍（2021）认为国企高管唯有形成创新意识，恪尽职守，竭尽全力为企业服务，如此才能成为一名合格的企业家，也只有这样方可激发出自身的企业家精神。

第三，企业家身份的视角。其指出企业家应作为职业和身份的象征。如吕政、黄群慧（2003）等指出，我国国有企业的领导者和高层管理者都是企业家，如果国企真正实行了市场化运作，那么国有企业的厂长和经理也可以被理解为企业家。另如王秀模（2006）指出，企业家可以是厂长或经理等，但其应在企业中具备企业影响力，同时拥有一定的经营管理成绩。基于此角度，学者间也有争议，大多数观点认为企业家在企业中担任高级职务，是企业的经营管理者与最高决策者，但也有观点认为企业家必须是股东，否则为职业经理人。同时，黄文富（2005）认为，不仅仅是企业高层管理者，其领导的团队也应成为企业家。顾昕、赵琦（2021）在对中国政策企业家研究的理论反思中提到在金登界定中，政策企业家既包括国家行动者，如公共部门中的官僚、各级政府或政府部门领导人甚至政治家，也包括社会行动者，即来自民间部门的政策倡导者，如非政府组织、政策咨询者、利益集团活动家以及社会议题推动者等。

2.1.2　企业家分类研究现状

企业家是一个含义非常广泛的概念，其分类呈现出“丛林”状态，按不同的标准划分成不同的分类。国外学者马克·史库森（2005）认为企业家存在“套利型”和“创新型”两种类别，套利型的企业家整合生产资料由一个地区和产业转移到另一个地区和产业，从而赢得利润，同时市场也由不平衡发展到平衡状态。创新型的企业家则试图开辟新的市场，他们提倡积极创新，企图用全新的技术和产品打破原有的市场和产品制造流程。Blawatt（1995）根据企业家进行的活动将企业家分为四类：第一类为自我激励型的创业企业家；第二类为国有企业中的创新企业家；第三类为合资企业的国有伙伴企业家；第四类为兼并发展型企业家。经济学家奈特（Knight，1967）认为不同的企业形式会产生不同类型的企业家，因此产生了所有者型企业家、合伙型企业家、股份制型企业家三种类别。

在国内，有学者按从计划经济向市场经济转轨的时期，企业发展形成的轨迹将企业家划分为四大类。孙亮（2001）将我国企业家分为转轨型企业家、机遇型企业家、科技型企业家、管理型企业家。转轨型企业家出现在我国新旧体制转轨的时期，呈现出计划与市场相结合的特点。机遇型企业家的出现主要有两个阶段：第一阶段是改革开放初期的党的十一届三中全会；第二阶段是邓小平同志发表南方谈话。这两个阶段是经商下海的高潮，当时的中国存在巨大的市场空间，但市场法律法规尚不完善，这便给管理者提供了“机遇”，从而出现了大量的机遇型企业家。科技型企业家是在把科技转化为生产力的过程中开始创办企业，实现科技向现实生产力的转化。管理型企业家出现在市场经济条件比较成熟和完善、企业规模较大、组织较规范的环境下。

也有学者根据制度供给的不同将企业家群体分为三大类，姚书杰（2011）将企业家划分为国有（集体）企业家、外资企业家、本土民营企业家。在市场经济中，国有（集体）企业家受国家（集体）的委托管理、经营国有（集体）资产。外资企业家是指在华外资企业中的创新经营者和风险承担者，他们以非中国国民的身份（包括外籍华人）在外资企业中执行企业家的职能。本土民营企业家处于我国经济转型后的市场主体地位，在进行“创造性破坏”

的同时，不断对企业的微观制度进行调整。

此外，还有学者根据企业家追求目标的偏好程度将企业家分为两大类，刘新民、王垒（2013）将企业家分为偏好财富型企业家和偏好事业型企业家。所谓偏好财富型企业家，就是与获得事业成功相比，更加偏好获得更多财富，他们把对企业的经营作为获得财富的手段；偏好事业型企业家则更加关注事业成功，他们把对企业的经营作为实现自己理想、获得成就感的途径。

另外，有学者从制度和创新连接不同环节的角度对企业家群体进行了分类，程红、刘三江等（2016）将企业家分为制度型企业家和创新型企业家。制度型企业家指出生于20世纪五六十年代、创业于80年代末，主要依靠突破政策的企业家。创新型企业家既拥有创新精神，又具备创新商品化的能力，他们不仅擅长将创新转化为经济利益，还能不断地在研发上投入新的技术，把原来被当作“外生”的科技成果转化为“内生”的产品，形成“科技—商品化—科技”的良性循环，从而推动经济的转型，促进社会经济的高质量发展。

同时，有学者从企业家发展企业的内部原动力对企业家进行了分类，王亚民（1999）将企业家分为事业型企业家、奋斗型企业家、机遇型企业家、浪漫冲动型企业家、天才型企业家及贪婪型企业家。其中浪漫冲动型企业家是指满怀热情、一腔热血地投入工作和事业中，希望将理论和设想很容易地变成现实，取得完美结果的企业家。

2.1.3 企业家特质研究现状

特质是个人所具有的一种特殊的内在品质，是一种人格特征（Characteristics）的表现。从心理学的角度来看，特质是一个被普遍接受的、能够以某种方式引导个体行为的神经心理结构。通过对相关文献的整理，笔者发现，当前国外学者主要从企业家的特点、能力、行为、精神等方面开展企业家特质角度的研究，其实质上关注的仍是企业家精神。另外，学者们在企业家的内涵中，早已涉及企业家精神和特征的研究。Miller D.（1983）提出“企业家精神”的概念，并在管理学领域得到了广泛的应用；Oliver Clayton（1981）对企业家进行了一项大型调查研究，发现成功企业家的共同特质包括追逐目标、雄心壮志、自信果断、善于投机、精力充裕、吸取教训、渴望完美、不惧竞争、工作至上等。Donald F. Kurarko 在 1992—2001 年发表了 4 篇论文，对 19 世纪中期至 20 世纪末学者所认为的成功企业家兼备的精神和特征进行了综述。企业家特质的研究演进见表 2-2。

表 2-2　企业家特质的研究演进

年份	代表人物	企业家特质表现
1848	米勒	接受风险
1917	韦伯	在企业中具有权威
1934	熊彼特	创新精神
1954	沙腾	责任意识
1961	麦克里兰	渴望成功
1965	李兹格	喜好风险、自立、宽容
1977	甘斯	完成自我价值
1978	蒂蒙斯	冒险、控制他人、求新
1982	韦尔奇和杨	支配他人、自尊心、野心

另外，国外的一些学者把企业家精神、能力等特质与企业经营绩效、企业创新行为等因素联系起来，对其之间的关系进行了探讨。Pennings 进行定量研究后，发现企业家的预测与决策才能是决定企业是否采纳新技术成果的关键因素（刘彬，2010）。Mc Adam 等（2005）从管理学角度出发，探讨了企业家在企业资源优化配置和创新行为关系之间的作用，指出企业家精神有助于提升企业本身的创新意识和能力。

特质是一种心理学的范畴，在管理学事业中未对企业家特质的研究形成系统，研究行为较为稀疏，同时学者们对于特质本身的研究也有不同的角度和想法。张盼和马海珍（2011）通过对民营企业进行定量分析，认为企业家特质存在基础品质和精神品质两方面，基础品质是指企业家的年龄、性别、教育水平、工作方式等方面的特点，而精神品质是指企业家敢于冒险和提倡创新等。但郑建壮（2004）认为企业家特质只包括基础品质，即企业家具有的内在属性，同时他对企业家业绩与其年龄、性别、教育水平等基础特质间的关系进行了研究。徐超等（2016）指出企业家特质应包括教育、职业和品格3个方面，这些特质和能力会造就独一无二的企业家，并影响企业价值创造。教育特质包括企业家的文化水平和专业素养，即教育背景；职业特质指企业家的工作经历和实战经验；品格特质是指企业家的社会地位和名声。在此基础上，徐超利用上市公司面板数据实证研究了企业家特质与企业创新业绩的关系。

国内学者多采用文献综述、案例调查研究和群体实证分析等方法来研究企业家特质的内涵和表现。郭宝福（1995）提出了一套完整的企业家特质理论体系，其中，创新意识是基础素质，同时企业家还应该拥有组织领导能力、洞察和开发市场的能力、责任意识和进取精神，这些特质都是后天可以培养而成的。马畅达（1999）指出企业家要具有科学的决策、创新意识、资产配置能力和思维影响力，并且建立了企业家特征理论体系。朱敏（2010）总结了15个优秀企业家必备的典型特质：自信、果断、勤勉、野心、求新、经营能力等。李巍（2016）从心理学的领域出发，结合CATTELL个性特质问卷进行定量分析，发现企业家具有认知能力、气质风格、动态3个方面的特征，同时验证了企业家特质对企业自身发展的影响。黄文富（2005）指出企业家的6大特征：冒险、敬业、创新、成功欲望、使命感和责任心、道德人格，并创立了“企业家人格特征函数”。

另外，也有一些学者以企业家团体或个人案例为依据，对企业家特征和企业行为、企业绩效之间的关系进行了探讨。如贾少卿等（2018）对企业家特征与企业绩效之间的关系进行了研究，发现企业家应具备冒险、创新、决策等特质，同时企业家特质对企业创新、财务和产出等方面的绩效均有一定的影响。赵慧军（2001）指出企业家特质应分为3个维度，分别是勇于创新、敢于冒险、积极进取，在此基础上他进一步将3个维度细分为22个具体特质，实证研究了中国企业家各个特质与其基本特征（年龄、教育背景等）之间的关系，也验证了企业家特质与企业本身规模和性质之间的联系。章丽厚（2007）基于民营企业家视角，创建了三维动态性特质模型，其中包含企业家能力、资源和精神，并且她认为企业家特质会对企业成长产生影响，在企业处于初始期、成长期和稳步期等阶段时，会有不同的企业家特质起到关键作用，助力企业发展。

2.2 企业家成长理论根源

2.2.1 特性学派企业家成长理论

特性学派的中心思想是强调企业家个人素质，展现其个性特点的作用。在研究中采用了分类法、对比法。其代表人物是 Stewart（1998），他指出企业家行为的基本体系包括成就欲望、敢于冒险、勇于创新，同时心理倾向是企业家行动的前奏（赵文红、李垣，2002）。C. Chen（1998）采用自我效能（Self-Efficacy）预测个人的自生性（Self-Viability），也就是他成为企业家的可能性。而 Leibenstein（1987）、Gartner（1989）等指出，特性学派的学者们把企业家从现实生活中分离出来了，其塑造的企业家富含浪漫主义，不应当单纯地去想哪一类人能成为企业家，而应当把注意力集中在企业家能力的形成和培养进程中。

2.2.2 创业学派企业家成长理论

创业学派将重点放在新兴企业的研究上。前期研究以企业家的心理特征为基础，目前研究的重点是市场、财政与公共支持系统等因素的综合作用。Gartner（1985）构建了促使新兴企业出现的概念框架，这得益于企业家个人与组织、环境与行为的相互影响。Reynolds（1992）指出个人是否会创立创新企业，取决于经济背景、个人经历和个人特征 3 个条件。Vesper（1990）认为机遇获利的可能性、企业技术独创性、企业核心竞争力和企业家首创精神是促使新兴企业出现的 4 个要素（赵文红、李垣，2002）。

2.2.3 环境学派企业家成长理论

环境学派的中心思想是环境要素对企业家成长至关重要，环境因素既可以为企业家提供帮助，也能给企业家带来阻碍。Covin 和 Slevin（1989）认为，可以针对环境因素对企业家进行分析，从而促进企业家成长。E. C. Young

（1993）运用定量分析的方法，研究了墨西哥企业家成长的影响要素。Filatotchev（1999）调查了大量的私有企业，研究在面对激励和阻碍程度不同的情况下，3个拥有相同国家背景的企业家的差别情况。Fred（2000）指出环境是既定的且具有持续性，企业家群体应当善于把危机变成机遇，从社会理性认知的视角来看待环境。同时政治与经济环境、转型冲突、法律体系不完善、政策不稳定、非正式约束、金融环境不健全等都是在转型经济中企业家要面对的环境要素。

2.2.4 行为学派企业家成长理论

行为学派主要依靠行为经济学和心理学的分析方法来分析企业家成长问题，他们认为企业家成长过程中的行为分析是影响企业家成长的关键因素。Schultz（1960）基于人力资本理论，对不平衡经济下企业家的行为进行了研究。Casson（2003）在从心理学、社会学等领域对企业家行为的研究学习中，提出了一种以内在偏好和内在性行为为特征的动态系统分析框架，从而针对企业家行为进行研究。Bandura（1988）基于社会认知的视角，对个人、行为和环境之间的交互作用进行了研究。但是，也有一些学者反驳了行为学派的观点，他们指出舒尔茨针对企业家行为的研究太过抽象，缺乏连续性，虽然具有一定的理论研究价值，但难以很好地运用到企业家的成长过程中。企业家应当属于群体、阶层，而并非卡森所认为的企业家行为是个体行为，其基础是个人内在偏好。

2.2.5 社会学派企业家成长理论

社会学派则从企业所面对的外在社会出发，而非企业家个体特征或背景出发，多采用社会经济学的方法进行研究。其中心思想是企业家进行活动的动机和才能会受到其本身社会背景和文化背景的影响。Martinelli（1994）认为企业家的出现取决于三个层面：第一，企业家的内涵，企业家与一般人的差异，容易成为企业家的社会群体；第二，分析能够促使企业家出现的社会特性和条件；第三，针对企业家从现有机遇获得最大利益所采取的行动进行分析（赵文红、李垣，2002）。Woodward（1988）认为在企业家创立和发展企业的过程中，社会网络产生了积极影响（赵文红、李垣，2002）。Bygrave（2000）认为当企业家能够做到求同存异时，企业家便有可能成为经济活动中的燃料剂，从而使经济活动总收益大于每位企业家单独行动所创造的价值总和。基于此，他研究了在群体水平基础上的企业家行动与企业家地区经济活动效果之间的联系。

2.2.6　机会学派企业家成长理论

机会学派的中心思想是，企业家只有对市场的不平衡状态所带来的机遇非常敏感，才有可能收获利益。当企业家没有对机遇的敏感度时，他就无法进行创新活动，无法应对不确定性，从而做出判断性决策。Kirzner（1997）指出，企业家的机遇与普通的资源不同，其产生于经济活动的进程中，而企业家作为市场运作的主要推动者，更容易发现获得经济利益的机会。及时地找到隐形的、还没有被利用的机会，并且利用这些机遇来获取公司价值，是企业家的职责。通过对机遇的内化，揭示了企业家机遇根源的市场竞争化进程。Shane（2000）则认为应从两方面研究企业家的成长，分别是“存在利润的机遇”和“有进取精神的个人”，机遇和个人对企业家的成长影响是不同的，不能混为一谈。所以，应该从机遇这一视角出发来研究企业家成长：第一，企业家机遇产生的原因、时期和形式；第二，利用机遇的条件和方法；第三，针对企业家机遇的不同行为模式。

2.2.7　动机学派企业家成长理论

动机学派从心理学、社会学的视角对企业家的成长进行了研究，指出企业家作为一个经济人，必然有一个很强烈的动机，那就是要达到某种经济效应，而非只有成就欲望和控制欲等要素。Baumol（1990）指出一个人会在他所拥有的财富、权力和名声等效应最大的时候，选择成为企业家。Douglas（1994）整合个人特征、个人目标、个体环境、商业环境和创新愿景等要素，构建了企业家的动机体系，并将企业家实施决策、创新、管理和实施成果的检查和反馈整合到这个体系中进行了研究。Eisenhauer（1995）根据所获得的期望效用，建立了一个动机经济模型，它不仅是根据预期的收入流动，也是根据员工对自身工作环境的效用建立的。但是，也有学者指出，动机学派无法对所有企业家的行为做出解释，经济解释过分注重企业家经济目标，社会解释则没有经济分析的依据，都存在片面性。企业家成长理论学派见表 2-3。

表 2-3　企业家成长理论学派

学派名称	核心要领	研究方法	代表人物	简要评价
特性学派	强调个人品质的作用，突出企业家的个人性格特征	分类对比	斯图尔特、莱宾斯坦、加特纳	过于浪漫化和宿命感
创业学派	着重对新创企业（New Venture）进行研究	SWOT 分析	加特纳、雷诺兹、维斯铂	前期研究以企业家的心理特征为基础，目前研究的重点是市场、财政与公共支持系统等因素的综合作用
环境学派	环境可以提供支持，也能带来障碍；就企业家群体而言，企业家的成长与环境因素密切相关	描述性分析、实证分析	杰弗里 G. 科温、弗雷德·卢桑斯	环境要素对企业家成长至关重要，环境因素既可以为企业家提供帮助，也能给企业家带来阻碍
行为学派	企业家成长过程中的行为分析和影响企业家行为的关键因素	行为经济学、心理学	舒尔茨、卡森、班杜拉	舒尔茨针对企业家行为的研究太过抽象，缺乏连续性，虽具有理论研究价值，但难以很好地运用到企业家的成长过程中。企业家应当属于群体、阶层，而并非卡森所认为的企业家行为是个体行为，其基础是个人内在偏好
社会学派	从企业所面临的外在社会出发，而非企业家个体特征或背景出发	经济社会学	马特内里、伍德沃德、贝格瑞	企业家进行活动的动机和才能会受到其本身社会背景和文化背景的影响
机会学派	企业家只有对市场的不平衡状态所带来的机遇非常敏感，才有可能收获利益。当企业家没有对机遇的敏感度时，他就无法进行创新活动，无法应对不确定性，从而做出判断性决策	信息经济学	柯兹纳、沙恩、维克塔拉曼	机会学派强调企业家对获利机会的把握，进一步强调获利机会和发现获利机会的进取心的结合

续表

学派名称	核心要领	研究方法	代表人物	简要评价
动机学派	企业家作为一个经济人，必然有一个很强烈的动机，那就是要达到某种经济效应，而非只有成就欲望和控制欲等要素	心理学、社会学	鲍莫尔、道格拉斯、艾森豪尔	无法对所有企业家的行为做出解释，经济解释过分注重企业家经济目标，社会解释则没有经济分析的依据，都存在片面性

2.3　企业家成长环境研究现状

在市场经济条件下，企业家的个人成长和企业家精神培育受到多种因素的影响。国内外学者也进行了很多研究，主要基于企业家面对的外部环境和个体环境两个方面。从企业家所处的宏观外部环境来看，国外学者认为，企业家成长所面对的是经济、政策、法律、市场和文化等多方面的环境。在社会经济环境方面，学者们指出，当经济不景气、社会存在危机、新兴技术得不到应用和发展时，人们的创造力和市场开拓意识会得到发展，在此基础上一批企业家会应运而生。如德鲁克（Peter F. Drucker）所说，即使一个人拥有稳定的工作和生活，但面对这个瞬息万变的世界时，仍要做好成为企业家的准备。在社会政策环境方面，学术界认为，企业家成长与政府的作为、政策的指向和法律的规范性有着一定的联系，如罗伯特·赫里斯（Robert D. Hisrich，1992）指出当政府发布正确的政策之后，将对企业家行为产生一定的影响，促进企业家的成长。在社会文化环境方面，大多数学者指出企业家的成长进程取决于其所面临的时代背景、文化氛围、国家和大众的创新意识，这些都将成为企业家成长的影响因素。如德鲁克（1982）指出，一个人选择在行政单位工作还是创业或经营管理企业，取决于社会大众对企业家的看法与态度，这也将对企业家的冒险精神和综合能力造成一定的影响。从企业家面临的个体环境来看，企业家成长所面对的是家庭、学校、培训、学习等方面的环境。学者们指出，一个人通过接受教育与培训，提高其个人素质与能力，从而形成个人人力资本，促使其产生价值。如马歇尔认为，一个人后天所接受的教育与培训是企业家成长的关键，需要着重注意其成长的家庭、学校的环境，培养其专业素养和管理技能。Mohapata 等（2007）对中国的农村企业家进行了调查，着重指出，在农民从农业领域走向自谋职业的过程中，教育是一个重要的要素。Wu X.(2002）认为，在城镇，受教育程度和是不是党员这两个因素之间的联系会阻碍企业家成长。Yueh L.(2009）研究发现，在中国转型期内，相同个人特征、教育背景和经济背景的企业家要比非企业家收获高于20%的收入，但是，仅有一小部分的企业家是共产党员，其中大部分是失去了工作的人。

国内学者从企业家面对的外部、内部和个人 3 个视角对企业家成长环境进行了研究。刘建强（1999）指出培育中国企业家，要着重从三方面入手：提升企业家素养、培育三层次市场机制、完善企业家选择和培养机制，从而在 21 世纪来临的新形势中提升中国企业的国际竞争力。韩杭城（2014）认为政府和社会应该加大资金扶持力度，为企业家经营管理提供优质的市场环境，使企业家在外部环境中寻求机遇，从而获得成长发展。汪艳（2005）指出市场环境、制度环境、文化环境和信用环境是企业家成长所面临的主要外部环境。戴玲（2005）认为在企业家成长进程中，内部的创业氛围是必不可少的，强调了企业家成长环境的内化性。张苇（2012）、陈爱吾（2005）认为企业应该通过构建企业内部的良好组织架构，构建激励机制，营造学习型和创新型的企业文化来培育企业家的成长，即从内部成长环境视角给出了相应的对策。陈爱吾（2005）认为应该构建企业家成长机制，其中应当包含人力资源管理过程中的人才选拔、试用、考核、激励、控制、培训等方面内容。此外，黄文富（2005）认为客观环境和个体素质是企业家成长的两个影响因素。客观环境包含企业家所面临的外部、组织内部及个人环境，个体素质则包括企业家个人的教育背景、经营管理水平和市场洞察决策能力等。同时，他认为个人所面临的家庭、社交环境和价值观、文化等先天素养均是影响企业家成长的因素，这是一个创造性的研究成果。荣兆梓（2006）通过对江浙皖三省的13 位企业家的调查，发现企业家成长过程的内生性有双重含义：一是创业氛围的“频数依赖”，即显现多数人积极的创业倾向影响地区的创业文化，形成地区的创业氛围，进而影响更多人去积极创业；二是人与环境的关系是互动的，制度环境说到底是人与人、机构与机构之间的互动关系。姚建文、姚岚（2014）认为影响企业家产生及成长的环境因素主要包括任用机制、激励机制、约束机制及宏观环境4个方面，应从发展企业家人才市场、健全企业家分配方式、加强企业内部监督、改善投资环境方面营造有利于企业家成长的良好环境，壮大企业家队伍。唐丁祥、王艳辉（2011）运用演化博弈论在一个统一的框架下同时考虑了企业家成长与外部环境之间的动态演化关系。通过研究发现：一方面，外部环境决定了不同企业家类型的净收益，从而决定企业家对成长路径的选择；另一方面，当一个国家或地区选择某一类企业家成长路径的信念增加时，通过正反馈作用会进一步提高这种类型企业家的比例，相应地改变净收益的差异，从而对外部环境产生影响。刘雪斌、黄春梅（2005）以浙江温州的民营企业家生成环境为参照，对欠发达地区民营企业家的生成环境进行研究，认为民营企业的成长可以分为外援和内生两种模式，就民营企业家群体的外援生成模式而言，外援生成模式主要表现为向某地大量地注入资金，引进人才、技术和产业，使得某地可以利用比当地资源丰富得多的资源进行生产活动，其结果往往表现为某地某种产业在短期内得到迅速发展，并明显地表现出竞争优势。而内生生成模式注重强调依托当地的人才，利用当地的人、财、物逐步形成当地的优势产业，进而形成更大范围的竞争力。内生生成模式的典型范例很多，比如成为近年来关注热点的温州模式、苏州模式等内在具备了较好的民营企业家的成长环境。

2.4　企业家成长路径研究现状

从目前的研究来看，关于企业家成长的路径研究很少，大部分研究都是从企业家成长环境或影响要素入手，其他的则是以调查的视角来探讨企业家成长。在这些研究中影响最大的要数中国企业家调查组，其连续20多年对中国企业家调查后形成了《中国企业家成长调查报告》系列，从多个维度全方位考察企业家成长状况。遗憾的是，这些研究都未将企业家成长路径作为独立的研究问题。阮德信、朱玉华（2004）提出亚企业家概念，并研究了亚企业家成长影响因素及成长路径，将亚企业家成长路径分为自主创业型和非自主创业型两个大类，其中自主创业型又包括货币资本型、知识技术型和风险极化型，非自主创业型为经营管理型。段德忠等（2018）研究了企业家成长的空间路径，从地理学角度研究企业家成长的空间移动规律。余兴（2013）探讨了我国企业家成长的内在障碍与消除路径问题，提出从深化教育体制改革、优化企业家成长环境等方面入手消除企业家成长障碍。陈剑林（2009）通过对能人的内涵进行界定，比较了能人的特征，阐明了能人与企业家之间的差异并提出了能人向企业家转化的路径。孙长坪（2009）指出我国创新型企业家队伍孵化产生的路径主要有两条：一是通过自主创业而成长为创新型企业家；二是通过职业磨炼而成长为创新型企业家。唐国华（2014）认为技术进步是经济增长的关键，技术进步路径有两种，即技术模仿和自主创新，对创新型企业家及企业经济的作用非常重要。张素平（2009）基于创新过程，结合企业家的职能，提出企业家提升创新能力的四条路径，即清晰科学的战略规划引导创新方向；整合、配置资源，提供组织制度保障，建立创新基础；鼓励学习和知识交流，培育组织能力；构建创新型文化，提高员工创新意愿和创新积极性。孟令标、齐善鸿（2021）从老子管理哲学思想和企业家精神契合的角度，突出了企业家内在精神环境对企业家精神培育的决定性影响，并总结了企业家精神培育的文化路径，即塑造天人合一、有无相生的世界观，培养以百姓心为心、无私成其私的人生观和树立尊道贵德、自然无为的价值观。白臣、郄艳丽（2013）认为面对当代社会经济生活，培养企业家的道德意识的基本需求，也是促进社会道德意识发展的必要举措。那么实现企业家道德意识的 3 个方面为强化企业家对道德的认识和理解、重视企业家的道德教育、优化企业家道德培育的伦理环境。鲁爱民（2011）对温州地区女性企业家所管理的企业的调研结果显示，由于女性经营的公司大多以传统产业为主，产品偏向低端化，因此女性企业家面对转型过程，会更多地选择规避风险，从而利用升级产品、管理变革、市场开拓和转换商业模式等方法，并且更倾向于采用将两种手段结合进行混合的路径。可以看出，她们所采取的方法多为内化性，而采取企业性质转型和产业转型这种外化性转型手段效果会更好。因此，只有正确地选择合适的转型路径，建立合适的人才制度，加强政府扶持，加强妇联的引导与协调，才能使女性企业家的企业顺利转型。吕海涛（2013）以河北省民营企业为例，发现制约民营企业发展的关键是企业家自身的路径依赖，表现为经营性路径依赖、成长性路径依赖、观念性路径依赖。

2.5 研究评述

企业家的研究是从企业家的定义开始的，各个领域的学者之后陆续对企业家的职能、行为、精神、素质等方面展开研究，得出的结论也不尽相同，从而丰富了企业家的理论。随着社会的发展和研究的不断深入，企业家的内涵也由狭隘的具体到广泛的抽象，“社会企业家”“新生代企业家”等新概念的涌现，在某种程度上也体现了人们对企业家的认识的提高，企业家的定义也越来越抽象，带有一定的理想主义色彩。企业家的身份也发展到行为和精神层面，而不再拘泥于企业资本所有者这一个角色定位，学者们普遍认同的观点是：企业的经营与管理仍是企业家的核心内涵，企业家作为企业的人格代表者，需要具备与众不同的企业家能力和企业家精神。然而，在实证研究中，当学者面对区域大型企业家群体的实证研究时，都是以公司的法人或管理者为研究对象，因此企业家的内涵仍不能脱离特定的功能和地位。

国外有关企业家成长环境的研究已较为完善，而国内有关企业家成长环境的研究多集中在改革开放以后，特别是在市场经济体制建立后，学者们从不同的视角，根据中国的实际情况，对企业家成长环境的变迁进行了本土化的研究，并对影响企业家成长的因素进行了剖析，建立了企业家的成长模型和机制，还对企业家培养提出了一定的政策建议。

在管理和经济领域，“特质”的含义一直是争论的焦点，所以学术界对创业者具有何种特征的研究视角也不尽相同。大部分学者认为，特质是指个体在个性、能力、精神、气质等方面所具有的心理特点和倾向，并因此而产生的行为。企业家特质是具有时代性和先天性的。第一，不同地区、不同环境下，企业家的特质是有差别的；第二，由于企业家固有的特性，其个体特征也会有很大的差别，所以很难对企业家的全部特征进行归纳。而目前已有的研究表明，创新精神和冒险精神是企业家的永久特质和精神表征。

目前学者们对企业家成长路径的研究还不够成熟，现有研究多停留在宏观层面，并未深入企业家成长路径的核心，提出的建议也局限于教育改革、成长环境的优化。

第3章 西部企业家成长现状与存在的问题

随着我国社会主义市场经济的不断推进和发展，企业家在推动我国经济可持续增长中的重要作用越发显现，企业家是经济活动的重要主体和推动者。自改革开放以来，社会上涌现了一大批优秀企业家，许多具有核心竞争力的企业逐渐发展起来，并在市场竞争中迅速成长。企业家和企业的成长在创造就业、积累社会财富、带动经济发展以及增强综合国力等方面都做出了重要贡献。虽然西部地区深居内陆，与各区域之间的差距始终存在，但缺乏内生动力的西部地区却并未陷入恶性循环，而是同样保持了较为快速的经济发展，其中企业家发挥了不可或缺的作用。

3.1 西部企业发展现状

3.1.1 西部企业及企业家组织发展现状

过去40多年中国创造了举世瞩目的“经济增长奇迹”，最根本的原因是改革开放，其重要动力是民营企业的发展壮大、国有企业的深化改革以及外资企业的大规模进入。2015—2021年我国市场主体数量由7746.9万家增至15000万家，每年新登记市场主体数也呈现增长趋势（见表3-1）。党的十八大以来，党中央、国务院毫不动摇地鼓励、支持、引导非公有制经济发展，极大地激发了民营企业的发展活力，我国民营企业得到了充分发展。2012—2021年企业数量增长了约3倍，从1085.7万家增加到4457.5万家。民营企业数量占全部企业总数的百分比增长至92.1%，同时，民营企业的发展对稳定增长、保障就业、推动创新和改善民生等方面均有着重要的影响（郭福基，2018）。近年来，各项政策措施密集出台，民营企业发展环境持续向好，税收贡献超过50%，是政府税收和国家财力的最大贡献者，其投资占比超过60%，发明创新占比超过70%，在实现经济快速发展中扮演着重要角色。

表 3-1　2015—2021 年我国市场主体数量变化统计

年份	市场主体/万家	新登记市场主体/万家	新增企业/万家	城镇新增就业/万人	城镇登记失业率/%
2015	7746.9	1479.8	443.9	1312	4.05
2016	8705.4	1651.3	552.8	1314	4.02
2017	9814.8	1924.9	607.4	1351	3.9
2018	11020.0	2149.6	670.0	1361	3.8
2019	12339.5	2377.4	739.1	1352	3.62
2020	14000	2502	805.2	1186	4.2
2021	15000	2887	912.5	1269	3.96

资料来源：2015—2021 年《中国市场主体发展活力研究报告》。

（1）西部地区特色产业体系逐步形成

“西部大开发”是我国实现西部地区经济又好又快发展、重点区域和重点产业发展达到新水平，教育、卫生等基本公共服务均等化取得新成效的一项重要政策，是缩小东西部差距的重要举措。在西部大开发建设中，西部企业家起着至关重要的推动作用。自1999年国家提出西部大开发战略以来，至今西部经济区取得了可喜的成绩，西部各省份都建立起了比较完备的产业体系。

青海省产业结构实现了由“一三二”到“二三一”再到“三二一”的历史性转变，锂电、新材料、光伏制造、盐湖化工“四个千亿元”产业，海南和海西两个千万千瓦级可再生能源基地，新能源、新材料、先进制造、现代生物、现代农牧业、生态环保、高原医疗卫生、新一代信息技术“八大绿色产业技术体系”已具雏形，循环工业增加值占比达60%。宁夏依托“三线”建设的基础，大力发展能源、化工、新材料、装备制造、农副产品加工和高新技术等产业，形成了以大企业为龙头的先进制造业和特色产业集群（杨鸿玺，2011）。四川省产业结构不断优化，产业结构从“二三一”转变到“三二一”，依靠实体经济逐步建立起完备的现代产业体系。广西不断加快推进新型工业化发展，加大科技创新力度，大力发展电子信息、新材料等新兴产业，现代服务业对经济增长的贡献不断加大，现代特色农业已初具品牌，特色农产品优势区数位居全国第一。总之，西部 12 个省、自治区和直辖市，依靠“三线”建设的工业基础，均已建立起较为完善的工业体系，新兴产业不断发展，特色产业逐步形成。

（2）西部地区市场主体增长迅速

西部地区地域辽阔，资源丰富，产业众多。截至 2021 年，西部地区各省份新增市场主体增长速度较快，各省份市场主体登记注册便利化改革步伐加快，市场主体数量猛增（见表 3-2），为企业家成长和发展奠定了良好的基础。

表 3-2　2021 年西部地区市场主体总数统计

序号	省份	市场主体总量/万家	同比增长/%	2021 年新增数量/万家
1	四川	771. 6	19. 45	135. 2
2	陕西	495. 48	12. 06	93. 66
3	云南	410. 97	20. 68	75. 38
4	贵州	388. 71	12. 1	70. 11
5	广西	392	4. 23	15. 9
6	重庆	—	—	—
7	内蒙古	239. 08	5. 55	38. 6
8	新疆	—	—	—
9	甘肃	203. 27	17. 98	30. 98
10	宁夏	71. 3	8. 19	5. 4
11	青海	—	—	—
12	西藏	40. 66	11. 47	

资料来源：2020—2021 年《中国市场主体发展活力研究报告》。

（3）西部地区民营企业数量和质量大幅提高

西部地区经过几十年的发展，孕育出众多明星企业，特别是民营企业的发展令人瞩目，这些企业在各自领域为西部地区的发展做出很大贡献。

截至2020年底，西部12个省、自治区和直辖市共计上市企业581家（见表3-3）。

表3-3　西部各省份上市民营企业数量

序号	省份	上市民营企业数量/家
1	四川	139
2	云南	39
3	贵州	31
4	西藏	24
5	重庆	57
6	陕西	116
7	甘肃	34
8	青海	11
9	新疆	54
10	宁夏	13
11	内蒙古	26
12	广西	37
合计		581

资料来源：2020年东方财富Choice数据统计。

3.1.2　西部企业家成长的社会组织

企业家是经济活动的带头人，企业家协会不断发挥自身作用，推动企业和社会发展。西部各省份组织机构数量近年来增长较多，在推动当地经济社会发展、促进社会和谐稳定中做出了较大成绩。同时，西部各省份商会不断壮大会员队伍，积极发展实力强、影响大的企业商会，切实帮助会员解决发展过程中遇到的困难和问题。在为政府服务方面，注意加强与政府部门的联系沟通，积极做出贡献，求实创新、与时俱进，是各个商会的鲜明特征。

（1）官方企业家社会组织机构

①中国企业联合会。中国企业联合会（简称“中国企联”）是经国务院

批准成立、民政部注册登记、具有法人资格的全国性社会团体，会址设在北京市[①]。中国企业联合会的前身为 1979 年 3 月成立的中国企业管理协会，1999 年 4 月 24 日中国企业管理协会更名为中国企业联合会。由中国乡镇企业协会、中国外商投资企业协会、中国个体劳动者协会、中国女企业家协会、中国青年企业家协会、中国民营科技实业家协会等联合发起[②]。

中国企业联合会是中国第一个全国性、经济类型的社会团体，是企业、企业经营者的联合组织，由企业界和有关经济、科研、新闻工作者以及有关企业工作者团体组成。截至 2021 年 12 月，中国企业联合会拥有 56.4 万家会员企业、36 家全国性企业团体、43 个省级企业联合会、260 家各地方工业城市企业联合会，也是代表中国加入国际雇主组织的唯一机构。中国企联每年开展全国企业家活动日，与世界经济论坛联合举办的中国企业高峰会，承办全国企业现代化创新成果审定，评审发布中国企业新纪录和中国企业十大新闻等重要活动[③]。

②中华全国工商业联合会。中华全国工商业联合会成立于 1953 年，简称“全国工商联”，又称“中国民间商会”。全国工商联是中国共产党领导的以非公有制企业和非公有制经济人士为主体，具有统战性、经济性、民间性有机统一特征的人民团体和商会组织，是党和政府联系非公有制经济人士的桥梁、纽带，是政府管理和服务非公有制经济的助手，是中国人民政治协商会议的重要组成部分。2010 年 9 月 16 日，中共中央、国务院颁发了《关于加强和改进新形势下工商联工作的意见》，推动工商联事业迈向新的发展起点，迎来了可以大有作为的重要机遇期。党的十八大以来，在以习近平同志为核心的党中央坚强领导下，全国工商联坚持围绕中心、服务大局，在统筹推进“五位一体”总体布局、协调推进“四个全面”战略布局中发挥了积极作用。截至 2018 年底，全国共有县级以上工商联组织 3416 个，各级工商联所属商会共有 48916 个，已形成覆盖全国的组织网络。全国工商联同世界上 100 多

---

①③　中国企业联合会［EB/OL］. 互动百科，https：//www.baike.com/wiki/%E4%B8%AD%E5%9B%BD%E4%BC%81%E4%B8%9A%E8%81%94%E5%90%88%E4%BC%9A，2020.

②　中华全国工商业联合会，这个团体你需要了解！［EB/OL］. 中国统一战线新闻网—人民网，http：//tyzx.people.cn/n1/2017/1127/c396781-29669753.html，2018.

个国家和地区的400多个组织、机构、商会等建立了广泛联系和友好合作。

③中国青年企业家协会。中国青年企业家协会成立于1985年，简称“中青企协”，是由全国青年企业家自愿结成的全国性、联合性、非营利性社会组织，是共青团联系青年企业家的桥梁和纽带，是中华全国青年联合会、中国企业联合会（中国企业家协会）的团体会员，接受业务主管单位共青团中央和社团登记管理机关民政部的业务指导和监督管理。截至2020年1月，中国青年企业家协会拥有单位会员53个，个人会员2047名。此外，中国青年企业家协会邀请48名港澳地区青年企业家作为特邀会员，定向吸纳105名青年创业者代表作为初创会员进行重点培养。

④中国民营企业联合总会。中国民营企业联合总会简称“中国民联会”，是由国内著名专家学者、知名企业家以及港、澳、台有关社团和工商界人士，以及海外华人华侨联合发起，在国家有关部门支持下依法登记注册的社会团体。中国民联会坚持“联合、创新、协调、服务”的理念，以“企业离不开、政府信得过、行业有地位、国际有影响”为目标，通过举办论坛、讲座宣传党和国家的有关政策法规；通过各种咨询服务为会员企业搭建投融资和维护合法权益的平台；通过会刊专刊联络广大会员，互通信息、交流经验、寻找商机；通过联络海外华商机构和工商界精英人士，为会员企业走出国门服务；通过深入调查民营经济发展的实情，了解民营企业家的心声和诉求，积极向党和政府建言献策；通过举办中国民营企业家论坛和培训活动，为会员企业提供法律法规、政策信息、经贸合作等方面的服务。中国民联会围绕提升我国企业市场竞争能力、自主创新能力和自我发展能力，提高企业家的素质和经营管理水平，维护企业和企业家的合法权益，反映企业的建议和要求，为企业开拓市场和加强国际交流与合作而开展各项活动。在政府与企业之间发挥桥梁和纽带作用，促进民营企业做强做大、又好又快地持续发展。

（2）民间企业家社会组织机构

西部各省份拥有不同的官方企业家社会组织机构，同时也存在大量的民间企业家社会组织，这些民间企业家社会组织多以同乡为背景和纽带集结，为企业家之间增添了亲情，因此他们组织活动也更为频繁，联系更为紧密。我们对其中影响比较大的民间企业家社会组织做相应研究。

①西部企业家商会。西部企业家商会于 2017 年 12 月 8 日正式获批成立，形成了一个沟通交流、信息共享、合作发展的新平台。西部企业家商会会员企业规模大、行业涉及面广，经济总量较强。近年来，西部企业家商会以党的十九大精神为指引，团结西部优秀企业家，以“传承优秀企业家精神”为使命，在政府和企业之间真正发挥桥梁和纽带作用，及时了解、反映协助解决会员企业的问题，协调企业和政府部门的关系，促进商会与商会的互动与交流，推进西部建设，协力同心，砥砺奋进，凝聚起同心共筑中华民族伟大复兴中国梦的强大力量，为西部建设、“一带一路”建设做出贡献。2019 年 12 月 29 日，西部企业家商会举办“以初心　筑未来”为主题的年会盛典，西部企业家商会全体单位及友好商协会代表等 500 余人参加了此次年会。2021 年 1 月 26 日，西部企业家商会获评 2019—2020 年度全国“四好”商会。2021 年 6 月 29 日，“同心向党庆百年　高歌奋进新征程”——西部企业家商会庆祝中国共产党成立 100 周年“红歌献给党”活动，在锦鹏实业集团会议中心隆重举行。

②陕西省民间企业家组织。陕西省温州商会于 2014 年 10 月成立，是根据中共温州市委办公室（简称“温委办”）发〔2014〕64 号《关于组建省级温州商会的实施意见》的文件精神，由西安、宝鸡、汉中、延安、榆林、咸阳六家地市级温州商会共同组成的全国第一家省级温州商会，截至 2021 年底有会员单位 3000 余家，涉足房地产开发、金融投资、百货、餐饮、能源、汽车、IT、物流、通信、建材、服装、机电、印刷、环保、文化传媒等 20 多个行业和领域。2017 年 1 月成立陕西省新生代温商联合会，截至 2021 年底有会员 180 余人。据不完全统计，在陕温商约有 16 万人，陕西省新生代温商联合会，对陕西经济的发展发挥着积极的作用。

陕西省浙江商会于 2003 年 4 月成立，截至 2021 年底商会除直属会员外，还拥有在陕的杭州、宁波、温州、台州、绍兴、金华、丽水和渭南、宝鸡、汉中等地市级商会，以及天台、永嘉、东阳、诸暨、玉环、江山、椒江等市县商会团体会员，会员企业总计超过 2000 家。求实创新、与时俱进，是陕西省浙江商会的鲜明特征。2004 年、2006 年商会连续被陕西省政府授予“外省区市驻陕机构先进单位”称号。2013 年、2015 年、2016 年连续被陕西省工商联、陕西省总商会评选为“先进商会”。2017 年底，又获得全国工商联系统 2017 年度“创新中国”商会特别奖。2018 年，陕西省浙江商会在“万企帮万村”脱贫攻坚工作中表现突出，被授予“三秦帮扶善星”称号。陕西省浙江商会已经成为推动陕西经济发展的重要力量。

西安温州商会于 1995 年 10 月成立，是西安市工商界第一家成立并具有一定规模和影响的异地商会，截至 2021 年底有会员单位 800 多家。1996 年 9 月，在全国率先成立了首家异地温州商会党支部，2005 年 7 月成立商会党总支，下设 5 个片区党支部，现有党员 85 名。2013 年 11 月，建成全国第一个异地温州会馆。第一届、第二届会长为郑海弟，第三届、第四届会长为郑福海，第五届会长为曹宗乐，第六届、第七届会长为吴联配，秘书长为林加准。商会在 2012—2017 年连续六年被温州市委、市政府评为全国异地温州商会争先创优先进商会。被西安市民政局评为首批 5A 级社团组织。被市委统战部、市扶贫办、市工商联多次评为“民企助农圆梦行动”先进商会。被陕西省工商联授予先进商会等多项荣誉称号。商会党总支被评为四星级党组织和先进基层党组织。会长吴联配 2012—2017 年连续六年被温州市委、市政府评为全国异地温州商会优秀会长。被陕西省和西安市分别授予爱国拥军模范和优秀企业家等多项荣誉称号。

③重庆市民间组织机构。重庆市浙江商会（原重庆市浙江企业联合会），是在重庆、浙江两地政府部门的协调指导下，由浙江来渝投资兴业的不同行业、不同所有制的企业自愿参加的非营利性社会组织，是渝、浙两地政府认可并依法注册登记的地方联合性社团法人①，截至 2021 年底有会员单位 400 余家。会员企业中，投资额度在 1000 万元以上的就有 80 余家，不少企业在重庆乃至全国都具有一定的知名度和社会影响力，会员中有 30 多人当选各级人大代表和政协委员。重庆市浙江商会遵循“全心全意为会员服务”的办会宗旨，密切企业与政府的联系，维护广大在渝浙商的合法权益，推进两地经济互动，为重庆、浙江的经济社会发展作出贡献。商会连续多年被市工商联评为先进商会和先进基层党组织，获评 2017—2018 年度全国“四好”商会，

① 重庆市浙江商会［EB/OL］. 搜狗百科，https：//baike. sogou. com/v66252485. htm，2019.

商会秘书处团队获评“重庆市三八红旗集体”。

重庆市湖北商会的前身是重庆湖广会馆，成立于1759年，是全国最早的民间企业组织之一。2004年11月重庆市总商会湖北商会成立，2008年2月在市民政局注册登记，并更名为重庆市湖北商会。截至2021年底，商会共有注册会员459家，团体会员4家，共计会员数800多，覆盖了六大产业100多个行业。以渝东北平伟光电产业园等企业为代表的一批楚商企业，在重庆总投资达1000亿元，年产值1100亿元以上，慈善捐赠达5500万元，为当地解决就业15万余人。重庆市湖北商会连续13年被评为重庆市先进商会。2008年被重庆市民政局评为重庆市市级社会组织参与抗震救灾先进单位，2009年被重庆市工商联评为“十佳商会”，2017年被评为重庆市“十佳异地商会”，2018年被重庆市工商联认定为重庆市“四好”商会，2019年3月被全国工商联认定为2017—2018年度全国“四好”商会，2021年1月再次被全国工商联认定为2019—2020年度全国“四好”商会，2020年被重庆市工商联、湖北省工商联、全国工商联评为抗疫先进商会，连续七年被评为湖北省“招商引资”先进商会，并成功举办“2011年楚商合作发展论坛暨全国湖北商会会长会议”。2012年获得“全国十佳服务典范”殊誉。2014年获得首轮“中国社会组织评估等级5A级”资质，2019年12月再度通过5A级商会资质评估，2021年6月被全国工商联确定为商会党建工作示范单位。

④四川省民间组织机构。四川省工商联（四川省商会）筹建于1953年6月，是中共四川省委领导的由工商界组成的人民团体和民间商会，是党和政府联系非公有制经济人士的桥梁和纽带，是政府管理和服务非公有制经济的助手，是四川省人民政治协商会议的组成单位之一①。自成立以来，四川省工商联始终围绕社会主义建设各个历史阶段的中心任务开展工作，充分坚持发挥桥梁和纽带作用，紧紧将大批原工商业者和非公有制经济代表人士团结在党和政府周围，为贯彻落实党在不同历史时期的工作部署做出了积极贡献。先后有几十名代表人士在全国人大、全国政协、全国工商联、中国民间商会、中国光彩事业促进会任代表、委员、副主席、副会长、理事等职，在省级人

① 四川省首届产业互联网高峰论坛［EB/OL］. https：//tieba. baidu. com/p/5143677258，2019.

大、政协任代表、委员的代表人士约200名；在市级人大、政协任代表、委员的代表人士逾2000名。当前，全省非公有制经济已占据省经济总量半壁河山，成为推动经济增长的重要力量、财税收入的重要来源、扩大就业的重要渠道、工业强省的重要支撑（郭福基，2018）；全省非公有制经济人士队伍不断壮大、影响提升，示范效应日益凸显，成为科技创新的实践者、富民兴川的建设者、构建和谐社会的参与者。截至2021年底，全省工商联共有团体会员41家，直属商协会45家。

四川省浙江商会是由浙江来川投资兴业的工商企业家自愿组成，经四川省民政厅批准，具有独立法人资格的民间社团组织，成立于2002年10月15日（周秋蓓，2019）。截至2021年底，在川浙江商人有30多万人，1500家企业发展成一定的规模，累计在四川投资6000多亿元，吸纳100万人就业，纳税超100亿元，年销售额超1000亿元。四川省浙江商会现有17个直属分支机构，会员企业3200余家，涉足金融、商贸、物流、服务业、纺织、服装、建筑建材、房地产、水电、矿产、化工、机械、电子、汽车、食品、餐饮娱乐、医疗、通信、信息化等几乎所有行业和领域①。四川省浙江商会成立以来，在推动川浙两地经济社会发展、促进社会和谐稳定中做出了较大贡献，得到各级政府的充分肯定，获得川浙两地政府多项殊荣。2010年2月，民政部授予四川省浙江商会“全国先进社会组织”“全国社会组织深入学习实践科学发展观活动先进单位”双先进的称号。

⑤贵州省民间组织机构。贵州省工商业联合会也叫贵州省总商会，是党领导的具有统战性、经济性、民间性的人民团体和商会组织，是党和政府联系非公有制经济人士的桥梁和纽带，是政府管理非公有制经济的助手。贵州省工商业联合会于1955年5月5日成立，现内设办公室、研究室、会员部、宣教部、经济部、扶贫与社会服务部、联络部7个部室和机关党委。截至2008年底，全省有县级以上工商联组织98个，会员103580个（其中企业会员10225个、团体会员774个、个人会员85448个）。2007年4月，中共贵州

---

① 充分发挥川浙民间大使作用［J］. 今日浙江，2008（22）：33.

省委正式“授权工商联为以非公经济为主体的行业商会业务主管部门”[①]。2021 年 2 月 25 日，被表彰为“全国脱贫攻坚先进集体”。

此外，贵州省还陆续成立了浙江商会总会、四川商会、江西商会、湖南商会等多家民间企业家社会组织，均对贵州的发展发挥着积极作用。

⑥宁夏回族自治区民间组织机构。宁夏回族自治区工商业联合会成立于 1953 年，已召开十次会员代表大会。60 多年来，宁夏回族自治区工商业联合会始终高举爱国主义、社会主义伟大旗帜，始终坚持中国共产党的领导，紧紧围绕党和政府各个历史阶段的中心任务，团结带领广大工商界人士，在自治区经济和社会建设的不同历史时期做了大量卓有成效的工作，发挥了积极作用。现任领导班子成员共 17 人，其中党组书记 1 人、主席 1 人、专职副主席 3 人、企业家兼职副主席 12 人，秘书长 1 人。宁夏民间商会会长 1 人、副会长 11 人（其中企业家副会长 7 人）。工作机构有办公室、经济联络处、会员处、宣传教育处、扶贫和法律服务中心。截至 2017 年底，全区共有县级以上工商联组织 28 个、商协会 356 个、会员 77278 个。此外，宁夏于 1993 年成立宁夏企业家协会，是经宁夏回族自治区民政厅注册登记的全区性非营利社会团体，是企业与企业、企业与政府等社会各界之间联系的桥梁和纽带（李梅香，2011）。服务会员企业 1000 多家，涉及制造业、能源化工、现代农业、现代科技等领域。协会拥有专业化服务人员 28 名，聘请内外各行业专家近百名，长期为企业和宁夏区域经济发展建言献策。

宁夏江苏商会于 2009 年 11 月正式成立，2015 年 1 月换届。截至 2021 年底，商会有会员单位 300 多家，主要从事能源化工、装备制造、商贸流通、食品生产销售、房地产开发建设、创新科技、医疗卫生、文化教育、培训咨询、装饰装修等 20 多个行业。目前，5 万多名江苏籍人士在宁创办企业 6000 多家。商会以确保“两个健康发展”为目标，以争创“四好”商会为抓手，按照商会教育系统化、活动经常化、自身建设规范化的要求，狠抓商会班子和党的思想建设、组织建设和作风建设，使商会领导班子和商会党组织班子真正做到了思想上合心、工作上合力、行动上合拍，实现了商会全面发展与

① 贵州省工商业联合会［EB/OL］. 搜狗百科，https：//baike. sogou. com/v72608942. htm，2019.

商会党的建设“双强双赢”局面。商会被自治区民政厅评为5A级商会，被自治区工商联接连评为五星级商会、“四好”商会、全国“五好”江苏商会，连续多年被自治区政府评为招商引资先进单位。商会党总支受到自治区党委组织部、统战部和工商联表彰。截至目前，宁夏江苏商会和商会党总支共获得各类荣誉51项。

⑦云南省民间组织机构。云南省工商业联合会成立于1954年1月，已召开过十一次会员代表大会。截至2015年底，全省共有州（市）级工商联组织16个，县（市、区）级工商联组织129个，各级工商联所属商会1785个，会员近14万个，其中会员企业5.3万个，团体会员1900个，个人会员8.5万个。2017年7月25日，云南省工商联（总商会）第十二次代表大会在昆明闭幕，选举产生云南省工商联（总商会）第十二届执行委员会。

云南省民营企业家协会（以下简称“省民协”）创立于1989年；云南省科学技术协会是省民协的业务主管单位，省民协现有会员单位700余家，云南省知名的民营企业大都是协会的会员单位。协会聘请省、市领导担任名誉会长。协会理事长雷吟天，曾任中国科协委员、云南省政协常委、云南省科协党组书记、常务副主席、省民委副主任等职务，通过选举担任云南省民营企业家协会会长。省政协原副主席和占钧于2009年应邀担任执行会长。省民协在中国民营科技实业家协会的指导下与全国各省、市民协有广泛联系，并积极参与中国民营科技实业家协会的年会和重要活动。省民协是一个资源集合体，是沟通政府与企业联系的桥梁和纽带；在过去的20余年中，为在滇的民营企业发展壮大做出了不懈努力①。

云南省广东商会是广东在滇企事业单位自愿团结在一起的非营利性、全省性社团组织（陈韵琳，2019），2005年9月28日成立后，从开始的几十家企业，发展到目前已有近千家在滇广东企业入会，有昆明市茂名商会以及普洱、德宏、版纳、丽江、文山、玉溪、曲靖市广东商会8家团体会员单位，涉及制造、建材、化工、轻工、煤炭、商贸等领域。商会成立后，积极引导会员企业拥护中国共产党的领导。根据《中国共产党章程》的规定，于2013

① 云南省民营企业家协会［EB/OL］. 搜狗百科，https：//baike.sogou.com/v69039781.htm，2019.

年成立了党支部，2018 年 7 月成立了党总支，开展党的活动，积极为党组织的活动提供必要条件。商会党组织连年被评为“先进基层党组织”，2017 年被树立为“省异地商会党建示范基地”，2018 年被中共云南省委组织部树立为“百家党建示范点”。2020 年 9 月，被中共云南省委组织部评为“规范化建设示范党支部”。商会遵守宪法、法律、法规和国家政策，践行社会主义核心价值观，遵守社会道德风尚，以守法诚信为重点，深入开展非公有制经济人士理想信念教育活动[①]。倡导会员企业坚持自律，重合同、讲信用，诚信经营；坚持为政府服务、为企业服务、为社会服务；团结在滇广东企业，积极响应国家西部大开发的号召，全力参与云南的经济建设。

⑧内蒙古自治区民间组织机构。内蒙古中小企业发展联合会成立于 2016 年 11 月，是自治区民政厅批准的综合性社会组织。内蒙古中小企业发展联合会响应党和国家全面发展中小微企业的号召，发挥协会的促进、服务、维权、自律作用，为维护中小企业和企业家合法权益而开展各项活动。宣传贯彻国家及自治区政府关于支持、鼓励中小企业健康发展的法律法规，及时反映中小企业的建议和要求，在政府与中小企业之间发挥桥梁和纽带作用[②]。旨在打造一个资源共享的平台，企业之间抱团取暖。

内蒙古自治区女企业家协会成立于 1996 年，经自治区民政厅履行社团登记，被批准为具有独立法人资格的社会团体，是该区各种所有制企业中的女性经营管理者组成的联谊与服务性群众团体。协会接受业务主管部门的业务指导和社团登记管理机关的监督管理，主管单位为内蒙古自治区妇女联合会，业务上接受中国女企业家协会的指导并为其团体会员。协会现有团体会员 5 个，会员（包括团体会员）500 余人。会员为来自能源、金融保险业、电力、生产加工企业、建筑、房地产业、零售服务业等各界的成功女企业家、杰出高级经营管理人员。2007 年，内蒙古自治区女企业家协会被中国女企业家协会授予“中国女企业家协会系统先进集体”称号。

⑨新疆维吾尔自治区民间组织机构。新疆维吾尔自治区广东企业联合会

---

① 北京肉类食品协会［J］. 食品安全导刊，2021（35）：5.

② 《关于促进中小企业健康发展的指导意见》［EB/OL］. http：//www.scio.gov.cn/ztk/38650/40228/index.htm，2019.

（商会）（简称“新疆广东商会”），经自治区招商发展局（经协办）及广东省经济信息化委员会批准，于2003年11月30日挂牌成立，2013年6月成立商会党支部，2014年荣获中国社会组织评估5A级先进社会组织。商会成立15年历经四届理事会，于2018年5月8日成功召开商会第五届会员大会暨理事会一次会议，选举产生了以新疆飞晟地产董事长周剑波为会长的理事会。商会始终坚持党的路线、方针和政策，以服务会员、服务企业、服务社会为己任，遵循“营造平台、团结互助、促进交流、发展共赢”的办会宗旨，致力于打造在疆粤企的信息交流分享平台，致力于搭建联结新粤两省经贸交流的桥梁和纽带，致力于营造促进在新粤商发展共赢的大平台，致力于树立良好的粤企形象，为丝绸之路经济带核心区建设服务，为新、粤两地经济繁荣和维护社会稳定做出了重要贡献。

新疆四川总商会全称为“新疆维吾尔自治区四川企业联合会（总商会）”，是一个依托川籍在疆投资从事生产、经营活动和川籍驻疆企业单位发展起来的不以营利为目的省级异地商会社会团体。商会始终坚持以“树川企之形象、扬川企之精神、联川企之友谊、架川企之桥梁、护川企之权益、纾川企之困难、聚川企之合力、创川企之辉煌”为宗旨，大力传承和传播巴蜀文化、凝聚乡音乡情、培育川商品牌、发展川商经济，促进川疆两地经贸合作携手共建、合作共赢。商会成立以来，多次被新疆维吾尔自治区商务厅、民政厅、工商联评为“先进商会”“优秀商会”。2013年被自治区民政厅评为“全区社会组织5A单位”，并授予“先进单位”荣誉称号。2014年荣获中华慈善总会授予的“第二届中华慈善突出贡献奖”。2017年、2018年被川商全国理事会授予“推进川商发展奖”。2020年被自治区表彰为“招商引资先进集体”。

⑩甘肃省民间组织机构。甘肃省江苏商会成立于2007年5月19日，现有会员单位1505家。组织机构设秘书处、宣传部、商务联络部、法务部、会员部、财务部，下辖金昌、平凉、天水、武威、酒泉、张掖、陇南7个分会。行业主要分布在房地产、金融、物流、生物科技、化工、商贸、法律、农业、金属制品业、住宿与餐饮业、社会福利业、建筑与安装工程、装修工程、通信工程、消防工程等领域。2011年8月成立商会党支部，截至2021年底有正式党员33名（不含分会）。2019年12月成立甘肃省江苏商会人民调解委员

会。先后被全国工商联评为“四好”商会，被江苏省工商联表彰为“五好”江苏商会，被甘肃省工商联评为2018年“四好”商会；连续三年被甘肃省政府评为招商引资工作先进单位；被省民政厅授予甘肃省社会组织抗震救灾“先进集体”称号；被省工商联连续多次评为“民企陇上行”活动专项工作先进商会；被中共兰州市城关区白银路街道党工委评为先进基层党组织。

甘肃省上海商会是为促进甘肃、上海两地间的经济贸易交流，经上海市政府合作交流办公室、甘肃省工商业联合会、甘肃省民间组织管理局批准成立的。甘肃省上海商会第一届会员大会暨商会成立大会于2013年12月6日上午在兰州锦江阳光大酒店召开。甘肃省上海商会的成立，对进一步加强沪甘两地联系，有效拓展政企协作渠道具有积极的促进作用，同时也将成为上海在甘企业之间携手合作、优势互补、互利双赢、共同发展的重要平台。成立大会上，甘肃省上海商会会长、上海浦东发展银行兰州分行行长张宜临先生在致辞中表示，商会成立后，将在主管部门的指导下，发挥好商会的牵头作用，做好会员服务工作，促进会员之间、会员与外部单位之间、兄弟商会之间的交流与合作，帮助会员单位着力协调、解决发展中的难题，维护会员单位合法权益，为上海在甘企业提供更多、更好的发展机会，引导上海在甘企业实现科学发展，在实现良好的经济效益的同时，积极参与公益事业，履行社会责任，回报国家，回报社会[①]。

⑪西藏自治区民间组织机构。西藏自治区四川商会成立于2013年8月5日。西藏自治区四川商会是由在藏经商、办企业的川籍工商人士自愿组成的全区非营利性社团组织。经过3年多的发展，已经拥有会员单位700余家，实现了一些西藏地域和行业的全面发展，是西藏非公有制经济领域的中坚力量，是西藏自治区的省级商会、4A级商会，是西藏经济社会发展的主力军之一。西藏自治区四川商会坚持对广大会员进行团结、帮助、引导、教育。全心全意为在西藏自治区的四川籍企业服务、密切企业与政府的联系、维护企业的合法权益、引导企业守法经营、自觉维护正常的市场经营秩序、树立良

① 甘肃省上海商会成立大会6日在兰州隆重举行［EB/OL］. 上海论坛，http：//forum. china. com. cn/thread-1769129-1-40. html，2013.

好的企业形象；组织企业充分发挥综合群体优势，互帮互助，更好地为振兴西藏、四川的经济建设做出积极的贡献。2018 年 5 月 9 日，获得全区“四好”商会优秀单位殊荣。2020 年 11 月，被中华全国工商业联合会评为“抗击新冠肺炎疫情先进商会组织”。2021 年 1 月 26 日，获评 2019—2020 年度全国“四好”商会。2021 年 12 月，被民政部授予“全国先进社会组织”称号。

西藏北京商会成立庆典暨揭牌仪式 2018 年 9 月 9 日在拉萨举行，京藏两地再架沟通桥梁。西藏北京商会是由国风集团、西藏考拉科技发展有限公司、西藏旅游股份有限公司、西藏则界文化创意发展有限公司等单位发起，旨在促进西藏非公有制经济健康发展，促进北京和西藏经济、文化、科技、贸易等方面的深入交往、交流、交融的非营利性社会组织。截至 2021 年底已有西藏北大校友会、北大企业家俱乐部、西藏考拉科技、考拉金科、筑博设计、中环寰慧、西藏北大创业营等各产业龙头企业约 100 家加入。西藏北京商会会长欧阳旭说，西藏北京商会将架起京藏两地经济、文化交流沟通的重要桥梁，也是千百年来各族人民心相连、肩并肩的见证。西藏北京商会将不断拓展西藏和北京两地的经贸合作与交流，促进两地经济的共同发展，扶持培养一批有实力、有影响的企业和企业家，不断聚合智慧和力量，不断创新探索，成为西藏文化和经济发展的一股重要力量①。

⑫广西壮族自治区民间组织机构。广西企业与企业家联合会（以下简称“广西企联”）是 1981 年成立的全区企业和企业家的联合组织，是广西成立最早、规模最大、行业覆盖面最广的全区性、综合性、经济类型的社会组织。被民政部授予“全国先进社会组织”称号，2018 年再次获评 5A 级社会组织。广西企联与自治区人社厅、自治区总工会、自治区工商联共同组成广西协调劳动关系三方会议组织。30 多年来，广西企联紧紧围绕自治区党委和政府的工作部署，以为广西企业和企业家服务为宗旨，遵守国家法律法规，维护企业与企业家的合法权益，发挥桥梁和纽带作用，致力于协调企业与政府、企业与企业、企业与社会、经营者与劳动者的关系，服务经济和社会发展。广

① 西藏北京商会在拉萨成立［EB/OL］. http：//www.tibet.cn/cn/index/syyc/201809/t20180910_6248472.html，2018.

西企联举办的广西企业家活动日，广西企业社会责任报告发布会，广西优秀企业、优秀企业家评选表彰，广西企业100强排序、分析研究和发布等品牌活动得到自治区党委、政府的高度评价和社会各界越来越广泛的关注。2017年起，广西企联承接自治区经济系列副高级职称评审工作。2021年起，广西企联承接工程系列中初级职称评审工作。

广西女企业家商会系自治区工商联直属商会，成立于2009年5月，现任会长杨英（广西政协委员、柳州双英股份有限公司董事长）。商会会员由全区各行各业有一定规模和实力、在社会上有一定知名度的女企业家执掌的企业单位组成，现有会员单位270多个，涉及机械制造、生物科技、制药、电子、房地产、贸易投资、建筑材料、畜牧养殖、食品加工、酒店餐饮、文化教育、旅游等20多个行业。广西女企业家商会坚持女企业家办会、服务立会、诚信兴会；团结、引导会员学习和践行社会主义核心价值观，爱国、敬业、诚信、守法、贡献；加强企业与政府的沟通联系，积极发挥桥梁、纽带作用；构筑企业发展平台，加强会员信息互通、资源共享和商务合作；竭诚服务会员，维护会员合法权益，关爱会员身心健康，促进会员企业做优做强，为广西经济社会持续健康发展，全面建成小康社会贡献力量。商会宗旨是：坚决拥护中国共产党领导，积极引导广大会员爱国、敬业、创新、守法、诚信、贡献，做合格的中国特色社会主义事业建设者（贺三宝，2014）；紧紧依靠政府及主管部门的领导，依法办会、服务立会、诚信兴会，为广西广大非公有制经济为主的女企业家创业创新、做强做大搭建交流合作平台，发挥示范引领作用。

⑬青海省民间组织机构。青海省工商业联合会又称青海省商会，成立于1954年10月。青海省商会是中国共产党领导的省工商界组成的人民团体和商会组织。商会依照法律按国家行政区划设置组织机构，截至2021年底，有县级以上地方组织41个，基本形成覆盖全省的组织网络①。主要职责是：加强和改进非公有制经济人士思想政治工作；参与政治协商，发挥民主监督作用，积极参政议政，营造良好的营商环境；协助政府管理和服务非公有制经济（马月媚，2019）；开展对所属商（协）会的业务指导；参与协调劳动关系，

① 青海省工商业联合会［EB/OL］. 搜狗百科，https：//baike. sogou. com/v70889384. htm，2019.

协同社会治理，促进社会和谐稳定；引导非公有制企业和非公有制经济人士依法诚信经营，了解反映非公有制企业和非公有制经济人士诉求，帮助其依法维护合法权益，推动各种所有制经济依法平等使用生产要素、公开公平公正参与市场竞争、同等受到法律保护，促进权利平等、机会平等、规则平等（杨红，2021）。

3.1.3 榜上有名的西部企业家

（1）胡润富豪榜

企业家是经济活动的主体，西部企业的成长与西部企业家的成长密不可分。2021 年胡润研究院发布《2021 衡昌烧坊 · 胡润百富榜》，西部地区各省份、各行业多名企业家上榜。民营企业在社会经济发展中发挥了稳定增长、促进创新、增加就业、改善民生等重要作用。但民营企业健康发展的前提是民营企业家要健康成长，这些杰出的企业家对于地区企业成长将会产生重要影响，对弘扬优秀企业家精神、更好发挥企业家作用有着特殊重要的意义。

据《2021 衡昌烧坊 · 胡润百富榜》上榜企业家数据统计，西部地区 12 个省份共上榜 187 人，占上榜人数的 6. 75%，东部地区上榜人数为 2010 人，占比 72. 59%。从上榜企业家数量来看，东西部的差距较大，但从西部各省份上榜位居第一的企业家来看，其企业资产总额有明显提升（见表 3-4）。

表 3-4　2021 年胡润百富榜西部地区各省份排行榜第一企业基本情况

序号	省份	各省份排行榜第一位企业家	上榜企业家情况	公司	资产总额/亿元
1	重庆	蒋仁生家族	总部设立在重庆	智飞生物	1400
2	四川	刘汉元、管亚梅夫妇	总部设立在四川	通威	1250
3	宁夏	党彦宝	总部设立在宁夏	宝丰	1000
4	陕西	李振国、李喜燕夫妇	居住地在陕西	隆基	885
5	云南	李晓明家族	居住地在云南	恩捷股份	725
6	新疆	孙广信	总部设立在新疆	广汇	390
7	内蒙古	杜江涛、郝虹夫妇	总部设立在内蒙古	君正	340

续表

序号	省份	各省份排行榜第一位企业家	上榜企业家情况	公司	资产总额/亿元
8	西藏	雷菊芳	总部设立在西藏	奇正藏药	165
9	贵州	李妙行	总部设立在贵州	老干妈	150
10	广西	史英文、董晓丽夫妇	居住地在广西	荣和	130
11	甘肃	赵满堂家族	居住地在甘肃	盛达	55
12	青海	李银会	居住地在青海	青青稞酒	25

资料来源：《2021衡昌烧坊·胡润百富榜》。

从2017—2021年胡润富豪榜西部企业家上榜数量来看，各省份上榜企业家数量每年都有变化，有增也有减，并没有呈现明显递增趋势，总数反而从2017年的188人降为2021年的187人（见图3-1）。其实这种变化也是正常的，最主要的原因一方面是企业数量不断扩大，上榜难度加大了；另一方面是新兴的互联网、高科技行业增长速度非常快，赶超很多传统行业。

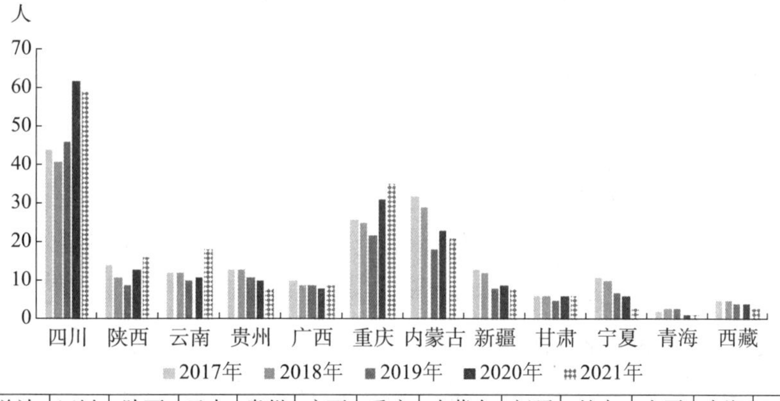

年份	总计	四川	陕西	云南	贵州	广西	重庆	内蒙古	新疆	甘肃	宁夏	青海	西藏
2017	188	44	14	12	13	10	26	32	13	6	11	2	5
2018	176	41	11	12	13	9	25	29	12	6	10	3	5
2019	152	46	9	10	11	9	22	18	8	5	7	3	4
2020	184	62	13	11	10	8	31	23	9	6	6	1	4
2021	187	59	16	18	8	9	35	21	8	6	3	1	3

图3-1 2017—2021年胡润富豪榜西部企业家上榜数量变化

资料来源：2017—2021年胡润富豪榜榜单。

（2）中国十大经济年度人物榜

中国经济的高速增长，孕育了一批优秀的中国企业，与此同时，这些优秀企业背后的中国杰出企业家群体也备受关注。2000 年由 CCTV 牵头开始了中国经济年度人物的评选活动，西部企业家在这一榜单上表现不俗。在 2018 年“改革开放四十年百名杰出民营企业家”名单中，西部企业家共 27 人，接近总人数的 1/3。在 2019 年十大经济年度人物评选中，西部地区共有 3 人上榜；2020 年西部地区共有 2 人上榜；而 2021 年籍贯为四川的李良彬被评选为十大经济年度人物（见表 3-5），西部优秀企业家作为社会经济发展中的一股重要力量一直在传递榜样力量，推动西部经济的不断发展，展现了新时代西部建设的辉煌成就。

表 3-5　2019—2021 年中国十大经济年度人物榜西部企业家上榜情况

年份	姓名	籍贯	企业名称	企业所在地
2019	刘永好	四川	新希望集团	四川
	党彦宝	宁夏	宁夏宝丰集团	宁夏
	李曙光	重庆	五粮液集团	四川
2020	刘汉元	四川	通威	四川
	杨晓明	甘肃	国药中生集团	北京
2021	李良彬	四川	赣锋锂业	江西

资料来源：2019—2021 年中国十大经济年度人物榜单。

（3）中国慈善企业家榜

界面新闻发布 2022 年中国慈善企业家榜。100 位入榜企业家/企业的捐款总额高达 544. 70 亿元。其中 46 位企业家/企业的捐款超过 1 亿元，比上年多 12 位。2022 年的上榜门槛为 1000 万元。该榜单以在中国大陆运营或者主要业务在中国大陆地区的民营企业的企业家为主要考察对象，以企业家及其管理企业及该企业高管 2021 年度的现金捐赠及股权捐赠（折现）为统计范围编制。西部企业家在这一榜单中上榜 8 人，分布在 7 个西部省份，可以看出西部企业家们在保持企业发展、创造财富的同时，也在慷慨回馈社会，积极践行自己的社会责任（见表 3-6）。

表 3-6 2022 年中国慈善企业家榜西部企业家上榜情况

序号	董事长	公司简称	公司所在地	2021 年度现金/股权捐赠总额/万元
1	杜江涛	君正集团	内蒙古	35000
2	党彦宝	宝丰集团	宁夏	12000
3	肖基成	国瑞控股	重庆	12000
4	汪俊林	郎酒	四川	10000
5	蒋仁生	智飞生物	重庆	4000
6	李振国	隆基股份	陕西	2500
7	肖胜利	华天科技	甘肃	1200
8	李云春	沃森生物	云南	1150

资料来源：界面新闻 2022 年中国慈善企业家榜单。

但需要关注的是，西部企业家上榜人数仅占总上榜人数的 8.99%，相比之下广东的上榜企业家/企业数量第一，共 29 位企业家/企业上榜，捐赠总额达 49.28 亿元。北京以 2021 年捐赠总额 340.91 亿元夺得第一，占榜单捐赠总额的 62.59%，共 22 位企业家/企业上榜。可以看出，西部企业家发展情况与其他地区相比仍有很大的差距，这可能受制于西部整体区域经济发展水平不如其他地区。

（4）2019—2022 年中国最具影响力的 50 位商界领袖排行榜

《财富》“中国最具影响力的商界领袖”榜单从 2005 年开始评选，从最初的 25 人扩充到 2022 年的 50 人。上榜的企业家见证了中国经济在过去 17 年里的一系列重要发展阶段，包括移动互联网的高速增长、创投行业的长足发展以及新能源、硬科技等新兴领域的崛起，也经历了金融危机、疫情暴发等至暗时刻。但从近几年的榜单中可以发现，西部 12 省、自治区和直辖市的上榜企业家数量仅为个位数，上榜企业主要为生产制造企业，缺乏硬科技、移动互联网等高新技术产业的企业家（见表 3-7）。相比之下，东部企业家上榜数量较多且同时拥有任正非、王传福、曾毓群等很多来自硬科技、新能源领域的行业领袖，也有马化腾、张一鸣、黄峥等中国移动互联网的开创者。

表 3-7　2019—2022 年中国最具影响力的 50 位商界领袖（西部地区）上榜情况

年份	董事长	公司简称	排名
2019	孙广信	新疆广汇集团	24
2020	孙广信	新疆广汇集团	19
2021	李振国	隆基股份	48
2022	刘永好	新希望集团	18
	吴亚军	龙湖集团	29
	李振国	隆基股份	48

资料来源：2019—2022 年《财富》“中国最具影响力的商界领袖”榜单。

（5）全国企业管理现代化创新成果

2022 年 2 月，由中国企业联合会、工业和信息化部共同组织审定的第 28 届全国企业管理现代化创新成果揭晓。第 28 届全国企业管理现代化创新成果审委会共受理 698 项课题申报材料，全国审委会根据《全国企业管理现代化创新成果审定基本规范》，组织大专院校、科研机构和企业团体等专家，坚持公开、公平、公正原则，按照创新性、科学性、实践性、效益性和示范性标准，对申报材料进行了初审、预审和答辩，并在媒体进行公示后终审，最终有 237 项被审定为全国企业管理现代化创新成果，其中一等成果 34 项、二等成果 203 项。西部地区企业有一等成果 2 项、二等成果 30 项（见表 3-8）。

表 3-8　第 28 届全国企业管理现代化创新成果西部地区企业上榜情况

序号	省份	项目名称	申报单位	等级
1	重庆	“区域性银行以能力中台引领的数字化业务创新管理”	重庆农村商业银行股份有限公司	一等
2	重庆	“轨道施工企业以‘四化’支撑的全方位精细化施工管理”	中铁五局集团第六工程有限责任公司	二等
3	重庆	“自主品牌汽车企业的数字化经营管理”	重庆长安汽车股份有限公司	二等
4	重庆	“供电企业打造全业务链资源共享的配网管理”	国网重庆市电力公司市区供电分公司	二等
5	重庆	“电力企业以赋能基层为导向的‘放管服’管理”	国网重庆市电力公司	二等

续表

序号	省份	项目名称	申报单位	等级
6	重庆	“钢铁企业以混合所有制改革为契机的管理提升”	重庆钢铁股份有限公司	二等
7	重庆	“海装企业基于体系整合与管理标准化的风控体系建设”	中国船舶重工集团海装风电股份有限公司	二等
8	新疆	“文化引领的创新型电力科研院所建设”	国网新疆电力有限公司电力科学研究院	二等
9	新疆	“服务边远地区企业发展和扶贫攻坚的邮政综合服务管理”	中国邮政集团有限公司新疆维吾尔自治区分公司	二等
10	陕西	“以服务型制造为导向的分布式能源管理”	陕西鼓风机（集团）有限公司	二等
11	云南	“突破世界技术难题的流域梯级水电工程项目建设与运营管理”	华能澜沧江水电股份有限公司	一等
12	陕西	“军工企业灵活应对市场需求的生产管理变革”	中航西安飞机工业集团股份有限公司	二等
13	陕西	“电网企业以保护秦岭生态环境为导向的输电线路建设与运维管理”	国网陕西省电力有限公司	二等
14	四川	“提升柔性适应能力的航空发动机维修管理”	中国人民解放军第五七一九工厂	二等
15	四川	“复杂电子产品全要素仿真驱动的柔性智能生产体系构建”	中国电子科技集团公司第二十九研究所	二等
16	陕西	“科研院所风险管控与价值增值并重的管理审计”	中国航空工业集团公司西安飞行自动控制研究所	二等
17	四川	“电子信息企业基于军企协同的装备交付能力提升”	四川九州电器集团有限责任公司	二等
18	青海	“覆盖电网全产业链的绿色生态价值协同管理”	国网青海省电力公司	二等
19	内蒙古	“提升管控能力的输变电工程‘大前期’建设协同管理”	内蒙古电力（集团）有限责任公司巴彦淖尔电业局	二等
20	四川	“航空主机企业以集群化产业园为载体的社会化配套能力建设”	成都飞机工业（集团）有限责任公司	二等
21	宁夏	“电网企业以低碳转型为目标的新能源服务体系建设”	国网宁夏电力有限公司	二等

续表

序号	省份	项目名称	申报单位	等级
22	新疆	“深层油气田地质工程的一体化高效勘探开发管理”	中国石油天然气股份有限公司塔里木油田分公司	二等
23	内蒙古	“军工企业均衡化准时化生产管理体系构建与运行”	内蒙古第一机械集团有限公司	二等
24	陕西	“发电设备以‘五维四层’为核心的综合评级管理”	西安热工研究院有限公司	二等
25	西藏	“业主主导的国家战略性水电重大工程装备创新管理”	华能西藏雅鲁藏布江水电开发投资有限公司	二等
26	陕西	“煤矿企业智慧化管理体系构建”	陕煤集团神木柠条塔矿业有限公司	二等
27	新疆	“龙头企业牵引的区域钢铁产能整合管理”	宝钢集团新疆八一钢铁有限公司	二等
28	新疆	“电信运营商基于场景化的客户营销服务管理”	中国电信股份有限公司乌鲁木齐分公司	二等
29	陕西	“煤炭服务企业差异化薪酬分配体系建设”	陕煤集团神南产业发展有限公司	二等
30	内蒙古	“畅通国内国际双循环的铁路口岸现代物流体系构建”	中国铁路呼和浩特局集团有限公司	二等
31	陕西	“综合能源化工企业集团基于产业分类的差异化管控体系构建”	陕西延长石油（集团）有限责任公司	二等
32	内蒙古	“省级电网企业基于计量大数据应用的智能供电服务管理”	国网内蒙古东部电力有限公司	二等

资料来源：2022 年第 28 届全国企业管理现代化创新成果名单。

（6）2021 年度创业家

由创业黑马主办的“第 14 届创业家年会”于 2022 年 1 月 13 日线上开幕，年会主题为“立足专精特新、坚持重度垂直”。自 2012 年起，创业家 &i 黑马每年评选、颁发“年度创业家”奖项，表彰一年中在高速成长的领域（产业）表现突出的创业者。中国新一代商业领军者中，美团创始人王兴、58 集团创始人姚劲波、字节跳动创始人张一鸣、拼多多创始人黄峥等，都曾是“年度创业家”奖项得主。2021 年“年度创业家”评选于 2021 年 9 月底正式启动。年会上，创业家 &i 黑马发布了《2021 年度创业家》榜单，全国共有 7

位企业家上榜，其中西部地区有 1 位。此外，第 14 届创业家年会还揭晓了 2021 年度投资家以及首次推出的“十大专精特新投资人”榜单。其中 2021 年度投资家共有 10 位，西部地区共有 2 位上榜；“十大专精特新投资人”西部地区共有 2 位上榜（见表 3-9）。

表 3-9 第 14 届创业家年会年度榜单西部地区企业家上榜情况

榜单	省份	企业家	公司名称
2021 年度创业家	重庆	贺晓宁	重庆摩方精密科技有限公司、重庆摩方科技有限公司等
2021 年度投资家	重庆	徐新	今日资本集团
	四川	陈玮	东方富海投资管理有限公司
十大专精特新投资人	广西	李竹	英诺天使基金
	陕西	米磊	中科创星创始合伙人、联席 CEO

资料来源：创业家 &i 黑马 2022 年第 14 届创业家年会年度榜单。

（7）2021 年世界 500 强榜单

财富 Plus App 于 2022 年 8 月 3 日与全球同步发布了最新的《财富》世界 500 强排行榜。依据这个榜单的数据，人们可以了解全球最大企业的最新发展趋势。通过纵向不同年份和横向不同行业的比较，人们既可以了解企业的兴衰，也可以了解公司的销售收益率、净资产收益率、全员生产效率等经营质量的变化。与此同时，深入国家或地区的研究还可以揭示大企业群体分布的变化①。对中国读者来说，尤其是可以借此深入了解中国和世界大公司的竞争趋势、优劣势和潜在差距。2021 年，中国大陆（含香港）公司数量增长下滑，相比上年增长 11 家，达到 136 家。加上台湾地区企业，中国共有 145 家公司上榜，大公司数量继续位居各国之首（付珊珊，2022）。作为对比，美国 2021 年共计 124 家公司上榜，比上年增加 2 家。其中西部地区企业有 10 家上榜，分别位于新疆、陕西、四川、广西、云南 5 个省份（见表 3-10）。

① 《财富》世界 500 强中国企业数首超美国 碧桂园排名上升最快［EB/OL］. http://news.0745news.cn/2019/0723/1132604.shtml，2019.

表 3-10　2021 年世界 500 强榜单西部地区企业上榜情况

省份	公司名称	排名
新疆	太平洋建设集团有限公司	150
陕西	陕西煤业化工集团有限责任公司	209
陕西	陕西延长石油（集团）有限责任公司	257
四川	新希望控股集团有限公司	356
四川	蜀道投资集团有限责任公司	413
新疆	新疆中泰（集团）有限责任公司	434
广西	广西投资集团有限公司	445
云南	云南省投资控股集团有限公司	447
新疆	新疆广汇实业投资（集团）有限责任公司	453
四川	成都兴城投资集团有限公司	466

资料来源：财富 Plus App 2021 年世界 500 强榜单。

（8）2021 年中国 500 强榜单

财富 Plus App 于 2022 年 8 月 3 日发布了 2021 年的《财富》中国 500 强排行榜，充分展示了中国的上市企业在一年之内取得的绩效和成果。2021 年 500 家上榜的中国上市公司总营业收入达到 62 万亿元，和上年上榜公司相比，增长约 17.4%；净利润达到了 4.7 万亿元，较上年增长约 9.2%。和上一年的榜单相比，2021 年上榜公司营业收入和净利润均有较大提升。2021 年上榜公司的年营业收入门槛接近 228 亿元，相比上年近 174 亿元的门槛提升 31%。2020 年中国 GDP 突破 110 万亿元，2021 年榜上 500 家上市公司的收入总和达 62 万亿元，超过了中国当年 GDP 的一半①。500 家上榜企业中西部地区企业有 45 家，占上榜总数的 9%，说明西部地区企业仍有一定的成长空间（见表 3-11）。

表 3-11　2021 年中国 500 强榜单西部地区企业上榜情况

省份	公司名称	排名
陕西	陕西建工集团股份有限公司	88
陕西	陕西煤业股份有限公司	92

① 中国建材等 7 家水泥企业上榜 2022 年《财富》中国 500 强　海螺水泥列入最赚钱公司榜单! [J]. 中国水泥，2022（8）：87.

续表

省份	公司名称	排名
云南	云南铜业股份有限公司	107
四川	新希望六和股份有限公司	108
重庆	金科地产集团股份有限公司	122
内蒙古	内蒙古伊利实业集团股份有限公司	124
贵州	贵州茅台酒股份有限公司	125
重庆	重庆长安汽车股份有限公司	130
四川	四川长虹电器股份有限公司	140
广西	柳州钢铁股份有限公司	151
内蒙古	内蒙古包钢钢联股份有限公司	158
四川	四川路桥建设集团股份有限公司	161
陕西	隆基绿能科技股份有限公司	168
四川	宜宾五粮液股份有限公司	207
四川	通威股份有限公司	217
云南	云南云天化股份有限公司	219
重庆	重药控股股份有限公司	221
新疆	新疆中泰化学股份有限公司	222
新疆	特变电工股份有限公司	227
重庆	重庆建工集团股份有限公司	233
云南	云南锡业股份有限公司	243
内蒙古	内蒙古伊泰煤炭股份有限公司	254
新疆	新疆金风科技股份有限公司	255
甘肃	甘肃酒钢集团宏兴钢铁股份有限公司	261
四川	东方电气股份有限公司	264
云南	云南铝业股份有限公司	300
重庆	重庆钢铁股份有限公司	316
青海	西部矿业股份有限公司	323
内蒙古	内蒙古鄂尔多斯资源股份有限公司	339
云南	云南白药集团股份有限公司	340
贵州	贵研铂业股份有限公司	341
新疆	申万宏源集团股份有限公司	357

续表

省份	公司名称	排名
陕西	中国航发动力股份有限公司	362
陕西	中航西安飞机工业集团股份有限公司	372
新疆	新疆八一钢铁股份有限公司	389
重庆	重庆农村商业银行股份有限公司	390
重庆	重庆智飞生物制品股份有限公司	391
内蒙古	中国北方稀土（集团）高科技股份有限公司	395
新疆	天山铝业集团股份有限公司	413
广西	广西柳工机械股份有限公司	415
四川	中建西部建设股份有限公司	430
新疆	渤海租赁股份有限公司	433
新疆	广汇能源股份有限公司	458
内蒙古	内蒙古电投能源股份有限公司	463
宁夏	宁夏宝丰能源集团股份有限公司	485

资料来源：财富 Plus App 2021 年中国 500 强榜单。

（9）2021 年中国民营企业 500 强榜单

2021 年 9 月 25 日，2021 年民营企业 500 强榜单正式发布，该榜单由全国工商联负责。500 强中前三分别是华为投资、京东和恒力，位居前五的民营企业年营业收入规模均超过 6000 亿元。据介绍，2021 年是全国工商联连续组织开展的第 23 次上规模民营企业调研，共有 5785 家年营业收入 5 亿元以上的企业参加（石榴云，2021）。民营企业 500 强排名前十位的企业分别是华为投资控股有限公司、京东、恒力集团有限公司、正威国际集团、阿里巴巴、腾讯、碧桂园、万科、联想控股、中南控股集团有限公司。其中西部地区有 33 家企业上榜，仅占上榜总数的 6.6%（见表 3-12）。

表 3-12　2021 年中国民营企业 500 强榜单西部地区企业上榜情况

省份	公司名称	排名
重庆	重庆市金科投资控股（集团）有限责任公司	26
四川	新希望控股集团有限公司	27
新疆	新疆广汇实业投资（集团）有限责任公司	32

续表

省份	公司名称	排名
陕西	西安迈科金属国际集团有限公司	49
内蒙古	内蒙古伊利实业集团股份有限公司	82
四川	通威集团有限公司	88
重庆	重庆华宇集团有限公司	104
四川	蓝润集团有限公司	125
四川	四川省川威集团有限公司	135
重庆	重庆东银控股集团有限公司	139
宁夏	宁夏天元锰业集团有限公司	141
内蒙古	内蒙古鄂尔多斯投资控股集团有限公司	154
新疆	新疆特变电工集团有限公司	155
广西	广西盛隆冶金有限公司	161
陕西	隆基绿能科技股份有限公司	176
陕西	龙记泰信实业集团有限公司	183
重庆	重庆中昂投资集团有限公司	215
四川	四川德胜集团钒钛有限公司	221
重庆	重庆新鸥鹏企业（集团）有限公司	241
四川	四川科伦实业集团有限公司	250
重庆	重庆市博赛矿业（集团）有限公司	276
云南	俊发集团有限公司	281
重庆	重庆市中科控股有限公司	284
内蒙古	内蒙古伊泰集团有限公司	293
贵州	贵州通源集团	307
重庆	重庆协信控股（集团）有限公司	311
重庆	华南物资集团有限公司	315
重庆	重庆小康控股有限公司	319
广西	广西南丹南方金属有限公司	322
新疆	新疆生产建设兵团第八师天山铝业有限公司	418
重庆	重庆谊品弘科技有限公司	423
四川	正黄集团有限公司	436
四川	成都蛟龙港	443

资料来源：全国工商联2021中国民营企业500强榜单。

（10）2021 中国企业 500 强上榜情况

受新冠疫情影响，国内企业尤其是大企业总体生存状况如何？在全球竞争力方面表现怎样？企业发展有何新动向？2021 年 9 月 25 日，中国企业联合会、中国企业家协会以 2020 年企业营业收入为主要依据，连续第 20 年发布中国企业 500 强。2021 中国企业 500 强实现营业收入 89.83 万亿元，较上年增长 4.43%，实现净利润 4.07 万亿元，较上年增长 4.51%。同期，美国 500 强和世界 500 强的营业收入分别下滑了 3.15%和 4.81%，净利润分别大幅下滑了 29.80%和 20.02%。中国企业联合会常务副会长兼理事长朱宏任表示，这样的成绩是在抗击新冠疫情的大背景下取得的，是中国体制优势和市场优势共同作用的结果（于泳，2021）。其中西部地区企业有 68 家上榜，占上榜总数的 13.6%（见表 3-13）。

表 3-13　2021 中国企业 500 强榜单西部地区企业上榜情况

省份	公司名称	排名
新疆	太平洋建设集团有限公司	48
陕西	陕西煤业化工集团有限责任公司	66
陕西	陕西延长石油（集团）有限责任公司	71
甘肃	金川集团股份有限公司	94
重庆	重庆市金科投资控股（集团）有限责任公司	107
四川	新希望控股集团有限公司	109
广西	广西投资集团有限公司	123
新疆	新疆广汇实业投资（集团）有限责任公司	125
云南	云南省投资控股集团有限公司	130
云南	云南省建设投资控股集团有限公司	157
甘肃	甘肃省公路航空旅游投资集团有限公司	160
陕西	陕西有色金属控股集团有限责任公司	161
四川	四川长虹电子控股集团有限公司	162
陕西	陕西建工控股集团有限公司	163
云南	云南省能源投资集团有限公司	175
陕西	西安迈科金属国际集团有限公司	178

续表

省份	公司名称	排名
四川	四川省宜宾五粮液集团有限公司	184
陕西	东岭集团股份有限公司	187
广西	广西柳州钢铁集团有限公司	191
甘肃	酒泉钢铁（集团）有限责任公司	196
新疆	新疆中泰（集团）有限责任公司	202
云南	云南省交通投资建设集团有限公司	207
贵州	贵州茅台酒股份有限公司	225
内蒙古	内蒙古伊利实业集团股份有限公司	228
陕西	陕西汽车控股集团有限公司	236
四川	通威集团有限公司	237
广西	广西北部湾国际港务集团有限公司	243
重庆	重庆市迪马实业股份有限公司	249
内蒙古	内蒙古电力（集团）有限责任公司	256
重庆	重庆华宇集团有限公司	262
陕西	陕西投资集团有限公司	277
云南	云天化集团有限责任公司	286
四川	成都兴城投资集团有限公司	288
四川	蓝润集团有限公司	294
甘肃	甘肃省建设投资（控股）集团有限公司	295
甘肃	兰州新区商贸物流投资集团有限公司	304
四川	四川华西集团有限公司	306
四川	四川省川威集团有限公司	313
贵州	贵州磷化（集团）有限责任公司	320
宁夏	宁夏天元锰业集团有限公司	322
甘肃	白银有色集团股份有限公司	333
新疆	云南锡业集团（控股）有限责任公司	334
新疆	新疆特变电工集团有限公司	336
四川	泸州老窖集团有限责任公司	337
重庆	重庆化医控股（集团）公司	338

续表

省份	公司名称	排名
四川	四川省能源投资集团有限责任公司	339
四川	四川公路桥梁建设集团有限公司	343
广西	广西盛隆冶金有限公司	347
新疆	新疆金风科技股份有限公司	358
重庆	重庆建工投资控股有限责任公司	361
陕西	隆基绿能科技股份有限公司	365
广西	广西北部湾投资集团有限公司	372
陕西	龙记泰信实业集团有限公司	377
重庆	重庆农村商业银行股份有限公司	392
广西	广西玉柴机器集团有限公司	414
广西	广西交通投资集团有限公司	415
重庆	隆鑫控股有限公司	416
重庆	重庆机电控股（集团）公司	420
重庆	重庆中昂投资集团有限公司	423
重庆	重庆医药（集团）股份有限公司	435
四川	四川德胜集团钒钛有限公司	436
四川	四川省商业投资集团有限责任公司	437
贵州	贵州盘江煤电集团有限责任公司	458
重庆	重庆市能源投资集团有限公司	459
新疆	新疆生产建设兵团建设工程（集团）有限责任公司	462
青海	西部矿业集团有限公司	470
重庆	重庆千信集团有限公司	477
四川	四川科伦实业集团有限公司	480

资料来源：中国企业联合会等 2021 中国企业 500 强榜单。

（11）2021 中国服务业企业 500 强上榜情况

中国企业联合会和中国企业家协会发布 2021 年中国服务业企业 500 强榜单。该榜单以年度企业营业收入为基础，已连续发布 17 年，其公信力和影响力获社会各界广泛认可。2021 中国服务业企业 500 强入围门槛为 60.30 亿元，较上年提高5.49亿元。国家电网有限公司以2.66万亿元营业收入位居第一，中国平安保险与工商银行分列第二、第三位（崔吕萍，2019）。2021年榜单中，有不少分布在不同领域的“小巨人”企业，利用科技和模式创新，帮助推动服务业增长，对优化服务业内部结构、提升服务业发展质量起到了支撑作用（于泳，2021）。其中西部地区企业有62家上榜，占上榜总数的12.4%（见表3-14）。

表3-14 2021中国服务业企业500强榜单西部地区企业上榜情况

省份	公司名称	排名
重庆	重庆市金科投资控股（集团）有限责任公司	48
广西	广西投资集团有限公司	53
新疆	新疆广汇实业投资（集团）有限责任公司	54
重庆	龙湖集团控股有限公司	55
云南	云南省投资控股集团有限公司	56
云南	云南省建设投资控股集团有限公司	64
甘肃	甘肃省公路航空旅游投资集团有限公司	67
云南	云南省能源投资集团有限公司	70
陕西	西安迈科金属国际集团有限公司	72
陕西	东岭集团股份有限公司	74
广西	广西北部湾国际港务集团有限公司	96
重庆	重庆市迪马实业股份有限公司	99
内蒙古	内蒙古电力（集团）有限责任公司	102
重庆	重庆华宇集团有限公司	104
陕西	陕西投资集团有限公司	108
甘肃	兰州新区商贸物流投资集团有限公司	120
四川	四川省能源投资集团有限责任公司	128
陕西	龙记泰信实业集团有限公司	141
重庆	重庆农村商业银行股份有限公司	144
广西	广西交通投资集团有限公司	150
重庆	重庆中昂投资集团有限公司	151
重庆	重庆医药（集团）股份有限公司	154
四川	四川省商业投资集团有限责任公司	155

续表

省份	公司名称	排名
重庆	重庆市能源投资集团有限公司	163
重庆	重庆千信集团有限公司	172
重庆	重庆市中科控股有限公司	183
云南	云南省康旅控股集团有限公司	204
广西	广西现代物流集团有限公司	231
重庆	重庆对外经贸（集团）有限公司	245
重庆	重庆高速公路集团有限公司	246
贵州	贵州银行股份有限公司	263
贵州	贵州现代物流产业（集团）有限责任公司	273
陕西	西安曲江文化产业投资（集团）有限公司	275
广西	桂林银行股份有限公司	279
重庆	砂之船商业管理集团有限公司	283
重庆	重庆交通运输控股（集团）有限公司	290
陕西	西安城市基础设施建设投资集团有限公司	293
四川	四川航空股份有限公司	297
广西	广西柳州医药股份有限公司	302
重庆	马上消费金融股份有限公司	320
四川	准时达国际供应链管理有限公司	333
广西	广西北部湾银行股份有限公司	334
重庆	重庆银行股份有限公司	341
四川	四川华油集团有限责任公司	353
重庆	万友汽车投资有限公司	356
四川	四川邦泰投资有限责任公司	362
广西	广西农村投资集团有限公司	380
重庆	重庆三峡银行股份有限公司	382
陕西	石羊农业集团股份有限公司	388
广西	广西云星集团有限公司	395
四川	四川众心乐旅游资源开发有限公司	414
四川	四川新华出版发行集团有限公司	415

续表

省份	公司名称	排名
四川	新华文轩出版传媒股份有限公司	420
青海	青海省物产集团有限公司	421
内蒙古	内蒙古公路交通投资发展有限公司	443
重庆	重庆国际信托股份有限公司	457
广西	柳州银行股份有限公司	465
新疆	新疆农资（集团）有限责任公司	470
重庆	重庆百事达汽车有限公司	475
广西	南宁威宁投资集团有限责任公司	489
重庆	欧菲斯集团股份有限公司	491
重庆	重庆港务物流集团有限公司	496

资料来源：中国企业联合会等2021中国服务业企业500强榜单。

（12）2021中国制造业企业500强上榜情况

2021年9月25日，中国企业联合会、中国企业家协会在吉林省长春市发布了2021中国企业500强、中国制造业企业500强、中国服务业企业500强、中国100大跨国公司、中国战略性新兴产业领军100强、中国大企业创新100强企业名单及其分析报告，同时还发布了《中国企业500强20年报告》①。该榜单参照国际通行做法，以年度企业营业收入为主要依据，已连续发布17年，其公信力和影响力获社会各界广泛认可。其中西部地区企业上榜57家，占上榜总数的11.4%（见表3-15）。

表3-15　2021中国制造业企业500强榜单西部地区企业上榜情况

省份	公司名称	排名
甘肃	金川集团股份有限公司	35
四川	新希望控股集团有限公司	42
陕西	陕西有色金属控股集团有限责任公司	66
四川	四川长虹电子控股集团有限公司	67

① 2021中国500强企业榜单在吉林长春发布［J］．中国产经，2021（19）：84-87.

续表

省份	公司名称	排名
四川	四川省宜宾五粮液集团有限公司	80
广西	广西柳州钢铁集团有限公司	81
甘肃	酒泉钢铁（集团）有限责任公司	84
新疆	新疆中泰（集团）有限责任公司	87
贵州	贵州茅台酒股份有限公司	98
内蒙古	内蒙古伊利实业集团股份有限公司	100
陕西	陕西汽车控股集团有限公司	105
四川	通威集团有限公司	106
内蒙古	包头钢铁（集团）有限责任公司	112
云南	云天化集团有限责任公司	131
四川	蓝润集团有限公司	135
四川	四川省川威集团有限公司	139
贵州	贵州磷化（集团）有限责任公司	144
宁夏	宁夏天元锰业集团有限公司	145
甘肃	白银有色集团股份有限公司	153
云南	云南锡业集团（控股）有限责任公司	154
新疆	新疆特变电工集团有限公司	155
四川	泸州老窖集团有限责任公司	156
重庆	重庆化医控股（集团）公司	157
广西	广西盛隆冶金有限公司	162
新疆	新疆金风科技股份有限公司	168
陕西	隆基绿能科技股份有限公司	172
广西	广西玉柴机器集团有限公司	200
重庆	隆鑫控股有限公司	202
重庆	重庆机电控股（集团）公司	204
四川	四川德胜集团钒钛有限公司	213
青海	西部矿业集团有限公司	231

续表

省份	公司名称	排名
四川	四川科伦实业集团有限公司	235
新疆	新疆天业（集团）有限公司	253
四川	中国东方电气集团有限公司	254
重庆	重庆市博赛矿业（集团）有限公司	258
重庆	重庆轻纺控股（集团）公司	261
四川	四川九洲投资控股集团有限公司	274
重庆	重庆小康控股有限公司	280
云南	云南白药集团股份有限公司	282
广西	广西南丹南方金属有限公司	284
重庆	金龙精密铜管集团股份有限公司	311
广西	广西柳工集团有限公司	327
广西	广西贵港钢铁集团有限公司	334
四川	成都蛟龙投资有限责任公司	337
重庆	重庆万达薄板有限公司	352
重庆	宗申产业集团有限公司	355
四川	宜宾天原集团股份有限公司	361
广西	桂林力源粮油食品集团有限公司	362
广西	广西汽车集团有限公司	373
四川	四川省达州钢铁集团有限责任公司	383
陕西	中国西电集团有限公司	387
广西	广西农垦集团有限责任公司	416
广西	百色市工业投资集团有限公司	430
重庆	重庆智飞生物制品股份有限公司	435
陕西	陕西鼓风机（集团）有限公司	441
青海	青海盐湖工业股份有限公司	449
广西	广西洋浦南华糖业集团股份有限公司	493

资料来源：中国企业联合会等2021中国制造业企业500强榜单。

（13）2022 中国品牌 500 强

“2022 中国品牌 500 强”榜单近日发布，中国石油、三一重工、三六零（以下称“360”）公司、华为等企业上榜。该榜单始于 2010 年，被称为“品牌界的奥运会”。2022 年榜单呈现三大趋势：以 360 公司为代表的数字安全品牌再次上榜；新能源行业上榜品牌显著增长；民企高位上榜展现活力，前 100 强占席过半。其中西部地区企业有 54 家上榜，占上榜总数的 10.8%（见表 3-16）。

表 3-16　2022 中国品牌 500 强西部地区企业上榜情况

省份	公司品牌名称	行业	排名
贵州	贵州茅台	酒类	14
新疆	太平洋建设	建筑工程	53
四川	五粮液	酒类	57
四川	通威集团	能源	68
甘肃	金川集团	金属矿产	92
重庆	龙湖集团	房地产	93
陕西	中国航天科技	航空航天	109
陕西	陕西煤业	金属矿产	113
内蒙古	伊利	食品饮料	120
重庆	长安汽车	汽车	122
四川	新希望	农林牧渔	144
内蒙古	蒙牛	食品饮料	159
四川	泸州老窖	酒类	164
内蒙古	包头钢铁	金属矿产	165
新疆	特变电工	能源	179
重庆	智飞生物	医疗	184
云南	恩捷股份	综合	186
四川	天齐锂业	能源	188
青海	盐湖股份	金属矿产	190
四川	四川路桥	建筑工程	195
广西	广西北部湾	交通运输	196
内蒙古	北方稀土	金属矿产	199

续表

省份	公司品牌名称	行业	排名
四川	长虹	家电	204
云南	云天化	化工	210
云南	云南白药	制药	215
四川	东方电气	能源	221
四川	海底捞	酒店餐饮	222
宁夏	宝丰能源	能源	233
重庆	小康股份	汽车	243
新疆	申万宏源	证券	247
贵州	中伟股份	能源	256
内蒙古	鄂尔多斯	服饰	268
新疆	金风科技	能源	279
青海	西部矿业	金属矿产	290
重庆	重庆啤酒	酒类	305
云南	贝泰妮	日用品	308
内蒙古	君正集团	能源	328
四川	舍得酒业	酒类	340
云南	沃森生物	医疗	342
四川	盛新锂能	能源	364
四川	水井坊	酒类	397
陕西	正大天晴药业	制药	411
西藏	奇正藏药	制药	426
重庆	涪陵榨菜	食品饮料	438
贵州	老干妈	食品饮料	439
云南	昆药集团	制药	455
广西	金嗓子	医药	464
广西	天下秀	科技	466
四川	剑南春	酒类	468
四川	郎酒	酒类	470
重庆	巨人网络	科技	473

续表

省份	公司品牌名称	行业	排名
贵州	中安科技集团	建筑工程	475
内蒙古	燕谷坊	食品饮料	476
重庆	江小白	酒类	482

资料来源：2022 中国品牌企业 500 强榜单。

（14）2021 中国新经济企业 500 强

中国企业评价协会发布了“2021 中国新经济企业 500 强”榜单。其中，腾讯、阿里巴巴、字节跳动位列前三。中国企业评价协会是国务院发展研究中心于 1991 年发起成立的，唯一具备企业评价资质的国家级社团法人组织，开中国企业评价之先河，对推动我国企业转型创新、国际化竞争以及高质量发展，起到了积极的作用，为政府决策提供了实证性依据和参证。2021 年新经济企业 500 强榜单较上年变化率达到 34.2%，超过 1/3 的企业未能蝉联第二届榜单。从行业分类上看，先进制造业企业为 314 家，比上年增加了 58 家，占比增加一成。从企业性质来看，民营企业仍占绝对优势，数量为 422 家；国有企业数量为 78 家，比上年增加 4 家。其中西部地区企业上榜 19 家，占上榜总数的 3.8%（见表 3-17）。

表 3-17　2021 中国新经济企业 500 强西部地区企业上榜情况

省份	公司名称	排名
陕西	隆基绿能科技股份有限公司	12
重庆	重庆智飞生物制品股份有限公司	31
云南	云南恩捷新材料股份有限公司	39
云南	云南沃森生物技术股份有限公司	86
四川	通威集团有限公司	126
新疆	新疆金风科技股份有限公司	145
重庆	重庆博腾制药科技股份有限公司	184
陕西	中航西安飞机工业集团股份有限公司	216
陕西	西安巨子生物基因技术股份有限公司	291
重庆	重庆大全新能源有限公司	303

续表

省份	公司名称	排名
四川	成都康华生物制品股份有限公司	331
四川	四川科伦药业股份有限公司	401
四川	成都新易盛通信技术股份有限公司	402
四川	四川安宁铁钛股份有限公司	424
四川	成都先导药物开发股份有限公司	427
陕西	西安三角防务股份有限公司	465
四川	成都欧林生物科技股份有限公司	481
陕西	西安陕鼓动力股份有限公司	494
四川	四川长虹电子控股集团有限公司	497

资料来源：中国企业评价协会“2021 中国新经济企业 500 强”榜单。

（15）2021 中国农业企业 500 强

2021 年 12 月，《农民日报》发布 2021 中国农业企业 500 强排行榜，榜单报名方式包括企业自愿申报、主管部门和行业协会代报，依据农业企业 2020 年营业收入排序①。入榜企业 2020 年收入总额为 61015. 9 亿元，年均收入为 122. 03 亿元，入围门槛为 2020 年营业收入 12. 58 亿元。从营收规模来看，中国农业企业 500 强榜单中有 7 家企业营收突破 1000 亿元，有 113 家企业营收规模在 100 亿~1000 亿元，有 67 家企业营收规模在 50 亿~100 亿元，榜单其余 313 家企业营收规模在 50 亿元以下。从地区分布来看，山东省共计有 86 家企业入围，上榜企业数量居全国第一；其次黑龙江省有 55 家企业，广东省有 30 家企业，江苏省有 29 家企业，四川省有 24 家企业，湖北省有 23 家企业。此外，就西部地区而言，农业企业上榜 101 家，占上榜总数的 20. 2%（见表 3-18）。

表 3-18　2021 中国农业企业 500 强西部地区企业上榜情况

省份	公司名称	排名
四川	新希望集团有限公司	6
内蒙古	内蒙古伊利实业集团股份有限公司	8

① 2021 中国农业企业 500 强排行榜［N］. 农民日报，2021-12-18（5）.

续表

省份	公司名称	排名
贵州	贵州茅台酒股份有限公司	9
四川	通威集团有限公司	13
内蒙古	内蒙古蒙牛乳业（集团）股份有限公司	14
内蒙古	内蒙古鄂尔多斯投资控股集团有限公司	17
云南	云南云天化股份有限公司	21
云南	云南白药集团股份有限公司	37
内蒙古	亿利资源集团有限公司	38
云南	云南农垦集团有限责任公司	45
内蒙古	内蒙古鄂尔多斯资源股份有限公司	60
广西	桂林力源粮油食品集团有限公司	65
新疆	中粮糖业控股股份有限公司	67
新疆	中粮屯河糖业股份有限公司	78
四川	泸州老窖股份有限公司	83
青海	青海盐湖工业股份有限公司	92
四川	四川特驱投资集团有限公司	96
广西	广西扬翔股份有限公司	97
新疆	天康生物股份有限公司	99
广西	广西洋浦南华糖业集团股份有限公司	108
重庆	重庆太极实业（集团）股份有限公司	109
四川	四川省烟草公司凉山州公司	110
四川	四川高金实业集团股份有限公司	112
广西	广西桂林市家禽有限责任公司	124
宁夏	宁夏伊品生物科技股份有限公司	127
贵州	贵州茅台酒厂（集团）习酒有限责任公司	129
新疆	新疆利华（集团）股份有限公司	134
海南	海南京粮控股股份有限公司	136
四川	四川德康农牧食品集团股份有限公司	142
广西	广西渤海农业发展有限公司	151
四川	四川省农业生产资料集团有限公司	156

续表

省份	公司名称	排名
四川	新希望乳业股份有限公司	161
四川	四川鑫锐投资有限公司	164
广西	广西湘桂糖业集团有限公司	171
贵州	贵州信邦制药股份有限公司	172
贵州	贵州南明老干妈风味食品有限责任公司	180
新疆	冠农集团有限责任公司	187
陕西	永辉彩食鲜发展有限公司	196
广西	广西鑫坚投资集团有限公司	201
云南	英茂糖业（集团）有限公司	212
四川	成都粮食集团有限公司	220
广西	防城港澳加粮油工业有限公司	228
广西	南方黑芝麻集团股份有限公司	229
广西	南宁糖业股份有限公司	244
云南	临沧南华糖业有限公司	255
贵州	贵州百灵企业集团制药股份有限公司	269
广西	广西参皇养殖集团有限公司	273
宁夏	宁夏农垦集团有限公司	274
甘肃	甘肃亚盛实业（集团）股份有限公司	284
新疆	新疆冠农果茸股份有限公司	289
四川	四川省棉麻集团有限公司	292
云南	云南神农农业产业集团股份有限公司	294
广西	广西来宾东糖集团有限公司	301
广西	皇氏集团股份有限公司	305
广西	百洋产业投资集团股份有限公司	307
内蒙古	内蒙古正大食品有限公司	308
内蒙古	内蒙古赛科星繁育生物技术（集团）股份有限公司	309
四川	四川环龙新材料有限公司	311
四川	四川天味食品集团股份有限公司	314
重庆	重庆市涪陵榨菜集团股份有限公司	319

续表

省份	公司名称	排名
重庆	重庆市农产品（集团）有限公司	320
广西	广西金陵农牧集团有限公司	322
陕西	供销大集集团股份有限公司	324
四川	四川德阳市年丰食品有限公司	327
甘肃	甘肃大禹节水股份有限公司	330
贵州	贵阳市农业农垦投资发展集团有限公司	343
四川	中纺粮油（四川）有限公司	346
重庆	凯欣粮油有限公司	356
广西	广西园丰牧业集团股份有限公司	362
广西	广西富丰集团有限公司	363
贵州	贵州富之源科技（集团）有限公司	367
广西	广西丹泉酒业有限公司	371
云南	勐海茶业有限责任公司	393
青海	青海省三江集团有限责任公司	400
内蒙古	金河生物科技股份有限公司	402
新疆	新疆天润乳业股份有限公司	409
广西	广西丰林木业集团股份有限公司	414
甘肃	甘肃金徽酒股份有限公司	417
云南	昆明王国食品集团有限公司	427
甘肃	甘肃清河源清真食品股份有限公司	435
四川	益海嘉里（成都）粮食工业有限公司	439
四川	四川巴尔农牧集团有限公司	442
云南	云南欧亚乳业有限公司	443
内蒙古	金宇生物技术股份有限公司	445
贵州	毕节市农业投资发展有限责任公司	450
四川	四川巨星企业集团有限公司	451
广西	广西田园生化股份有限公司	462
四川	千禾味业食品股份有限公司	464
四川	宜宾纸业股份有限公司	466

续表

省份	公司名称	排名
宁夏	宁夏中银绒业股份有限公司	468
云南	益海嘉里（昆明）食品工业有限公司	469
甘肃	甘肃红太阳面业集团有限责任公司	478
宁夏	宁夏农垦贺兰山奶业有限公司	484
四川	四川金忠食品股份有限公司	485
云南	云南摩尔农庄生物科技开发有限公司	487
四川	四川省旺达饲料有限公司	488
甘肃	甘肃达利食品有限公司	489
云南	云南滇雪粮油有限公司	490
重庆	重庆希尔安药业有限公司	494
新疆	九圣禾控股集团有限公司	497
四川	四川铁骑力士实业有限公司	499

资料来源：《农民日报》2021 中国农业企业 500 强榜单。

（16）2022 中国工业互联网 500 强

2022 年 8 月，《互联网周刊》联合 eNET 研究院、德本咨询发布了“2022 工业互联网 500 强”。随着科技的迅猛发展，中国传统工业开始转型，互联网、大数据、人工智能等先进技术与工业开始深层次运用，也由此催生了工业互联网。工业互联网作为新型基础设施，能够为企业提供“新的技术、新的产品、新的模式、新的业态、新的人才”，从而帮助企业数字化、智能化转型，提升创新创造能力，最终实现高质量发展。在榜单中，西部地区企业有 30 家上榜，占上榜总数的 6%（见表 3-19）。

表 3-19　2022 中国工业互联网 500 强西部地区企业上榜情况

省份	公司品牌名称	排名
重庆	忽米网	16
重庆	广域铭岛（吉利）	26
四川	长虹	40
四川	新希望	57

续表

省份	公司品牌名称	排名
新疆	特变电工	63
广西	东风柳汽	96
四川	中国网安	117
陕西	陕煤集团	143
陕西	北斗天地（云鼎科技）	161
重庆	中冶赛迪	184
四川	四方伟业	201
重庆	科源能源	234
重庆	华森制药	246
广西	恒逸石化	254
四川	雅化集团	260
陕西	中服软件	413
重庆	龙易购科技	417
贵州	百讯智汇	436
甘肃	亿盟网	450
重庆	励颐拓	451
四川	中电九天	452
陕西	前沿动力	453
宁夏	汇成科技	456
新疆	红有软件	459
陕西	谢华科技	472
四川	大汇科技	474
重庆	重庆沄析	480
重庆	智尔信息	481
宁夏	水投云澜	485
青海	绿能数据	492

资料来源：《互联网周刊》2022 工业互联网 500 强榜单。

（17）中国上市公司500强

华顿经济研究院发布的“2022年中国上市公司百强排行榜”显示，500强企业合计创造利润总额继上年首次突破5万亿元大关后，2021年迈上6万亿元新台阶，达到61322.46亿元，增长20.85%，增速创历史最高。值得注意的是，500强公司实现营业收入465290.34亿元，同比增长18.72%，只占沪、深、北三市全部上市公司的71.53%，但利润总额占沪、深、北三市全部上市公司的93.66%。从企业性质看，500强企业中，国有企业297家（占59.40%），合计创造利润总额48810.89亿元，占500强利润总额的比重为79.6%。据经济观察网报道，中国上市公司百强排行榜以利润总额为排序基准，2022年最低上榜线为2021年度利润总额16.70亿元，较上年大幅提高21.60%，北交所唯一上榜企业贝特瑞居第500位。这是华顿经济研究院自2001年以来连续第22年编制发布“中国上市公司百强排行榜”①。西部地区合计有37家公司上榜，占上榜总数的7.4%。其中西安、乌鲁木齐各5家，重庆7家，昆明6家，成都5家，宜宾、遵义、绵阳各1家（见表3-20）。

表3-20　2022年中国上市公司500强西部地区企业上榜情况

省份	公司名称	排名
陕西	陕西建工集团股份有限公司	88
陕西	陕西煤业股份有限公司	92
云南	云南铜业股份有限公司	107
四川	新希望六和股份有限公司	108
重庆	金科地产集团股份有限公司	122
贵州	贵州茅台酒股份有限公司	125
重庆	重庆长安汽车股份有限公司	130
四川	四川长虹电器股份有限公司	140
四川	四川路桥建设集团股份有限公司	161
陕西	隆基绿能科技股份有限公司	168
甘肃	白银有色集团股份有限公司	188
四川	宜宾五粮液股份有限公司	207

① 2020年中国上市公司百强排行榜在上海发布　科创板企业崭露头角［EB/OL］. 证券日报网，http：//www.zqrb.cn/gscy/qiyexinxi/2020-08-25/A1598337415977.html，2020.

续表

省份	公司名称	排名
四川	通威股份有限公司	217
云南	云南云天化股份有限公司	219
重庆	重药控股股份有限公司	221
新疆	新疆中泰化学股份有限公司	222
新疆	特变电工股份有限公司	227
重庆	重庆建工集团股份有限公司	233
云南	云南锡业股份有限公司	243
甘肃	甘肃酒钢集团宏兴钢铁股份有限公司	261
四川	东方电气股份有限公司	264
云南	云南铝业股份有限公司	300
重庆	重庆钢铁股份有限公司	316
青海	西部矿业股份有限公司	323
云南	云南白药集团股份有限公司	340
云南	贵研铂业股份有限公司	341
新疆	申万宏源集团股份有限公司	359
陕西	中国航发动力股份有限公司	362
陕西	中航西安飞机工业集团股份有限公司	372
新疆	新疆八一钢铁股份有限公司	389
重庆	重庆农村商业银行股份有限公司	390
重庆	重庆智飞生物制品股份有限公司	391
新疆	天山铝业集团股份有限公司	413
四川	中建西部建设股份有限公司	430
新疆	渤海租赁股份有限公司	433
新疆	广汇能源股份有限公司	458
宁夏	宁夏宝丰能源集团股份有限公司	485

资料来源：华顿经济研究院“2022 年中国上市公司百强排行榜”。

（18）中国金融 500 强

2022 年，网易财经发布“2021 中国金融 500 强榜单”。中国金融 500 强是网易财经的年度重磅策划，榜单数据主要来源于各机构公开年报（数据根据 2022 年 5 月底的发布情况）、公司官网、媒体报道、同花顺等公开发布渠道，同时覆盖银行和非银行金融机构，遵循简单、客观、专业的原则展示中国金融企业实力的排名，真实、权威、客观地反映中国金融业近一年的发展变化。该榜单以资产规模为指标，对银行、券商、保险几大领域金融企业的总资产规模进行排名，选出前500强企业，展示了中国金融机构的最新实力。2021中国金融500强由323家银行、61家证券公司、54家保险公司、29家金融租赁公司、14家汽车金融公司、7家信托公司和12家其他金融构成。2021年金融500强门槛升至302亿元，工商银行以35.17万亿元的总资产稳居榜首，上榜的500家企业总资产规模约为351万亿元。其中西部地区企业有74家上榜，占上榜总数的14.8%（见表3-21）。

表3-21　2021中国金融500强西部地区企业上榜情况

省份	公司名称	排名
重庆	重庆农商行	34
四川	成都银行	49
重庆	重庆银行	57
四川	成都农商行	58
贵州	贵阳银行	59
贵州	贵州银行	71
广西	桂林银行	81
甘肃	兰州银行	90
陕西	长安银行	91
广西	广西北部湾银行	98
甘肃	甘肃银行	100
新疆	昆仑银行	101
陕西	西安银行	104
陕西	陕西秦农农商行	106
云南	富滇银行	110
重庆	重庆国际信托	123
重庆	重庆三峡银行	133
四川	四川天府银行	142
四川	四川银行	162
新疆	乌鲁木齐银行	166
内蒙古	蒙商银行	167
宁夏	宁夏银行	169

续表

省份	公司名称	排名
广西	柳州银行	173
西藏	东方财富证券	181
四川	绵阳市商业银行	184
云南	云南红塔银行	190
四川	乐山市商业银行	191
内蒙古	内蒙古银行	193
四川	泸州银行	205
贵州	贵阳农商行	208
云南	华夏金融租赁	211
四川	长城华西银行	219
内蒙古	鄂尔多斯银行	234
青海	青海银行	237
新疆	新疆天山农商行	239
四川	华西证券	249
四川	自贡银行	255
四川	国金证券	257
陕西	西部证券	261
四川	达州银行	262
重庆	西南证券	266
广西	国海证券	281
宁夏	石嘴山银行	287
内蒙古	内蒙古呼和浩特金谷农商银行	290
新疆	新疆银行	293
甘肃	信达金融租赁	298
四川	宜宾市商业银行	309
重庆	长安汽车金融	314
云南	曲靖市商业银行	320
新疆	长城国兴金融租赁	321
重庆	马上消费金融	329
重庆	昆仑金融租赁	334
四川	四川新网银行	344
四川	遂宁银行	345

续表

省份	公司名称	排名
重庆	重庆富民银行	354
西藏	西藏银行	369
贵州	华创证券	396
四川	四川简阳农商行	399
重庆	渝农商金融租赁	402
四川	达州农商行	405
云南	红塔证券	408
新疆	哈密市商业银行	421
四川	眉山农商行	426
四川	泸州农商行	434
陕西	开源证券	438
内蒙古	恒泰证券	444
四川	四川南充农商行	451
四川	四川中江农商行	467
四川	雅安市商业银行	469
四川	四川仁寿农商行	490
陕西	比亚迪汽车金融	492
贵州	贵阳贵银金融租赁	495
重庆	重庆鈊渝金融租赁	499
新疆	新疆阿克苏农商行	500

资料来源：网易财经“2021 中国金融 500 强榜单”。

3.2　西部著名企业家典型经历

改革开放 40 多年以来，民营企业的营商环境越来越好，民营经济发展迅速，伴随着民营企业的发展，一批民营企业家逐渐成长起来，各项助力民营企业发展的举措也推动了企业和企业家的成长，我国各个领域涌现出大量优秀的西部企业家。根据最近几年关于西部优秀企业家的先进事迹表彰报道，对民营企业发展成就突出、位居民营企业前 500 强的西部企业和企业家目前发展情况进行了梳理和总结。

3.2.1 农业领域的优秀西部企业家

随着近几年高新技术的不断发展，创新意识不断增强，我国西部地区农业领域涌现出很多优秀的企业家，他们心系农业人才培养，无私奉献，攻破农村贫困现状，为打响脱贫攻坚战贡献自己的力量。西部优秀企业家的不断涌现为我国如期脱贫攻坚注入了强大的信心和动力，也为今后的乡村振兴战略提供了思路和方法（史贵禄，2020）。农业现代化需要大力发展农业企业和优秀企业家精神，中国农业强，企业要担当，是农业领域企业家眼中兴农之路最好的诠释。

刘永好，籍贯四川，新希望集团董事长，企业所在地为四川省成都市。他是改革大潮中第一代民营企业家优秀代表，从农业出发，立足实业，带领新希望成长为拥有千亿元规模的企业集团。他认为应把新型职业农民的培训和教育作为大事来做，提出用 5 年时间帮助培养 10 万个“绿领”新农民的计划，并表示这是实现乡村振兴、农业现代化的必由之路。他发挥企业优势实现精准扶贫，用产业扶贫的方式通过发展现代化养猪模式，不仅实现了可持续发展，还帮助了贫困地区致富，2018 年刘永好被授予“全国脱贫攻坚奖奉献奖”。面对新格局，他发力“五新”理念转型升级。2019 年，新希望集团推出“新好”养殖模式，以科学养殖方式为百姓食品安全保驾护航；组建新希望数科集团，向产业互联网迈进，用数字化为传统行业转型带来“新希望”（史贵禄，2020）。

袁成，籍贯陕西，西部企业家商会会长、柞水野森林生态农业有限公司总经理，企业所在地为陕西省商洛市。2020 年，习近平总书记前往陕西省柞水县金米村了解脱贫攻坚工作情况，为柞水木耳点赞：“小木耳，大产业”（菖蒲，2021）。近年来，柞水县坚持“以企业带动产业，以产业支撑园区，以园区带动脱贫”的思路，依据立地条件和资源优势，依托种植木耳带动劳动增收，让“小木耳”发展成了大产业。[①] 通过木耳产业帮扶柞水县贫困户

① 紫金 e 评 . 找准“金钥匙”，让产业扶贫结出“致富果”［EB/OL］. 地评线，http://news.cqnews.net/html/2020-04/21/content_50900284.htm，2020.

脱贫，将60%的贫困户都绑在了木耳产业链上，由于在脱贫攻坚战中的出色表现，2019年柞水野森林生态农业有限公司和陕西中博农业科技发展有限公司荣获全国“万企帮万村”精准扶贫行动先进民营企业称号，木耳产业带动精准脱贫，为脱贫攻坚汇聚了坚实的力量。

高亮，中国食品土畜进出口商会副理事长、陕西省工商联副主席、海升集团董事长，企业所在地为陕西省。他1996年投身商海，实业报国是他的创业信条，他致力于帮助家乡脱贫致富，一心一意做好实业，本着初心继续坚守，谱写他实业报国事业的新篇章。目前集团农业板块已经发展成为中国苹果规模化种植的领导者与现代农业精深发展的领军企业，被业界誉为“未来农业领域的华为”。海升集团在实现农民增收、帮助贫困户脱贫摘帽方面，已经深耕多年。以产业升级推动区域经济发展，以经济发展带动农民脱贫致富，经过深度实践，实现精准扶贫，并在扶贫实践中开拓创新了属于自己的扶贫模式。同时在三产融合的农业发展方面，重点打造集农业观光和休闲、采摘、体验于一体的生态观光农业综合区，打造三产融合发展新模式。他凭借自己不断超越的企业家精神和高瞻远瞩的领导才略，在前进的道路上不断寻求企业的发展和更大的突破，不断实现他实业报国、富民惠民的赤子之心。

潘刚，内蒙古伊利实业集团股份有限公司董事长，公司所在地为内蒙古自治区呼和浩特市。中共党员，中国共产党第十七次全国代表大会代表；第十一届中华全国青年联合会副主席，中国青年企业家协会副会长；“中国青年五四奖章”获得者，“全国五一劳动奖章”获得者、2005年“CCTV中国经济年度人物”、达沃斯全球青年领袖。伊利液态奶业务的快速发展，带动了整个中国乳业的发展，开启了中国的“液态奶时代”，改变了中国人的饮奶习惯。同时，液态奶业务的快速发展带动了伊利其他产品品类（冷饮、奶粉）的快速发展，全面促进了伊利整体管理能力的提升，使“伊利”品牌家喻户晓。除此之外，伊利投入大量资源研发出了中国第一款乳糖水解牛奶——“舒化奶”，这款产品攻克“乳糖不耐”的行业难题。在潘刚的带领下，伊利通过实施“全球织网”的国际化战略，为推动中国乳业转型升级、深化全球乳业合作提供了新方向、新路径，有效提升了中国乳业在全球业界的话语权和影响力。通过搭建覆盖亚洲、欧洲、大洋洲和美洲的全球资源体系、全球创新体系和全球市场体系，伊利用全球优质资源更好地服务消费者。此外，伊利还推出产融结合的“产业链金融”模式，开展与金融机构的合作，加大对产业链合作伙伴，尤其是上游奶农的资金扶持。截至2015年底，伊利为奶户累计发放奶款突破千亿元，带动500万名奶农走上了脱贫致富的道路。同时，伊利累计支持上游养殖企业数千家，真正实现了企业与奶农的互利共赢①。

陈耀祥，甘肃中天羊业股份有限公司董事长，企业所在地为甘肃定西，全国青联常委，甘肃省人大代表，全国青企协常委，省青企协副会长，甘肃省第七届、第八届青联常委，甘肃省第九届青联副主席，定西市人大常委会委员，定西市政协常委②。他以广布于甘肃贫困地区的肉羊养殖为主导，探索建立了以促进增收脱贫为核心的肉羊产业扶贫模式，被评为2020年甘肃省“最美扶贫人”。他用心勾勒着羊产业全产业链的发展蓝图：通过企业的先期强势扶持，改变农民的传统养殖观念，以中天羊业为中心，以合作社（养殖小区）为堡垒，调整农村落后的产业结构，并建立产业发展联合体，保障农民的利益。与此同时，陈耀祥还把类似的发展蓝图如法炮制到中医药、医疗、养老、大健康等不同的产业领域。仅羊产业，中天羊业已经与以陇西、民勤等地为代表的中西部几十个国家重点贫困县签订养殖协议，依靠优势资源壮大羊肉产品精深加工产业，推动当地县域经济发展。在加工过程中，中天羊肉全部采用现代化的先排酸后成熟的先进技术，电脑自动控制温度、湿度，作为一家清真羊肉制品加工企业，中天羊业建立了完善的从养殖到屠宰加工各环节的产品可追溯体系。用科技改变家乡贫穷落后的面貌，是陈耀祥的梦想，中天羊业正在积极利用国家对于贫困地区的有力扶持政策，争取早日主板上市，把中天羊业打造成中国肉羊产业的第一品牌，使之成为国内羊肉市场供给的主力军和引领消费市场的风向标（刘铁军等，2017）。

陶华碧，贵阳南明老干妈风味食品有限责任公司董事长、贵阳南明春梅酿造有限公司董事长，企业所在地为贵州省贵阳市③。在第十一届全国人大五

---

① 潘刚［EB/OL］. 互动百科，https：//www. baike. com/wiki/% E6% BD% 98% E5% 88% 9A，2020.

② 陈耀祥［EB/OL］. 搜狗百科，https：//baike. sogou. com/v62794177. htm，2019.

③ 从山村寡妇变身国民女神，这个身价百亿的贵州女首富为何选择悄然隐退［EB/OL］. http：//www. tuixinwang. cn/wenzhang/1414297151. html，2020.

次会议上，陶华碧表示，老干妈3年缴税8亿元，实现31亿元的产值，带动200万名农民致富。新型农业经营主体是发展现代农业和实现乡村振兴的重要力量，2018年，陶华碧被中央统战部、全国工商联推荐为改革开放40年百名杰出民营企业家（张义学，2020）。2019年，被授予“优秀中国特色社会主义事业建设者”称号。

管亚梅，四川通威集团董事长，企业所在地为四川成都。2018年3月8日，胡润研究院发布《2018胡润全球白手起家女富豪榜》，管亚梅以76亿元财富排名第84位。2018年5月，2018新财富500富人榜发布，管亚梅、刘汉元以266.6亿元排名第81。2019年10月，刘汉元、管亚梅夫妇以440亿元财富名列2019年胡润百富榜第59位。2020年3月16日，以90亿元财富位列《2020胡润全球白手起家女富豪榜》第72位。

吴光旺，1976年出生，硕士。现任永辉超市股份有限公司副总裁，现分管人力资源部、行政部、工程部及物配部；历任分管大供应链部、工程部及物配部。2018年分管永辉云金；2019年在董事会领导配合下，协调各板块业务，分管战略投资与并购等业务。曾任永辉超市股份有限公司执行副总裁、监事、信息总监，福建永辉集团有限公司信息部经理、总监，福州五四北店店长，永辉超市股份有限公司ERP项目经理等职①。

3.2.2 工业领域的优秀西部企业家

工业和制造业是国家经济命脉所系，是国民经济的基础产业，它的发展直接影响到国民经济各部门的发展，也影响到国计民生和国防力量的加强（马莉，2022）。西部地区资源丰富，一批优秀的西部企业家不断探索新模式、新业态、新技术、新产品，在工业和制造业等领域做出巨大贡献。

李曙光，籍贯重庆，第十三届全国人大代表，五粮液集团党委书记、董事长，企业所在地为四川省宜宾市。他是中国白酒千亿黄金时代的匠心筑梦家，在高质量发展下不断推动白酒行业的龙头企业发展，走好民族品牌的国际化之路。2019年，他深入推进“二次创业”，带领白酒龙头五粮液跨越千

---

① 永辉超市2018年年度报告［EB/OL］. http：//www.sse.com，2018.

亿元营收台阶，以大国浓香的完美品质，不断引领消费升级；他以白酒领航者的心胸气魄，铸造影响世界的民族品牌和香飘世界的“中国名片”，让老国企迎来了新时代的新曙光①。李曙光在“做战略发展的规划者，做改革创新的先行者，做转型升级的实干者”道路上越走越稳健，为行业结构性繁荣注入了新动力，让中国白酒和白酒文化一步步走向世界②。

车晓玲，浩旺集团董事长、全国工商联女企业家商会副会长、四川省工商联执委，企业所在地为四川省成都市。她20多年专注于产业园开发、运营和中小微企业孵化服务，在她的带领下浩旺集团建设运营了13个产业园区，园区年产值超149亿元，税收收入近10亿元，园区入驻企业超过1000家，孵化毕业上规模企业200多家，其中包括全友家私、硅宝、康琪电器、泰力电缆等知名企业。她凭借自身的睿智和努力将浩旺集团打造成为中国西部民营产业园运营领军企业。作为拥有20余年产业园开发运营的产业人，车晓玲不但引领产业园区开发建设新方向，更大胆创新地提出了“产业救灾”这个“新概念”，在经营管理好公司的同时，积极发挥商会优势，开展精准扶贫攻坚工作，勇敢担当起一个企业、一个企业家、一个商会会长该有的社会责任，无私付出。

何金碧，迈科集团创始人、董事局主席，第十三届全国人大代表，陕西省工商联副主席，中国金属期货领域资深专家，企业所在地为陕西省西安市。从事大宗商品国际贸易，在有色金属产业发展上取得卓越成就，被有色金属资源界誉为“中国做铜第一人”。迈科金属集团创立于1993年，是一家集商品贸易、期货经纪、金融服务、资源投资与现代物流管理于一体，全产业链覆盖的综合型商品金融服务商。总部设于西安，在全球设有20多家经营机构和办事处。迈科是目前中国最大的有色金属及矿产品的供应商之一和中国最大的铜贸易企业：电解铜贸易量占进口市场35%以上，电解铜销量常年占中国精铜销售量的15%以上。它包括了中国70%以上的用铜企业，客户资源遍

① 五粮液集团党委书记、董事长李曙光当选2019经济年度人物［EB/OL］. 证券日报网，http：//www. zqrb. cn/huiyihuodong/2020-01-09/A1578571911876. html，2020.

② 当好高质量发展排头兵　加快创建世界500强企业　李曙光获选“2019十大经济年度人物”［EB/OL］. 多彩贵州网，http：//www. zqrb. cn/huiyihuodong/2020-01-09/A1578571911876. html，2020.

布全球 23 个国家和地区。迈科在西安高新区和港务区的项目，国际化参数在 80%~90%：比如中西部陆港金融小镇，在 2016 年就获得了 8 个世界级的大奖——这是迈科对设计、文化理念、办公环境的认知。何金碧先后获得第五届全国非公有制经济人士优秀中国特色社会主义事业建设者、改革开放 40 周年——全球秦商杰出人物奖、中国改革最具影响力十大新锐人物、中国经济十大创新人物、中国优秀民营企业家、陕西省优秀民营企业家、西安市改革开放 40 周年优秀民营企业家等荣誉称号。

李振国，现任隆基股份总裁，企业所在地为陕西省西安市，2019 福布斯中国 400 富豪榜公布，李振国家族以 147.8 亿元财富值排名第 162 位。隆基绿能科技股份有限公司是西安市本土培育起来的光伏龙头企业，是全球市值最高的光伏制造企业，也是全球最大的太阳能单晶硅光伏产品制造商。2018 年以来，隆基着力在西安进一步扩大投资，相继在西安国家民用航天产业基地、西安经济技术开发区投资约 100 亿元建设了两个高效电池项目。隆基股份是土生土长的西安企业，隆基股份在李振国的带领下，以办好最佳企业、当好最佳企业家、做好最佳雇主等为目标，向社会奉献企业价值，共建美好社会。

党彦宝，籍贯宁夏，宁夏宝丰集团有限公司董事长，企业所在地为四川省成都市。获“2018 十大经济年度人物”之后，再次斩获“2019 十大经济年度人物”。他扎根西部，用科技创新打造国内最大的高端煤基新材料循环经济产业集群，有效填补国内高端化工产品进口缺口。2019 年，党彦宝带领宝丰能源成功在 A 股上市，以突破性技术实现聚烯烃产能翻番升级，保持强劲盈利能力。心系企业发展之余，他还创立慈善基金会，从 2011 年起，党彦宝每年拿出企业 10%的利润注入“宁夏燕宝慈善基金会”，开展以“教育扶贫”为重点的公益慈善事业。截至 2021 年 12 月，已累计捐资 16.53 亿元，资助 14.36 万名学生完成学业。除此之外，他还带领实施全国最大教育精准扶贫项目，实现枸杞产业精准扶贫，践行民企责任与担当①。

李黑记，陕西东岭集团党委书记、董事长、总经理，企业所在地为陕西

① 宁夏宝丰集团有限公司董事长党彦宝当选 2019 经济年度人物［EB/OL］. 证券日报网，http：//www.zqrb.cn/huiyihuodong/2020-01-09/A1578571911877.html，2020.

省宝鸡市。他不断追求卓越，紧紧抓住国家政策机遇和产业发展趋势，先后进入钢铁贸易、钢铁冶炼、国内外贸易、地产商业、金融投资等多个产业领域，致力于打造中国最优秀的大宗商品产业链供应商和服务商。目前，“东岭”品牌成为全国钢材行业最响亮的招牌，钢铁贸易规模、有色金属锌及锌精矿贸易销量等多年稳居全国第一。大数据时代也让东岭的发展更富活力，东岭集团利用大数据整合资源，全面实现业务链条上的资金流、物流、商流、信息流的有效管控和整合。他敢于担当、勇于奉献，主动承担社会责任，名列陕西省民营企业纳税第一名，先后参与了10多家濒临破产的国企改制，注入资金超过50亿元，安置上万名国企职工。他积极投身城市建设、修路、架桥、扶贫等社会公益和慈善事业，被陕西省委、省政府命名表彰为“为社会公益慈善事业作出突出贡献企业”①。走进新时代，扬帆再起航，他是时代的追梦人，东岭梦想的筑造者。

臧奉江，贵商总会副会长、贵州通源集团董事长，企业所在地为贵州。2019年贵州通源集团以年营业收入234.0413亿元位居“2019年中国民营企业500强”榜单第369位，成为贵州唯一上榜企业。成立于1992年的贵州通源汽车有限公司，已发展成为西部最大的乘用车经销商集团之一，经销店覆盖了贵州、浙江、广东、四川、重庆等9个省份。拥有100多家品牌店及分店，服务超过80万名客户，已发展成为西部最大的汽车经销商集团，中国经销商集团百强排名第16位，贵州民营企业100强位居第1名。公司在臧奉江的带领下，打造的“通源汽车文化广场”商业模式，成为国际汽车行业零售的标杆和知名品牌。臧奉江一直践行“做优秀企业公民”的企业理念，多年来积极投身公益事业，以支持贵州省精准扶贫、精准脱贫工作，用行动助力贵州的脱贫攻坚事业。

巩书凯，重庆忽米网络科技有限公司总经理、重庆市工商联兼职副主席。忽米网作为工业互联网先行者，针对传统制造业信息孤岛、资源缺乏等行业痛点现象，构建“平台+数据+应用”的“三位一体”企业数字化转型赋能模型，以“平台是核心、数据是基础、应用是关键”3个层次持续助力中国制

① 李黑记：做新时代的追梦人［EB/OL］. https：//www.sanqin.com/，2019.

造业转型升级。在巩书凯的带领下，忽米工业互联网平台已连接工业设备近百万台，沉淀近4000个工业模型，汇聚9500多个工业App，注册开发者数量近30万，忽米标识解析注册量已突破14亿，位列全国前十，在标识解析、数字孪生、5G边缘计算等多个应用技术领域跻身全国前列，深度参与国家工业互联网多项核心技术标准及标准化白皮书制定，获得技术专利软著百余项，自主研发的5G边缘计算器、数字孪生等软硬件在汽摩、电子信息、装备制造等行业数万家企业中被广泛应用。巩书凯认为，中国制造业正处在一个历史转折点，技术追赶给中国30万制造业企业打造了转型升级的实验床，5G、人工智能、物联网累积的领先优势正在逐步突围，推动了工业互联网快速发展，使其成为推动全球工业制造业转型升级、智能发展的新动能，中国工业互联网的发展势必是一场持久战！

李瑞斌，隆基集团总裁，西安隆基光汉管理研究院院长。李瑞斌创立并领导的隆基集团，以振兴民族企业、回报社会、繁荣地方经济和促进社会文明进步为宗旨，多年来一直致力于推动中国经济和城市发展，已拥有的数十家企事业单位倾力打造深化开发建设、科技能源、金融投资三大核心产业，形成了“隆基李瑞斌”“李瑞斌创业”“李瑞斌熊宁”等公益品牌形象。隆基绿能科技股份有限公司成立于2000年，经过20年的发展，已成为全球最大的太阳能单晶硅光伏产品制造商，产业覆盖隆基单晶硅、隆基乐叶光伏、隆基新能源、隆基清洁能源光伏全产业链。截至2020年，公司市值已超过2000亿元，是全球市值最高的光伏制造企业，2019年实现营收超300亿元，截至目前全球在职员工超过4万人。隆基乐叶光伏科技有限公司隶属隆基股份，主营业务为高效太阳能单晶电池，组件的研发、制造与销售，是全球领先的单晶硅光伏产品制造商。公司下属陕西隆基乐叶、西安隆基乐叶、浙江隆基乐叶、合肥隆基乐叶、滁州隆基乐叶、泰州隆基乐叶、银川隆基乐叶、西安组件工厂、大同隆基乐叶、印度隆基乐叶等多家分子公司，员工规模1万余人。该项目拥有行业领先的高效单晶PERC电池生产工艺，拥有行业领先的数字化、智能化生产车间，各项生产技术指标多年来始终位居光伏行业前列。

3.2.3 服务业领域的优秀西部企业家

商业贸易服务第三产业已经成为推动我国经济增长的重要动力之一，直接关系到国民经济的稳定运行及快速发展，作为现代服务领域的重要环节，商贸流通业、服务业的发展对推动国内消费与制造生产有着巨大作用。在市场化改革进程中，西部地区商贸领域优秀企业家不断促进其企业良性转型发展，成为西部地区乃至国内经济可持续发展的重要力量。

史贵禄，陕西荣民控股集团董事长、全国工商联副主席、陕西省工商联副主席，企业所在地为陕西省西安市。他带领荣民集团经过近 29 年的帮扶，累计捐款近 2 亿元，用大爱书写了一部民营企业家精准扶贫、回报桑梓的传奇。荣民集团十分重视企业转型升级，根据国家发展大势和市场发展需求，不断拓展企业发展领域，明确发展方向，现在已由单一的房地产业，发展到覆盖现代服务业、冷链物流、融资租赁、国际贸易、金融控股、文化投资、现代农业等多个领域的现代化集团，累计上交税费近百亿元。扶贫先扶智，他建成荣民光彩农技培训中心，帮助农民掌握科技种植技术，积极承担社会责任，踊跃投身脱贫攻坚，依靠社会各种力量，不断完善“荣民模式”，帮助更多贫困群众过上好日子。

郭占武，2016 年中国乡村旅游年度人物，陕西省礼泉县袁家村党支部书记、“袁家村 · 关中印象”体验地创始人和设计师，陕西省人民代表大会常务委员会民族宗教侨务外事工作委员会委员。自 2007 年带领全村发展乡村旅游，主打关中民俗体验，在这期间袁家村由原来的 62 户人家 286 人发展壮大到如今的 3000 多人。如今，袁家村已陆续恢复建设有康庄老街、关中小吃街、回民街、祠堂街、书院街、酒吧咖啡街、艺术长廊，还有袁家祠堂、烟霞草堂、关中戏楼等，被称为“陕西的丽江”，获得“中国十大美丽乡村”荣誉称号，被评为国家 4A 级旅游景区（杜雅文等，2017）。打虎亲兄弟，上阵父子兵，作为袁家村老一辈党支部书记全国劳动模范郭裕禄，他的儿子郭占武让他成为笑到最后的“完美农民”。他在 70 多岁时亲眼看见了儿子郭占武给袁家村和他的梦想画上了一个最圆满的句号。而郭占武也不改初心，带着父辈的希冀，继续带领袁家村创造辉煌，不断谱写属于自己的民俗传奇。

王永鑫，陕西省咸阳市礼泉人，从部队退伍后分配到兴平工作，因为在部队从事过经营活动，退伍后经营过酒店，搞过招商，积累了丰富的管理经验。2012 年初，多次到过马嵬驿的王永鑫在乡村旅游的热潮中，卖掉自己经营的 5 家酒店，移师马嵬驿。他倾其所有，带领团队驻扎在工地，利用自己多年来对马嵬驿的理解和思考，亲自画图、设计，依托当地自然的台塬地势、沟壑地形、李家坡村民废弃的窑洞院落，恢复了 16 孔老窑洞遗址，收集了 2000 余件老农具及生活用品，添置了山水瀑布、雕塑小品、亭台楼阁等文化元素，并修建了民俗作坊、民俗小吃、民俗文化展示、大唐文化 4 条居民古街，将一片写满贫瘠的山沟沟、土梁梁变成青砖蓝湾、层楼叠榭的富丽景象，一个集文化展示、文化交流、原生态餐饮、民俗文化体验等于一体的新概念生态园就这样被创造了出来。2013 年国庆节期间，马嵬驿民俗体验园开园，3 个月接待游客近百万人次，2015 年通过国家 4A 级旅游景区验收，并入选中国十大魅力乡村名录。“马嵬驿+”模式在陕西、河南、甘肃形成了“三国四方”格局，连起了一道长达千余里的跨省乡村游，成为陕西乡村游的经典和传奇。

吴一坚，原金花投资控股集团董事长、总裁，是陕西走出的企业家。第九届、第十届、第十一届全国政协委员，第十届全国工商联副主席，陕西省第十二届人大常委会委员，兼任中国民间商会副会长，陕西省总商会副会长，陕西省医药协会副会长（曹艺，2021）。西安城南门——永宁门，如今亦是区域闻名的奢侈品零售商圈，多家顶级商场聚集于此，开业已 21 年的世纪金花正是其中之一。金花企业集团涉足开发、投资、制药、商贸、交通、房地产、高科技、电子商务、酒店及高尔夫、教育等领域与产业。而它的创始人吴一坚曾坐拥价值 400 多亿元的金花集团，更是在 2013 年、2014 年蝉联陕西首富的宝座。吴一坚在推动中国民营经济发展方面，作为陕西民企的领袖和领军人物具有极高的地位。

黄红云，金科地产集团股份有限公司创始人，重庆市工商联（总商联）主席（会长），重庆市慈善总会副会长。公司系“中国企业 500 强”“中国民营企业 500 强”“中国地产品牌价值 10 强”，业务遍布中国京津冀经济圈、长三角经济圈、成渝经济圈和长江经济带的 50 个城市。已形成了以“新地产+

新服务”为龙头，产业综合运营、社区综合服务、酒店园林、门窗装饰等协调发展的多元化产业结构和业务格局，建立了良好的产业基础和市场优势，具备了强大的综合竞争力。多年来，公司坚持履行社会责任，迄今累计捐助社会公益事业近3亿元，拉动社会就业人数20多万人。当前，公司积极推动产品创新、模式创新，从“地产开发商”转型升级为“美好生活服务商”，以“地产+服务”连接用户，打造优质生活方式，从人居需求出发，积极践行“成长更好、便利更好、健康更好、邻里更好、居家更好”五大主张，不断超越，以更优异的业绩，回报股东，回馈社会。

孙广信，现任新疆广汇实业投资（集团）有限责任公司董事局主席，企业所在地为新疆。经过30年的艰苦奋斗，历经两次创业，形成以“能源开发、汽车服务、现代物流、置业服务”等并进的产业格局，业务范围遍及全国各地，并已延伸至哈萨克斯坦、美国等国家，员工总数10.8万人。2007年，孙广信和广汇集团确立了“‘清洁能源、汽车服务、房地产’三大产业十年后进入‘世界500强’”的奋斗目标。同时，在美居物流园的基础上，推进现代物流产业。经过多年心无旁骛、聚焦实业，2017年，广汇集团首次入围“世界500强”，排名第495位，成为第一个进入“世界500强”的新疆本土企业，实现了当年的奋斗目标[②]。广汇集团始终秉承“产业报国、实业兴疆”的企业使命，坚决服从服务于新疆社会稳定和长治久安总目标，广泛吸纳南疆富余劳动力就业，积极开展产业扶贫、精准扶贫和“民族团结和一家亲”活动，在维护稳定、增进团结、扩大就业、推动发展等方面彰显了广汇人的责任和担当。近五年，广汇集团社会贡献总额高达954.89亿元，其中上缴税费达到230亿元，并获得国家“诚信纳税企业”“国家西部大开发突出贡献集体”“全国再就业先进单位”“全国光彩之星”“乌鲁木齐纳税功勋企业”等荣誉称号[①]。

周文皓，中共党员，国际注册管理咨询师（CMC），职业指导师，高级经济师，中国人力资源社会保障理事会副理事长，广西工商联总商会副会长，深圳锦绣前程人才服务集团董事长，广西锦绣前程人力资源股份有限公司党

① 新疆首富的励志故事［EB/OL］. http：//www. xjdsb. com/fuping/9806. html，2019.

委书记、创始人、董事长。周文皓于 2007 年 3 月创办锦绣前程，2015 年 9 月 1 日带领锦绣前程成为广西首家挂牌新三板（全国中小企业股份转让系统）的人力资源专业服务机构。作为锦绣前程创始人、董事长，领导锦绣前程在 HR 全生态链服务体系、“HR+资本”“HR+大数据”等领域进行了诸多前瞻性的实践。2016 年集团总部搬迁至深圳，全国化布局起步，探索混改模式，牵手百色文旅设立百色贝福家政学校。2017 年入选 HRoot 全球人力资源服务 100 强，入选《中国人力资源服务业蓝皮书》典型案例（全国共入选 3 家）。2018—2020 年，建立“现代企业制度+党的建设+锦绣文化”“三位一体”工作机制，推进转型升级、提质增速，布局线上，是中国人力资源外包第 6 名、新三板最具投资价值 100 强、广西壮族自治区技术先进型服务企业培育库 2018 年第三批入库企业及全国“万企帮万村”精准扶贫行动先进民营企业。

曹世如，成都红旗连锁股份有限公司党委书记、董事长。红旗连锁成立于 2000 年 6 月，现已成长为“大数据+商品+社区服务+金融”的“互联网+”现代科技连锁企业，注册资本达 13. 6 亿元，是中国 A 股市场首家便利连锁超市上市公司。目前公司总资产达 76 亿元，年上缴税收及社保超 5 亿元，为社会捐款捐物上亿元，为消费者提供 80 余种便民服务项目，是全国重点商贸流通企业，四川省及成都市“重要生活必需品应急保供重点联系企业”。2020 年以来，红旗连锁先后获得四川省优秀服务业企业、全国抗击新冠肺炎疫情先进集体、全国五一劳动奖状、四川民营企业 100 强、四川省“万企帮万村”精准扶贫行动先进集体等荣誉。2021 年七一前夕，红旗连锁党委书记、董事长曹世如荣获“全国优秀共产党员”称号，得到中共中央表彰。

郭家学，西安东盛集团董事长兼总裁，曾荣获陕西省经贸委、共青团陕西省委员会授予的“陕西省杰出青年企业家”称号。西安东盛集团有限公司，是以高科技医药产业为主体的大型集团企业，也是我国医药行业内具有一定影响力的品牌企业。目前，企业控股、参股了三家医药类上市公司，总资产已逾 50 亿元，员工总人数 8000 余人，进入全国医药工业前 20 强。2003 年，企业技工贸总收入达到 80 亿元。目前，东盛集团通过一系列的资产重组，已与东盛科技股份有限公司、湖北潜江制药股份有限公司、珠海丽珠制药集团股份有限公司、青海制药集团有限公司、宝鉴堂国药有限公司、江苏启东盖天力制药股份有限公司、山西广誉远国药有限公司、安徽国怡药业及其淮南第三第四制药厂、安徽四达药业、湖南时代阳光、云药科技股份有限公司、东盛科技制药一厂以及（中美合资）陕西济生制药有限公司、河北邢台英华医药有限责任公司、陕西汉中生物研究所等 20 多家医药企业实现了强强联合，取得了医药研发、生产和营销的强大优势，并形成了解热镇痛类用药、心血管类用药、五官科用药、消化系统用药、抗生素、抗病毒类用药等专业领域的分工，同时构建了化学药、现代中药、经典国药、麻醉药等专业化的生产格局。其中青海制药集团有限公司是我国唯一定点的“国家麻醉药生产基地”；湖北潜江制药股份有限公司是“国家眼科用药生产基地”；山西广誉远国药有限公司是我国有文字记载的现存最早的医药企业，迄今已有 400 多年的历史；而东盛科技，已经作为唯一的一家医药类企业连续 3 年入围“中国最具成长性上市公司”百强榜①。

3.3 西部企业家成长存在的问题

近年来，全球经济低迷，贸易保护主义盛行，加之中美经贸摩擦和新冠疫情的叠加影响，国内整体经济形势下行压力较大，而科技进步日新月异，加速迭代、消费需求不断变化，这对企业家提出更大考验。在这样的背景下，西部企业家成长也面临着诸多问题和困境。

第一，西部民营企业家数量相对较少，整体实力较弱。改革开放 40 多年来，随着市场经济的不断发展，西部民营经济也发展很快，但从总体上讲，西部企业家在数量上和质量上与东部相比还有很大的差距。东西部经济总量差异很大，西部 12 个省、自治区、直辖市生产总值的总和往往不如东部地区一个省份的 GDP。而民营企业数量少、发展慢，民营企业家数量少，成为西部各个省份的共同特点。

第二，区域经济发展水平制约西部民营企业家成长。企业家的成长必须

---

① 西安东盛集团有限公司［EB/OL］. 每日人才网，http：//www. rc365. com/q. asp？qiye_ code=28260c51-7192-4de6-8abc-5ae9e9afde12，2011.

伴随着企业的成长，没有企业的发展就没有企业家的成长。西部地区思想观念落后，基础条件差，企业受外部宏观经济、政策、自然条件等影响较大，企业发展与区域经济发展水平息息相关。在企业内部环境方面，西部企业家在内部管理变革中面临重重困难，西部是计划经济的重灾区，市场化程度较低，市场化改革受到的阻力较大。

第三，西部企业家创业经验不足，管理能力有待提高。东部地区市场经济发达，历来有经商的传统，经商人数众多，企业家创业经验丰富，管理能力也比较高。而西部地区中小民营企业普遍采取家族式管理模式，这种模式在企业发展初期能够发挥巨大作用，但当企业规模壮大后，就需要大量高素质的、专业经营管理人员，毕竟家族内部拥有企业家素质的成员少之又少，难以满足企业发展需要，这就要求企业吸纳家族外部的人才，否则将难逃“一代创业、二代守业、三代衰亡”的规律。但是，一方面西部人才市场尤其是企业家人力资本市场没有建立起来，企业很难获得所需人员；另一方面中小民营企业因规模实力所限，很难吸引真正人才，且在家族管理模式下，家族外的员工很难受到重用，这些都严重制约了大量真正企业家的培育和产生（刘涛，2005）。

第四，西部企业家个人素质差异较大，能力亟待提升。随着互联网大数据经济的快速发展，新理念、新知识、新业态的不断涌现，需要西部企业家的创新能力、学习能力的迅速提升。但是，在市场变化和自身发展等多种因素影响下，西部企业家个体综合素质存在较大差异。如何弥补能力短板，以便迅速有效地应对环境变化与消费升级带来的挑战，是西部企业家自身成长过程中必须克服的问题。

第五，西部地区人才缺乏，企业家后备人才培育欠缺。在激烈的市场竞争中，人才两极分化趋势非常明显，即优势企业比弱势企业能吸引更多的稀缺人力资源。由于中小民营企业在实力、工资水平、福利待遇、社会保障、科研条件、社会地位及发展预期诸方面都不及大型企业，因而在人才竞争中明显处于弱势，很难吸引到企业急需的技术研发人员，甚至企业原有技术人员也常被大企业挖走。因此，他们往往只能依靠技术转让等高成本、高风险、低收益的方式来推动企业技术创新，难以形成持续的经济增长点（刘涛，2005）。

第六，西部企业资金短缺、融资渠道少且成本较高。中小民营企业在创业时期，由于市场需求小，生产能力有限，难以承担高额的负债成本，为了避免过度负债经营，主要依靠内部融资来满足其发展需要。内部融资具有效益高、成本费用低的特点，中小企业多采用利润转成资本的形式来增加自有资本。但相较于中东部地区，西部地区中小企业每年的利润低、留存收益少，靠留存收益来满足企业发展所需的资金不现实。随着我国资本市场的不断开放，直接融资也越来越为中小企业所采用。但由于西部地区中小企业存在自身规模小、信用度不高、实力弱等特点，利用股权融资的能力有限，利用中小板进行股权融资的就更少。西部地区无论是从上市公司数量还是募集资金渠道来看，利用股权融资的能力均十分有限。加之西部地区整体市场发育程度低，城乡居民收入低，社会闲散资金少，民间资本准入门槛高，困难多，造成中小企业民间固定资产投资来源少。综上，西部中小企业自有资本少，资本积累能力弱，在资本市场门槛较高、民间融资渠道不畅的条件下，资金来源主要依赖金融机构（阮林芳、陈长民，2019）。

第七，西部企业技术水平低，研发创新能力弱。西部地区中小企业技术创新能力不足，主要体现在人才匮乏、内生动力不足以及信息严重不对称 3 个方面。一是企业技术创新人才严重匮乏。目前我国技术创新人员绝大多数集中在中东部地区及沿海城市的大型企业，与此同时，中小企业缺乏系统的人才任用、激励和考评机制，在待遇、科研环境和发展空间上都很难与一些中东部地区及沿海城市的大型企业相比较，因此，在西部地区中小企业从事技术创新的人员严重不足且流失严重。二是企业技术创新内生动力不足。一般来说，企业技术创新需要较高投入，且投入难以很快得到回报。因此，中小企业为了追求“短、平、快”的经济利益，更愿意把工作重心转移到周期短、回报率高的项目，相当一部分中小企业都属于风险回避型，不愿意在内部创新挖潜中投入过多精力。三是企业技术创新过程中信息不对称现象严重。西部地区中小企业由于所处的地域和自身的发展规模，获取信息途径较少而且时效不高，缺少充足的科技信息和市场信息，一般很难直接获取到利益相关者的前端信息，这种不对称现象直接影响着中小企业的创新发展（叶中俊、夏姗，2016）。

第4章

西部企业家成长理论研究

4.1 概念界定

4.1.1 企业家

(1) 关于企业家的基本观点

如前所述，关于企业家的内涵，学术界有很多不同的观点，这些研究都具有一定的价值。本研究在学者们相关研究的基础上提出关于企业家的几个基本观点：

第一，企业家的精神意义更为重要。即企业家既是企业的管理者和决策者，又肩负着企业和社会的精神领袖的重任。企业家不应该是一个中性词，而应该是一个褒义词，拥有企业家头衔是一种荣耀，企业家一定首先与企业家精神相联系，不存在不具备企业家精神的企业家。因此，我们认为具有企业家精神的职业经理也是企业家。

第二，“企业家”不是个体概念，而是群体概念。企业家不是孤立的，应该是一个集合的概念，这个集合由企业家领袖和企业家团队共同组成。过去我们都非常重视著名企业家或企业家领袖，事实上，现实中大量存在的是普普通通的企业家，这些企业家经过若干年的历练才逐步成长为著名企业家或企业家领袖。

第三，“企业家”概念具有社会属性。企业家和其成长地域有着密切的联系，研究企业家不能脱离其社会属性，中国企业家和西方企业家发展的基础及其面对的政治、经济和文化环境都有很大的不同，中国企业家除了具有企业家的共性外，还具有特殊性，同理，西部企业家也具有特殊性。因此，需要对中国企业家、中国西部企业家加以界定。

第四，企业家必须取得令人瞩目的经营业绩。本研究认为，衡量是否为企业家的一个重要尺度是其是否取得令人瞩目的经营业绩。企业家的社会责任首先是企业的经营责任。

第五，企业家与企业主（小商贩、个体户）不同。是否为企业家与其所在企业规模有关，我们所说的企业家是指具有一定规模的企业的领导人。在我国，个体户和小商贩数量庞大，但他们大多数自始至终都只是小商贩，不能被称为企业家。大企业的中高层是企业家，小企业只有高层才是企业家。

第六，职业经理人是现代型企业家。随着管理职能独立化，经理人成为独立的职业。职业经理人的身份是他人资本的管理人、代理人，职业经理人执行着一切本应由具有执行职能的资本所有者自己担任的现实职能。过去职业经理人并不是产权的拥有者，但是随着时代的发展越来越多的职业经理人通过股权激励的方式成为企业所有者之一。职业经理人的社会作用表现在职业经理人是工业制度的灵魂、运营者。

第七，衡量现代企业家是否形成的 3 个标准：是否以经营企业为职业、企业家机制是否市场化与社会化、企业家是否具有独立的人格。

第八，企业家可以分为两类：一类是所有者型企业家，包括拥有全部和部分产权的企业家；另一类是经营者型企业家，即通常所说的职业经理人，他们履行所有权型企业家的全部职责。经营者型企业家和所有者型企业家可以相互转换，当经营者型企业家受到股权激励时，成为所有者型企业家，而所有者型企业家出卖了全部股份，还保持企业管理者身份，就成了经营者型企业家（赵胜男，2021）。

（2）企业家定义

在学者们对企业及企业家定义研究的基础上，基于对企业家内涵的基本观点，本研究给出企业家定义，即企业家是具有先进理念、经营管理思想及战略头脑，具有冒险精神与创新精神，不断开拓新的经营领域，具有经营管理才能，能适应各种市场变化，取得引人瞩目的经营业绩的企业中高层领导者①。

4.1.2　中国企业家

（1）关于中国企业家的基本观点

在现有研究中，学者们对中国企业家的研究并不少见，但多数并没有将“中国企业家”作为一个专有名词来研究。本研究认为，当代中国企业家是改革开放之后才发展起来的，没有改革开放就没有中国企业家群体的成长，中国企业家自身成长具有一定的时代特征，它是中国文化和经济发展的共同产物，中国企业家有别于其他企业家，具有明显的中国特质。本研究对于中国企业家具有以下几个核心观点：

第一，中国企业家是肩负历史责任并具有企业家精神的企业家。企业家是时代和地域的产物，中国企业家不仅是企业的领导者，中国经济的推动者，同时还承载着中华民族伟大复兴的历史使命，中华民族伟大复兴要依靠一代中国企业家的努力。

第二，中国企业家是有政治远见的企业家。企业家是一个社会中先进文化和先进生产力的代表，是社会精英。中国企业家是中国特色社会主义的拥护者和建设者，需要拥有清醒的政治头脑、较高的政治觉悟以及国家意识和大局意识。

第三，中国企业家面对的环境更为复杂。首先，中国历史悠久，文化底蕴深厚，长期以来形成“学而优则仕”的思想，对于经商带有偏见，因此，中国企业家首先要抵御来自传统文化的压力。其次，中国是一个人情社会，人际关系复杂，中国企业家要应对各种人情世故。最后，我国尚处于社会主义初级阶段，方方面面的法律法规、政策制度还有待完善，在这一过程中还需要企业家的不断探索和努力。

第四，新生代企业家与老一代企业家存在差异。在40多年的改革大潮中涌现出了大批优秀的企业家，老一代创业者发扬企业家精神推动了中国经济

---

①　企业家与企业家精神［EB/OL］. https：//www. sanbiaoge. com/p/4634544，2021.

发展，为我国改革开放做出了巨大贡献。随着时代的发展，新生代企业家群体的构成发生了很大变化，“80 后”“90 后”“00 后”逐渐成为企业家主体，如果不关注企业家群体及其成长，加强企业家精神培育，任其发展，年轻的企业家群体及其继承者将会发生分化：少数关键人会更优秀，但另一部分企业家及其继承者如果不脱胎换骨地改造提升，将会被淘汰出局。

新生代企业家的优点：一是观念新，接受新事物快，与国际接轨程度高；二是知识面宽，掌握的资料多；三是信息化意识强与技能水平高，特别是利用新媒体技术水平高。新生代企业家的缺点：一是在单一学校环境中成长，缺乏社会实践，对中国社会现实了解不深；二是深受家庭和社会的溺爱，吃苦精神不够；三是受诱惑的机遇与因素越来越多，生活方式多元化，做事不够专心。新生代企业家接受知识的特点：一是被动接受多，主动学习少；二是看问题的表面多，深入思考少；三是应用现代设备多，动手能力与文字表达能力差。

（2）中国现代企业家定义

本研究认为，中国现代企业家是具有风险意识、创新精神、政治远见、战略头脑、全面高超管理艺术与协调艺术的，并具有适应企业外部环境变化应变能力与决策能力的，在企业创立和发展中做出创造性业绩的企业中高层领导人①。

4.1.3 西部企业家

（1）关于西部企业家的基本观点

现有研究中，鲜少将西部企业家作为独立的研究对象，为数不多的研究也只是把西部企业家作为纯属地域性的概念。本研究则认为西部企业家具有独特性。第一，西部企业家是中国企业家中更令人尊敬的群体。西部地区长期以来观念落后，经济落后，自然条件差，西部企业家成长需要更多的热情和克服困难的决心。第二，西部是计划经济的重灾区，市场经济发展缓慢，西部企业家需要拿出更多的精力和勇气去突破计划经济残余思想的束缚。第

① 企业家与企业家精神［EB/OL］. https：//www.sanbiaoge.com/p/4634544，2021.

三，西部地区创新创业的环境相对较差，西部企业家在创办企业过程中很容易遇到理念、资金、技术、人才等“瓶颈”，需要付出更大努力才能成功。

（2）西部企业家定义

本研究认为，中国西部企业家，简称“西部企业家”，是特指生活、工作在西部地区的所有中国企业家。

4.1.4　民营企业家

（1）关于民营企业家的基本观点

自改革开放以来，民营企业在吸纳就业、创造税收、承担社会责任以及促进社会稳定等方面为中国经济社会建设做出了巨大的贡献（邹立凯等，2020）。民营企业家也因此成为改革开放后出现的一个新生群体，与民营企业一样，民营企业家在推动中国经济快速发展中具有不可磨灭的作用。在现有研究中，学者们对民营企业的关注远大于对民营企业家的关注，本研究认为针对民营企业家进行研究具有重要意义。第一，在2018年企业家座谈会上，习近平总书记强调“公有制经济、非公有制经济应该相辅相成、相得益彰，而不是相互排斥、相互抵消”，因此要鼓励、支持、引导非公有制经济发展，要激励民营企业家放心、大胆办企业；第二，相比东部地区，西部地区经济发展缓慢，各项设施落后于东部，民营企业家办企业困难多、阻力大，因此关注其成长环境尤为必要；第三，民营企业家是自筹资金、自主经营、自负盈亏、自担风险的法人实体，因此他们的创业经历大多非常曲折，创业故事值得研究学习。

（2）民营企业家定义

目前学术界关于民营企业的概念并未达成一致。本研究主要采用经济学家厉以宁（2004）关于民营企业的观点，他认为民营企业主要涵盖六种企业类型：个体工商户；私人或家族所有制企业；由私人或家族所有制企业改制而成的股份制企业；由国有资产重组而成的，既有国家投资，又有私人或家族投资的企业；合伙制企业；由公众筹集而创立的企业。民营企业家就是指在以上企业类型内的具有企业家特质的最高层的优秀经营者，是民营企业的法人。

4.1.5 企业家成长

(1) 关于企业家成长的基本观点

企业的经营过程实际上就是培养企业家的过程。培育企业家是过程，盈利是结果；企业家的成长是企业的主产品，利润是企业的副产品。我们认为中国企业家的成长过程包括企业家的“教育培训—自我修炼—自我超越”3个阶段。

第一个阶段是企业家的教育培训。首先，企业家的成长离不开教育培训及各种拓展训练，教育培训的内容要依据成功的企业家需要具备的条件来确定。其次，成功的企业家需要具备一定的条件。我们认为，企业家是具有先进理念、良好心态、优良品德、优秀素质、卓越才能，并创造了良好业绩的经济组织与社会组织的领导人①。因此，成功企业家需要具备的条件可以用以下公式表示：成功企业家=先进观念+诚实品质+优秀素质+卓越能力。人的行为差异取决于观念的差异，先进观念是与时俱进的观念，是市场经济的观念。诚实品质是遵纪守法、诚信经营等优秀品德。优秀素质是良好的心态、健康的体魄等个人素养。卓越能力的最好判断是来自企业家才能的市场结果，因此，卓越能力就是企业家带领企业赚取利润的能力。

第二个阶段是企业家的自我修炼。修炼首先需要的是自省，只有修炼才能提高，才能成熟，也才能成为优秀的企业家。企业家的自我修炼是企业家成长的内生动力，在外部环境一致的条件下，企业家成长取决于个人的抱负水平，即企业家自我修炼的能力。

第三个阶段是企业家的自我超越。企业家的自我超越是企业家成长的最高境界，是人的格局和境界的提升，人的一生就是不断超越、不断提升的一生。只有不断超越，才能实现卓越。

本研究关于企业家成长的基本观点如下：

第一，企业家成长包括两个方面，一方面是企业家个人成长，另一方面是企业家团队成长。

---

① 企业家与企业家精神［EB/OL］. https：//www.sanbiaoge.com/p/4634544，2021.

第二，企业家成长包括有形的成长和无形的成长。有形的企业家成长，包括经营业绩和各种荣誉的取得；无形的成长包括企业家知识的增长、经营管理水平的提高，以及思想境界的提升等。

第三，企业家成长是一项复杂工程，既离不开有意识地培养，也有待自身的修炼。

第四，影响企业家成长的因素很多，包括外生影响因素和内生影响因素，其中内生影响因素起决定性作用。

（2）企业家成长定义

本研究认为，企业家成长是指企业经营者以及团队，在企业经营过程中不断取得令人瞩目业绩的同时，不断实现自我提升、自我修炼和自我超越的全过程。

4.2　西部企业家成长环境

西部企业家个人成长尤其是经商后面临着更为复杂的社会环境，主要来自企业外部环境、企业内部环境和个人及家庭环境 3 个方面（见表 4-1）（朱雪蕾，2019）。企业外部环境即企业家在成长过程中尤其是进行企业经营后面临的经济、产业、政策、市场、文化等客观社会环境，结合《中国城市营商环境报告 2019》中构建的由“要素+环境”7 个维度组成的中国城市营商环境评价指标体系，本书认为企业外部环境主要包括经济与政策环境、法律与市场环境、社会文化环境。企业内部环境即企业家在营商后面临的企业内部管理、流程等一系列制度建设状况，主要包括企业组织结构、人力资源相关制度与企业文化，其中，企业内部在关于企业家任命与选拔、考核与激励、教育与培训方面的制度建设归类为企业人力资源相关制度建设。企业的内部环境对企业家的任命、激励、行使职权、使用资源、领导团队等企业家行为与企业家成长培育等有重要影响（朱雪蕾，2019）。

表 4-1 西部企业家成长环境评价指标体系

企业外部环境	经济与政策环境	经济发展水平、产业发展基础；相关产业政策支持；社会基础设施、科技水平、行业发展水平等
	法律与市场环境	知识技术产权、劳动关系、相关土地、文物等法制建设；投融资状况；政府职能履行；市场秩序等
	社会文化环境	企业家社会地位；社会培训教育水平；相关人才条件等
企业内部环境	组织结构	企业管控、企业家决策、权力行使等行为
	人力资源相关制度	企业家任命、选拔、考核激励、培训与学习等制度
	企业文化	企业文化
个人及家庭环境	个人特质	个人特征、教育经历
	家庭环境	原生家庭背景、成长经历

此外，企业家个人及家庭环境对其自身也产生重要影响，分为个人特质和家庭环境两个方面，个人特质包括企业家性别、年龄、学历等个人特征和企业家的教育经历，家庭环境则包含企业家的原生家庭背景和成长经历。基于不同的个人特质和家庭环境，会形成不同的企业家成长路径。

4. 2. 1 西部企业外部环境分析

（1）西部经济政策环境分析

近年来，在全球经济下行压力增大的背景下，我国经济平稳运行，持续向好（朱雪蕾，2019）。国内生产总值 2017—2021 年保持了年均 5. 98%的增速。经济总量持续增长，2021 年，面对复杂严峻的国际环境和国内疫情散发等多重考验，在以习近平同志为核心的党中央的坚强领导下，构建新发展格局迈出新步伐，高质量发展取得新成效，实现“十四五”良好开局。2021 年国内生产总值达 114. 37 万亿元，占全球经济比重达 18%，对世界经济的贡献率达 25%左右。国际收支基本平衡，外汇储备保持在 3 万亿美元以上。第三产业对 GDP 高贡献率稳中有长，并保持对 GDP 增长的拉动。2017—2021 年第三产业对 GDP 的贡献占比一直高达一半以上，基本在 53%上下浮动。“十三五”期间，中国超过 5000 万农村贫困人口摆脱绝对贫困，2019 年人均可支配收入达 35128 元，比 2017 年增长 35. 2%，截至 2021 年底，中国中等收入群体的规模超过 4 亿多人，按联合国的标准，我国人民的生活已经进入相对殷实富足阶段。

从西部地区来看，在西部大开发政策的带动下，西部经济、社会取得了全方位的发展和开创性的成就。2021 年西部各省（自治区、直辖市）GDP 共计 239710.00 亿元，占全国 GDP 的 1/5。从总量上看，各省（自治区、直辖市）GDP 均有较大提升，但地区差异较大，各省（自治区、直辖市）间经济发展水平不平衡。四川 GDP 最高，为 53850.80 亿元，而最低的是西藏自治区（2080.17 亿元），青海和宁夏的 GDP 也处于 10000 亿元以下。从人均 GDP 来看，各省（自治区、直辖市）间的差异相对不大，人均 GDP 最低的是甘肃，为 4.09 万元，人均 GDP 最高的是重庆，为 8.70 万元，相差一倍多（见表 4-2）。

表 4-2　2021 年西部各省（自治区、直辖市）主要经济指标

序号	省份	GDP/亿元	人均 GDP/万元
1	四川	53850.80	6.44
2	云南	27146.76	5.75
3	贵州	19586.42	5.08
4	西藏	2080.17	5.50
5	重庆	27894.02	8.70
6	陕西	29800.98	7.54
7	甘肃	10243.30	4.09
8	青海	3346.60	5.65
9	新疆	15983.65	6.19
10	宁夏	4522.31	5.28
11	内蒙古	20514.20	8.53
12	广西	24740.86	4.94
合计		239710.00	73.69

资料来源：西部各省份统计年鉴。

西部经济发展规模不断扩大，国家对西部的政策支持力度不断加大。1999 年国家确立西部大开发政策，西部大开发是中华人民共和国中央政府的一项政策，目的是“把东部沿海地区的剩余经济发展能力，用以提高西部地区的经济和社会发展水平、巩固国防”。东西部地区发展差距的历史存在和过分扩大，已经成为一个长期困扰中国经济和社会健康发展的全局性问题。支持西部地区开发建设，实现东西部地区协调发展，是我们党领导经济工作的一项重要方针，也是我国现代化建设中的一项重要的战略任务。2000 年 1 月，国务院成立了西部地区开发领导小组。由时任国务院总理朱镕基担任组长，副总理温家宝担任副组长。经过全国人民代表大会审议通过，国务院西部开发办于 2000 年 3 月正式开始运作①。至今 20 多年，先后出台了很多针对西部发展的政策（见表 4-3）。

表 4-3　国家出台的西部发展相关政策

序号	政策	年份
1	《国务院关于进一步推进西部大开发的若干意见》	2004
2	《西部大开发“十一五”规划》	2006
3	《加强区域产业创新基础能力建设工作指导意见》	2010
4	《国务院关于中西部地区承接产业转移的指导意见》	2010
5	《加强区域产业创新基础能力建设工作指导意见》	2010
6	《财政部　海关总署　国家税务总局关于深入实施西部大开发战略有关税收政策问题的通知》	2011
7	《关于完善退牧还草政策的意见》	2011
8	《国务院关于中西部地区承接产业转移的指导意见》	2011
9	《国务院办公厅关于加快中西部教育发展的指导意见》	2016
10	《中西部地区外商投资优势产业目录（2017 年修订）》	2017
11	《中西部地区外商投资优势产业目录》	2017
12	《西部陆海新通道总体规划》	2019
13	《金融支持西部陆海新通道建设的若干政策措施》	2019
14	《交通运输领域中央与地方财政事权和支出责任划分改革方案》	2019
15	《西部地区鼓励类产业目录（2020 年本）》	2020
16	《金融支持西部（重庆）科学城建设实施方案》	2020
17	《中共中央　国务院关于新时代推进西部大开发形成新格局的指导意见》	2020

① 西部大开发［EB/OL］. https：//wenku. baidu. com/view/c477084eb307e87101f69667. html，2017.

续表

序号	政策	年份
18	《关于新时代推进西部大开发形成新格局的指导意见》	2020
19	《关于加强科技创新　促进新时代西部大开发形成新格局的实施意见》	2020
20	《“十四五”推进西部陆海新通道高质量建设实施方案》	2021
21	《中西部欠发达地区优秀教师定向培养计划》	2021
22	《关于落实西部地区鼓励类产业政策的通告》	2021

资料来源：中华人民共和国政府网站。

总之，从国家层面看，西部地区的发展对缓解地区差异、巩固国防和社会稳定等方面具有重要意义，国家历来都非常重视西部经济的发展，对国有企业及民营企业发展持鼓励和扶持的态度，从长远来看，国家扶持西部企业发展的方向不会变。因此，西部企业家面临的政治、经济、政策方面的环境较好。但是，也应看到，西部企业家面临着经济发展水平、产业发展基础、科技创新条件等方面的区域性差异，特别是与东部发达地区的巨大差异，西部企业家还面临着很多的挑战（朱雪蕾，2019）。

（2）西部法律与市场环境分析

与东部相比，我国西部经济落后，市场经济不发达，西部企业家面对的法律环境和市场环境比较复杂。在法律环境方面，基础的法律法规较完备，企业经营、财务管理、劳动关系等法律也相对健全。2018 年 1 月 2 日，最高人民法院下发《最高人民法院关于充分发挥审判职能作用　为企业家创新创业营造良好法治环境的通知》的 1 号文件，引起社会各界广泛关注。该通知的出台，充分说明企业家在我国经济活动中发挥着至关重要的作用，提高了对于企业家权益的保障水平，增强了企业家人身及财产财富安全感，无疑给广大企业家打了一针强心剂①。但仍然可以看到，相关劳动安全、社会福利、社会信用法律体系尚不完善，相关知识产权保护不完备，一定程度上影响了西部企业家的创新行为，我国西部地区多为国家生态保护区或限制开发区，

① 重磅！中央下达最高院 1 号文件：保护企业家［EB/OL］. https：//blog. sina. com. cn/s/blog_6045b3fb0102yhth. html，2019.

生态保护和土地政策方面的法律制约，一定程度上影响了西部企业家的行为。此外，政府办事效率、行政效率、执法效率对西部企业家的创业、经营行为在某种程度上也会产生重要的影响（朱雪蕾，2019）。

在市场环境方面，西部大开发是我国的长期国策，一向欢迎东部发达地区企业落户西部。东部地区发展较早，市场竞争日益激烈，有些行业产能过剩，急需产业转移，加之中美经贸摩擦和新冠疫情的双重影响，东部外向型企业出口受到一定限制。而西部地区地域辽阔，资源丰富，劳动力成本低，是承接产业转移的最佳地。因此，从西部地区企业自身发展角度看，外来市场竞争将日益加大，但同时也应看到，市场经济竞争环境将越来越得到完善，人才和技术的生产要素更为活跃，这些都将极大地促进西部地区企业家的成长。

从政府宏观监管来看，西部市场竞争环境和市场秩序直接影响着西部企业的经营和发展。多年来，尽管偶尔仍会有不利于西部企业发展的市场监管事件发生，但从总体上讲，近年来西部市场秩序有好转，市场监管逐渐规范，市场监管执法的灵活性也有所提高。

（3）西部社会文化环境分析

近年来，西部企业家群体不断壮大，社会地位不断提高，社会教育与培训水平也在不断改革和完善，西部企业家成长面临的社会文化环境在不断改善（朱雪蕾，2019）。

在社会文化氛围方面，中共中央和国务院2017年9月发布的《意见》指出，中国政府将着力营造依法保护企业家合法权益的法治环境、促进企业家公平竞争诚信经营的市场环境、尊重和激励企业家干事创业的社会氛围。《意见》出台后，全国各省市积极响应，纷纷出台相关措施，通过加强对企业家的扶持力度、对社会公众的企业家精神宣传、积极服务企业家等措施，逐步构建促进企业家成长的社会文化环境（朱雪蕾，2019）。旅游企业家综合协调多方面利益，拥有较广泛的社会基础，健康的社会文化氛围有利于激发企业家从业热情和自信心，促进企业家创新，并做出成绩。2022年3月5日，第十三届全国人民代表大会第五次会议举行第一次全体会议，听取时任国务院总理李克强关于政府工作的报告。报告提出，弘扬企业家精神，制定涉企政策要多听市场主体意见，支持企业家专注创业创新、安心经营发展①。

在社会文化教育方面，首先，教育和培训对于企业家成长是有益的，教育制度和培训内容对于企业家的创新能力影响很大；其次，在企业家教育培训过程中应注重知识体系的建立，知识体系要全面。西部地区高等院校众多，12 个省、自治区和直辖市共有高等院校 740 所（见表 4-4），其中开设相关管理教育院校数量、招生数量逐年增多，MBA、EMBA 招生人数以及在职从业人员培训量呈不断增长的趋势。此外，在社会教育、人才培养不断完善的环境下，西部企业吸纳了众多各行各业的精英，越来越多的人才集聚西部各个地区和行业，将对西部企业的发展产生重要的影响。但是应该看到，西部企业家之间沟通交流与学习的机会还不多，目前主要以西部企业家自主学习为主，应积极创造西部企业家间交流学习的机会，促进旅游企业家之间的合作与良性竞争。

总之，西部企业家成长的社会文化环境日益优化，针对西部企业家的教育培训正在发挥着积极作用。

表 4-4　西部 12 个省份高等院校数量

序号	省份	数量/所
1	四川	134
2	云南	82
3	贵州	75
4	西藏	7
5	重庆	69
6	陕西	97
7	甘肃	49
8	青海	12
9	新疆	56
10	宁夏	20
11	内蒙古	54

① 李克强在政府工作报告中提出，更大激发市场活力和发展内生动力［J］. 中国注册会计师，2022（3）：5-6.

续表

序号	省份	数量/所
12	广西	85
合计		740

资料来源：教育部官方网站（截至2021年9月30日）。

4.2.2 西部企业内部环境分析

西部企业家面临的企业内部环境主要包括企业组织结构、人力资源制度、企业文化和个人家庭4个方面。据调查，改革开放以来我国企业家在企业基本制度建设和内部管理水平方面进步比较明显，此外，在企业经营机制、企业文化、企业战略、人才管理方面也有所进步①。西部市场经济尚不完善，西部企业中现代企业制度尚未健全，这一定程度上影响了西部企业家的权力行使，影响了管理效率和自身发展。特别是企业家任命晋升、激励、培育与考核等方面的制度尚不健全，影响西部企业家团队建设（朱雪蕾，2019）。

（1）企业治理结构环境分析

我国民营企业的类型主要体现为独资企业、合伙企业、有限责任公司和股份有限公司四种。从发展趋势看，近年来我国民营企业中的有限责任公司增长很快。从总比例可看出，近年来，高达80%的公司都成立了董事会、监事会，党组织的比例增加得也很快，组织建设越来越完善，组织结构逐渐向规范化发展。从产权结构来看，我国西部民营企业的产权特征仍表现为明显的家族积聚，资本高度集中于企业主本人，投资的收益和风险也高度集中于企业主本人。从不同文化程度私人企业主对直接掌握管理权的态度中可知，普遍认为企业主必须直接掌握或控制管理权，在决策方式上，企业重大决策仍由企业主本人作出。民营企业的基本特征是产权由自然人或社会法人所有，其治理结构模式多元化，家族制是我国民营企业的主流。多数民营企业受家族控制，"企业家族化"倾向十分严重，企业的剩余索取权与控制权高度集中于家庭（方虹等，2006）。

① 《中国企业家队伍成长20周年调查报告》。

（2）企业组织结构环境分析

从目前看，西部环境变化的速度不断加快，西部企业组织也在随着变化。在最简单的静态环境中，它们一般采用集权式组织结构；在静态—复杂环境中，则采用直线职能式组织结构，用战略决策取代战术以实现战略目标；在动态—简单的环境中，又采用分工组织结构，实行在分权基础上分别对环境各部分进行监测、计划，实现高度统合；对环境的波动变化，企业则各自做出不同的反应（陈丽丽，2003）。但目前，西部企业还没有从传统落后的技术改造框中跳出来，管理方法和模式还有待创新。在数字化时代，西部企业组织可适应这一发展趋势，充分利用高科技成果，减少管理层次，压缩智能机构、裁减冗余人员以建立一种纵横向都比较紧凑的扁平型结构，使组织变得灵活、敏捷、快速、高效，使西部企业组织逐步向智能化发展（陈丽丽，2003）。

（3）人力资源制度环境分析

西部民营企业人力资源管理大多数属于传统的经验式人治管理方法。对人的管理奉行层级控制、监督式管理。一些民营企业甚至不设专职的人力资源管理部门；而另外一些企业虽然设立了人力资源部门，但人力资源管理部门的职能也仅仅是负责招聘企业员工以及薪酬管理；职工招聘条件只要求学历、年龄以及工作经历（王建华，2008）；绩效考评借用国家对行政人员以及国有企业的考评办法；不分岗位一律考核德、能、勤、绩，自评、互评；考评结果往往难以同职工薪酬、职称评定和职务升迁等职工切身利益挂钩；企业缺乏长远人力资源规划，急用，急招；企业培训计划不完善，缺乏对员工职业生涯的设计；职工激励手段单一，很少利用诸如福利计划、员工持股、岗位轮换、等级晋升、和谐文化、荣誉彰显等行之有效的员工激励方式（王建华，2008）。缺乏规范化、系统化的企业人力资源管理制度，因此，企业员工频繁跳槽已成为民营企业的通病。

（4）企业内部文化环境分析

企业文化是企业的灵魂，是构成企业核心竞争力的关键所在，能够起到凝聚人、激励人、满足人的需求的作用，最终实现企业发展和个人发展的双赢效果。从理论上说，文化管理是管理科学发展的高级阶段，科学的管理体系是企业文化建设的基础。实际上，就现阶段西部民营企业的管理基础而言，有相当多是不适宜直接进行企业文化塑造的。究其原因，文化管理是以高度发达的科学管理为基础，而现实中许多企业的经营管理体系尚不够健全，比如有些企业的战略不明确、组织结构不合理、缺乏科学的人力资源管理，在此状况下大力兴办企业文化，文化建设就犹如空中楼阁。西部民营企业自身滞后，管理观念、管理水平、管理技术都较落后，人才、核心竞争力，包括品牌、管理能力等都不能和东部沿海民营企业相比，更没有能力与全球一体化的市场竞争。另外，西部绝大多数民营中小企业还处在经验管理阶段，几乎没有企业价值观的完整提法，即严格意义上的价值观普遍缺失，更谈不上真正意义上的文化管理，有些民营企业文化管理甚至被完全忽视（魏峥等，2006）。

（5）个人及家庭环境分析

改革开放后，东部地区人民率先接受市场经济思想，敢闯敢干，企业组织与环境发生了翻天覆地的变化。而在西部，计划经济的行政命令在相当多的地方仍然根深蒂固，没有创新开拓思想，缺乏市场服务观念，小富即安，企业坐等国家资金及政策扶持，抱怨环境恶劣无法生存。与东南沿海人民的锐意进取、企业生存竞争不断创新局面相比，西部人民的思想观念若不彻底更新，西部的企业组织与环境就难以改善，西部大开发战略也难有实效（陈丽丽，2003）。同时，西部民营企业中家族企业占大部分，由于早期基础和基因的家族化特征，再加上中国传统的儒家文化和西部地区区域文化的内敛性，形成了以宽容、仁爱、平均为准则的伦理型管理模式，这种管理模式在企业创立和发展早期有其积极的一面，但是随着企业内外环境的变化，其弊端逐渐显露。由于经营权和重要职位一般由亲属担任，企业家将企业视为个人的财富和家族的根基，企业内部是一个封闭的系统，企业内部的事情往往是首先让自己的亲人去做，自己的财产也让自己人管理（魏峥等，2006）。在用人上大多亲情化，缺乏人才战略，约束了自己的发展空间，不利于在企业内部推行法治化管理，阻碍了现代企业制度在企业中的建立[①]。

西部民营企业可持续成长能力差。多数西部企业人力资源能力较弱，管理人员和技术人员比例较小，大专及大专以上学历员工占员工总数的比例低，人均工资低，企业员工培训机会少且形式单一。企业在成长过程中，大多数企业资金缺口大，融资问题突出，企业资信度普遍较低，达不到银行的贷款标准，多数企业主要依赖于自我融资，靠自身资金积累滚动发展。此外，西部民营企业资产使用率低，资本运作能力弱[②]。

综上所述，西部企业的外部与环境正逐步优化，但是从外部来看，研究表明，西部企业外部环境竞争力评价指数为 48.89，远远低于东部企业的 91.96 和中部的 63.11。从内部来看，西部企业面临诸多困难，西部企业家自身的素质和管理水平也有待提高。

4.3　西部企业家成长路径

4.3.1　西部企业家成长路径的认知

目前我国学术界对企业家成长路径的研究较少，对于西部企业家成长路径的研究更少，从目前的研究来看，对企业家成长路径的研究实际上一直停留在影响因素的研究中，相关研究尚未取得实质性的进展。西部企业家面临的外部环境更为复杂，成长经历更为坎坷，因此，我们认为企业家的成长存在路径差异，而西部企业家成长路径也有其特殊性。本书关于西部企业家成长的基本观点如下：

第一，企业家成长有别于企业成长，主要是指个人的成长，包括企业家观念、品德、素质和能力 4 个方面。

第二，企业家成长路径与影响因素不同，企业家成长的影响因素是多方面的，而成长路径只有一个，是指在众多因素中决定其成长的核心因素，也

①② 西部中小企业竞争力现状与塑造对策［EB/OL］. https：//www.mayiwenku.com/p-3255900.html，2020.

是最重要的因素，这一因素之所以能成为路径，是因其贯穿于企业家成长的全过程，影响力最大，也最持久。

第三，不同类型企业家成长路径有所不同。企业家按其表现的特点又可以分为货币资本型、技术型、知识技术型、风险极化型、经营管理型、家族继承型等类型，每一种类型的企业家成长路径有所区别。

4.3.2 西部企业家成长的八大路径

我们认为西部企业家成长过程的路径主要有八种：

第一，依靠个人奋斗成长。在企业家成长的过程中，主要依靠个人的努力。个人奋斗成长的企业家有很多，特别是改革开放初期的一些企业家，他们的成功基本上是个人奋斗的结果。依靠个人奋斗成长是西部企业家成长的主要路径。

第二，依靠团队带动成长。指企业家是在团队中成长的，这个团队可以是创业团队，也可以是组织团队。主要特点是团队的整体水平较高，一些科技型企业、国有企业中团队带动效应表现较为明显。西部地区国有企业、军工企业较多，在这些企业里，人才济济，团队成员相互学习，依靠团队带动的力量培养了一批优秀企业家。大量的研究表明，企业的创始人是团队，尤其是在科技型企业中，张玉利、杨俊（2003）在对我国企业家的调查中发现，我国合伙创业的比例高达 60.5%，团队带动成长的比例应该很高（贺小刚、沈瑜，2008）。

第三，依靠导师引领成长。这里的导师是泛指引导带领企业家成长的所有人，可以是老师、同乡、朋友、偶像、上司甚至是同事。他们在某一特定企业家的成长过程中起着导师的作用，辅导或是引领该企业家成长。

第四，依靠学校教育成长。大量的企业家在成为企业家之前都接受过学校教育。其中经营型企业家一般都经过学校教育获得成长，西部地区虽然经济落后，但是出于国家安全和民族团结等需要，国家投建了很多大学，就人口比例来讲企业家教育资源并不缺乏。一方面，高校通过设立管理学专业和课程培养管理人才；另一方面，通过开设 MBA、MPA、EMBA 等培养高级工商管理人才。MBA 被誉为企业家的摇篮，为西部培养出众多企业家。

第五，依靠特殊机遇成长。在企业家成长过程中，有一些人的确是因为某种机遇才成为企业家的。有些是遇到国企改革的机遇，被推举为厂长或经理；有些是因为误入某个行业，刚好遇到该行业大发展，顺风顺水地成为企业家。而西部大开发的机遇，国家政策支持也成就了很多企业家。

第六，依靠科技进步成长。在企业家成长的过程中，有一部分人是兼具创新精神与创新商业化的群体，他们具有科技创新的意识，善于将新技术转变为经济效应，而且可以通过对研究开发活动的持续投入产生新技术，从而使原本被视为“外生”的科学发展和技术成果成为一个市场经济体系的“内生”产物，实现“科技—商业化—科技”的良性循环，自身在这一过程中成长为企业家（田杰棠，2019）。

第七，依靠家族继承成长。家族继承型企业家以血缘、亲缘关系为纽带，利用和发展其个人及家庭的物质资本、人力资本和社会资本，配置企业发展所需资源要素，经过动态成长历程，接受市场的“生存检验”而成为家族企业家（刘平青，2002）。这些家族企业家在人力资本和社会资本方面具有一定的优势，借助这些优势，获得相应的物质资本。

第八，依靠资本青睐成长。在企业家成长过程中，有一些人敢于冒险，具有极大的风险承担能力，以经营风险为其企业利润的主要来源。这类企业家的特点在于一是敢于承担风险；二是善于规避风险；三是拥有一定的风险投资资本，最终在风险投资的过程中逐渐成长为企业家（郑小平等，2003）。

4.3.3　畅通西部企业家成长路径研究

习近平总书记在2020年企业家座谈会上强调，要千方百计把市场主体保护好，激发市场主体活力，弘扬企业家精神，推动企业发挥更大作用，实现更大发展。我国西部地区拥有独特的区位优势，自然资源丰富、市场潜力巨大，但由于自然、历史、社会等诸多方面的原因，在西部社会发展中，一个明显的现象是缺少一个本应该活跃的身影——企业家，这与西部地区企业家队伍建设的缺失现状有很大关系（关祥勇、王正斌，2011）。因此加快我国西部企业家队伍建设，畅通西部企业家成长路径显得尤为重要，如果不解决这个问题，企业家成长的土壤就很难形成，因此，要畅通西部企业家成长的路径，就必须从科研人员、大学生再就业等群体入手。

高校科研人员指的是在高校内从事自然科学研究和社会科学研究的高校教师，他们不仅主持科研项目、发表学术论文、承担技术推广和提供社会服务，而且承担教学任务、培养学生（李陈陈，2020）。他们是西部企业家成长重要的潜在来源和主要的后备力量，促进科研人员转型为企业家是打造企业家队伍、发展西部民营经济的重要途径。具备强大研发背景和研发能力的科研人员，在人生定位、职业规划、政策环境等驱动下也更易成长为企业家。科研人员向企业家成功转型，不仅能够提高科研成果转化率和研发技术商业化，也能推动大众创业、万众创新向纵深发展。西部地区要实现后发追赶，必须大力加强人才队伍建设，重视人才的效能提高。而人才的效能提高，关键是着眼于努力提高科研人员的创新能力，促进更高的创新绩效。因此，关注如何促进科研人员的创业意愿是十分重要的，要从科研人员自身、政府、高校和社会 4 个方面发力（杨洁，2014）。

科研人员自身方面。首先，科研人员自身要转变传统职业观念，正确认识创业。西部地区由于深居内陆，经济发展水平等各方面都与东部地区存在较大差距，追求稳定是多数人的普遍思想。高校科研人员具有相对稳定的职业收入和较高的社会地位，因此创业意愿低。这种传统的思想观念应该转变，应及时关注创业前沿信息，培养高度的创业热情。其次，提升科研能力，推动科研成果转化。我国高校科研人员创业多数是以自身积累的专业知识和科研成果作为创业基础，研究领域较大程度上决定了其创业领域。国家鼓励科研人员创业也是基于将专业技术人员的专业知识和科研成果进行市场化转化，实现有效的经济效益，对推动社会科技和经济的发展有着至关重要的作用。最后，科研人员创业要注重实践活动，积累创业经验。高校科研人员应注重将理论研究与创业实践相结合，一方面可以促进科研成果转化，另一方面有利于科研人员积累创业经验（李陈陈，2020）。

政府方面。西部地区高校众多，但科研人员创业的人数较少，其中一个重要原因是创业政策吸引力不够，提高高校科研人员创业热情需要政府积极参与，协助营造良好创业环境，敦促社会创业大发展。首先，完善创业政策体系，将高校科研人员纳入体系内，从创业知识宣传到创业服务完善，再到创业资金帮扶，从国家到各地政府，再到各个部门，都应该重新认识到高校科研人员作为新生创业主体，应该进行帮助和扶持。政府应该以法律的形式明确各级相关部门以及金融机构的权利和责任，从政策上明确给予优惠和支持，解决高校科研人员创业时会遇到政策壁垒的后顾之忧。其次，资金扶持需要向高层次人才创业项目适当倾斜，银行金融体系应该简化创业贷款办理流程，降低贷款担保标准，提高款项批准限额，延期创业贷款利息，缩短审核时间等。最后，针对高校科研人员中创业人士减免其管理、登记及证书牌照类有关行政性收费和事业性收费，税务部门降低利用专利和高新科研成果盈利的企业各项税收标准，并加大补贴力度，延长纳税期限，避免产生项目落地转化即纳税的现象（李陈陈，2020）。

高校方面。首先，高校应搭建创业综合平台，以便给高校的创业师生提供创业信息沟通渠道，从而帮助高校科研人员享受创业服务，关注创业信息，落实创业项目。经了解，目前各类高校大多成立了可供全体师生进行创业交流、创业实现的创业指导中心、创业园区、创业基地等平台。但是，普遍存在创业综合平台的服务质量不高的问题，校内创业平台的入驻流程烦琐，实际落地周期长，孵化率低，创业信息缺乏及时性、完整性等问题是创业者落实意愿的阻力。因此，高校应积极搭建具有综合服务能力的创业平台，做好内外信息沟通，引进社会资本，整合外部资源，为高校科研人员创业提供政策咨询、融资服务、开展项目等全方位、综合性服务，帮助其知晓和解读政策，掌握创业流程和技巧，树立健康创业心理，寻求创业融资机会，解读创业手续，提高创业热情。其次，创业综合平台应该制定具体的优惠政策，减免入驻费用，简化审批流程，缩短审批时间。同时，创业T台积极鼓励和挖掘技术创新型创业意愿，通过与地方企业联合，开拓开放性的沟通交流渠道，实现多途径、多方式的创业指导，促进创新创业和社会资本的有效对接，给具有创业意愿的高校科研人员以绝对的支持和鼓励，为其打造良好的创新创业条件（李陈陈，2020）。

社会方面。高校科研人员的生活环境较为稳定，这对其主观意识的影响也比较大，使其逐渐缺失了冒险精神，怕失败、怕挫折、怕吃苦的心态较为普遍。但是，高校科研人员作为社会精英分子，大多数具备创业的能力和精神，人生价值的追求也更为丰富，接受新事物的能力突出，如果周围的创业氛围浓厚、亲朋大力支持，高校科研人员进行创业的意愿将会受到极大程度的鼓励。第一，社会舆论对高校科研人员整体创业意愿起着关键性作用，因为它不仅可以宣传创业榜样，起到积极的引导作用，而且可以改变人们保守的传统观念，促进家庭和社会对创业者的推崇。第二，逐渐扩大创业者在社会中的认可度。在政府相关政策的大力支持下，提升高校科研人员主观创业意识，激发他们的创业积极性，形成政产学良性循环。虽然官方还未对高校科研人员创业做出相关明确指示，但是根据近几年国家对专业技术人员创业的大力扶持，发现我国已经对各地政府和学校宣传创业帮扶政策做出要求，政府应该积极履行好帮扶高校科研人员创业工作的责任，而高校应做好对有创业意向的高校科研人员提供详尽创业信息的工作。第三，通过媒体和社会舆论的力量，大力宣传创业优惠政策和积极的创业故事，让人们真正意识到创业的正能量，帮助社会和家庭改变传统的创业观念，为高校科研人员树立创业精神赢得基础性后备支持力量，这样才能够为其消除后顾之忧，激发创业意愿（李陈陈，2020）。

第5章 东西部企业家成长环境比较

自我国改革开放以来，中国企业家经历了从无到有的发展过程，几代企业家艰苦奋斗、审时度势为我国的市场经济发展做出了极大贡献。随着企业家阶层逐步壮大，东西部经济发展不平衡的背后，实际上是企业家群体数量和质量的差别，我国东部省份发展迅速，经济发展和城市建设水平显著高于西部地区，与东部省份相比，西部地区企业家无论从体量上还是实力上都相差较远，本章以西部民营企业家成长环境与路径为线索，分析东西部企业家成长环境的差异，探索适合西部企业家成长的机制和路径，为培养更多西部企业家献计献策。

5.1 东西部企业家成长政策环境比较

营造企业家健康成长环境，是推动企业健康发展的重要因素。任何一个企业的发展都离不开国家政策的调控，良好的政策环境会为企业提供一个比较利于生产的空间，其中有利于企业成长和发展的政策包含经济政策和法律政策等。社会文化环境是影响区域内主体的各种精神文化环境的因素总称，企业家的能力、素质、冒险精神和创新意识的培养与文化环境息息相关（罗莲，2004）。此外，市场环境也是影响企业家成长的因素之一，东西部地区的要素市场发展的不同，逐渐加大东西部企业发展差距。我国对于民营企业有一定的政策扶持，对其提供资金帮助，助力企业发展，但东西部企业在不同政策环境、社会文化环境、市场环境下发展仍存在一定差距。

5.1.1 财政税收政策优惠比较

在财政税收政策方面，自改革开放以来，为了加快市场体制改革，中央政府在我国东部地区设立经济特区，同时给予东部省市及经济特区财政优惠。在这之后，为了进一步推进对外开放，政府在东部的经济特区内采取了一系列税收优惠政策，以其中的企业所得税为例，20世纪90年代之前，所得税税率在一般区域的国有企业中达到了55%，经济特区则远远低于这一比率，特别是对于那些新企业来说，还能享受“两免三减半”的政策扶持。相较于一般区域对于进口原材料及设备的全额关税及流转税的缴纳，经济特区则享有大幅度减税的优惠政策，甚至免税。上述政策优惠鼓励了当地中小企业的发展和壮大，也吸引了来自全国各地的技术人才和创业人才，为之后东部地区的企业家成长奠定了基础。

企业发展和企业家成长深受环境政策影响，对于西部地区，改革开放初期，由于我国社会生产力水平较低，各种商品供应不足，市场处于短缺经济状态，综合国力较弱，因此中央政府从财政政策和税收政策上向东部倾斜，优先发展东部经济。在当时经济短缺的背景下，优先发展东部经济意味着西部省份一定程度的让利，西部地区的优秀人才和资源等向东部省份输送，这使得东部经济发展和西部地区逐渐拉大差距，但是随着40多年的改革开放，在东部省份逐步迈向国际发达地区水平时，国家发展战略转向西部地区，必然会在政策上向西部倾斜，因此西部省份要抓住机遇，为市场经济发展创造良好的政策条件。改革开放以来国家给予东部和西部地区的优惠政策见表5-1。

表5-1 改革开放以来国家给予东部和西部地区的优惠政策

年份	发布单位	政策内容	意义
1979	中共中央、国务院	中发〔1979〕50号文件批准广东、福建两个省委的报告，决定对广东、福建两省实行“特殊政策，灵活措施”，要求两省先走一步，把经济尽快搞上去。决定在深圳、珠海、汕头、厦门创办“出口特区”，并指出：“出口特区，可先在深圳、珠海两市试办，待取得经验后，再考虑在汕头、厦门设置的问题”（谢涛，2020）	推动东部沿海地区经济发展，加强东部地区与外界进行经济贸易

续表

年份	发布单位	政策内容	意义
1989	第五届全国人大常委会第十五次会议决定	批准国务院提出的决定在广东省深圳、珠海、汕头和福建省厦门建立经济特区。《特区条例》也获准通过	设立经济特区，带动东部地区经济发展
2006	财政部、国家税务总局	《财政部、国家税务总局关于西部大开发税收优惠政策适用目录变更问题的通知》。目录变更后，享受西部大开发税收优惠政策的国家鼓励类产业内资企业是指以《产业结构调整指导目录（2005 年本）》中鼓励类产业项目为主营业务且主营业务收入占企业总收入 70%以上的企业（历征，2011）	推动西部地区企业发展，实施税收优惠政策
2011	财政部、海关总署、国家税务总局	《财政部　海关总署　国家税务总局关于深入实施西部大开发战略有关税收政策问题的通知》对西部地区内资鼓励类产业、外商投资鼓励类产业及优势产业的项目在投资总额内进口的自用设备，在政策规定范围内免征关税。自 2011 年 1 月 1 日至 2020 年 12 月 31 日，对设在西部地区的鼓励类产业企业减按 15%的税率征收企业所得税等（何建堂，2012）	深入实施西部大开发战略，通过税收政策优惠支持西部企业发展
2020	国家发展改革委	《国家发展改革委关于延续西部大开发企业所得税政策的公告》对设在西部地区的鼓励类产业企业减按 15%的税率征收企业所得税。本条所称鼓励类产业企业是指以《西部地区鼓励类产业目录》中规定的产业项目为主营业务，且其主营业务收入占企业收入总额 60%以上的企业（历征，2011）	延续西部大开发企业所得税政策，通过政策支持推动西部企业发展
2022	国务院	《关于支持贵州在新时代西部大开发上闯新路的意见》和《服务招商引资大项目工作方案》，制定了 39 项工作措施，助力贵州“四区一高地”建设，持续做好贵州特色农产品生产加工行业增值税进项税额核定扣除试点，运用税收大数据做好特色产品产供销分析	在助力建设西部大开发综合改革示范区方面，通过政策支持推动西部企业发展

资料来源：国务院、财政部、国家发展改革委官网官方文件。

5.1.2　法律制度政策比较

在法律制度政策方面，东部地区经过 40 多年改革开放的历练，已经形成了较为完备的配合市场经济的法律制度政策，特别是在跨国企业与合资企业的倒逼下，更加有助于东部地区完善其法律制度政策。除此之外，我国高科技产业多聚集在东部地区，该产业的发展催生众多的知识产权问题，这也是培育东部省份知识产权保护体制发展和成熟的关键。东部沿海城市凭借其地理优势，自改革开放以来，积极加深外部交流，加快市场化改革，积极搭建各地招商引资平台，经过40多年的摸索和实践，东部省份逐渐在市场化改革中积累了成功的经验，明确政策支持导向，在用地专项保障、财税资源支持、能源资源倾斜、减负强企扶持等方面出台政策措施，努力为企业解决实际困难和问题。

西部地区省份经济发展较为落后，市场化改革不够深入，由此限制了当地法律制度的进一步完善，法律制度不够完善又反作用于当地经济发展和市场竞争，以此形成恶性循环。当前在一些地方，还存在地方政府不尊重契约，拖欠企业款项；政策朝令夕改，招商承诺不予兑现追讨以往的税费减免；拒不承担政府债务等违法违规行政的现象，严重破坏了当地的法治化营商环境。西部地区的知识产权意识薄弱，缺乏相应的知识产权保护体制来配合科技发展战略，知识产权的利用层次也相对较浅（万博新经济研究院，2018）。另外，西部地区的发展，面临着资金供应缺乏、资金来源不足及资本形成率偏低的重要问题。因此，西部地区需要在国家政策和战略的引导下，积极融入，主动求变，为市场经济发展创造良好的政策环境。

5.2 东西部企业家成长经济发展环境比较

5.2.1 经济环境比较

我国东部地区人才密集，技术先进，地理位置优越，但自然资源不足，西部地区虽然自然资源丰富，但人才缺乏、技术落后、地理位置不佳，这就决定了我国部门经济的发展与区域经济的发展存在着极为密切的关系。改革开放后，由于收入等方面的原因，西部人口大量东移，这对促进东部地区经济、社会的发展产生了巨大作用（李永江、李国淮，2012）。目前，西部地区开发战略的实施，使西部地区的就业机会、发展机会大为增加，促进了西部地区经济发展，为西部企业发展营造了良好环境。

《2020 年度中小企业发展环境评估报告》指出结合实地调研和企业调查等情况反映，受新冠疫情影响，中小企业发展面临较大冲击挑战，但随着中央及地方各项扶持政策出台和国内疫情防控的有力保障，大部分地区经济运行企稳，中小企业发展环境改善向好的整体趋势未变。各地发展环境形成 4 个梯队结构特征，各区域间综合得分均值呈现出较为明显的“东部—中部—西部和东北”阶梯降序分布（见图 5-1）。从具体排名看，前 10 位的城市中有 9 个来自东部，而后 10 位的城市主要来自西部（5 个）和东北（2 个）。同时，西部 12 个城市间发展环境差距较大，成都、西安总体表现较好，其他多个城市排名靠后，发展环境不均衡的矛盾较为突出。

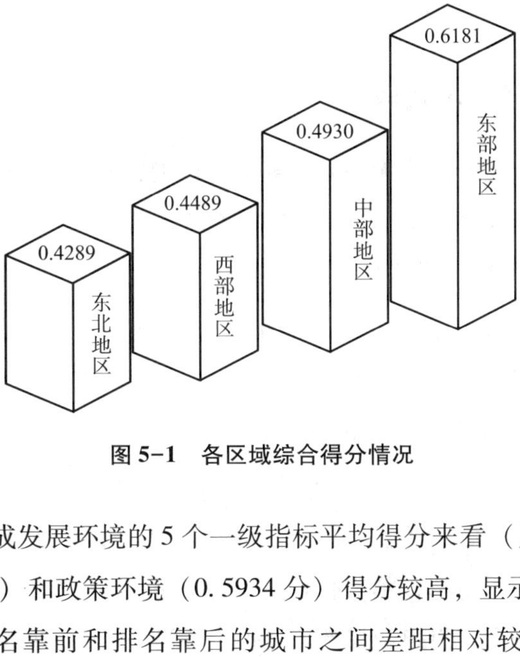

图 5-1　各区域综合得分情况

此外，从构成发展环境的 5 个一级指标平均得分来看（见图 5-2），法治环境（0. 7030 分）和政策环境（0. 5934 分）得分较高，显示各城市间整体表现较为均衡，排名靠前和排名靠后的城市之间差距相对较小；而融资环境（0. 3889 分）、创新环境（0. 4014 分）和市场环境（0. 4951 分）得分较低，显示各城市间整体表现差距较大。报告各项一级指标与综合得分的相关系数显示，融资环境的好坏对发展环境总体水平影响程度最高，反映了提升金融服务实体经济的能力、促进各项融资支持政策有效落地、提高融资便利度、降低融资成本等措施，对于优化中小企业发展环境具有直接和明显的意义（周晶、王禹清，2021）。

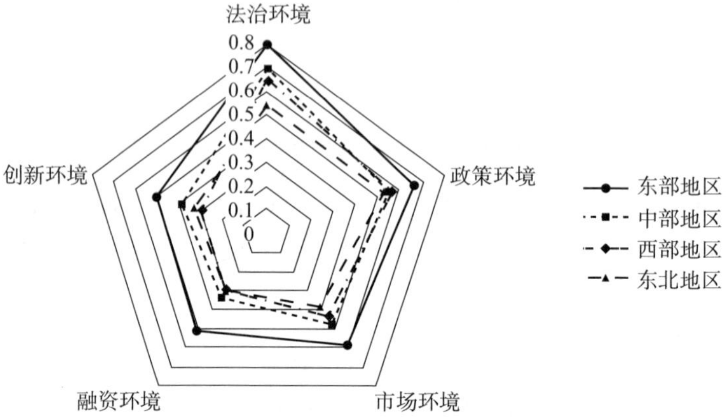

图 5-2　不同区域一级指标得分情况

5.2.2　资源环境比较

社会文化与自然环境不无关系，甚至可以说社会文化孕育于自然环境中。东部地区地形以平原和丘陵为主，年降水量在400毫米以上，河湖数量众多，水资源丰富，农作物以水稻为主，饮食较为清淡，多食海产品，营养结构较均衡。东部地区省市多沿海分布，毗邻港、澳，与海外联系更为密切，渔业和海上贸易的发展历史培育滋养了东部地区开放、开拓和冒险的精神和文化。西部地区地势多山脉、高原和盆地，年降水量在400毫米以下，河湖数量较少，水资源较为缺乏，尤其是在宁夏、甘肃和陕北等地，水资源更为缺乏，农作物以小麦为主，饮食偏重口味，营养结构单一，多碳水、少蛋白。西部省份地处内陆，交通闭塞，不曾像沿海城市居民一般经历过市场经济和流行文化迎面而来的冲击，思想和态度转变也不如沿海城市居民深刻。

在环境保护方面，中国环境竞争力较强的省份主要分布在东部地区，是因为这些地区经济发展基础比较好，对环境保护的投入力度较大。反之，因为西部地区是全国自然生态类型最为复杂和脆弱的区域之一，生态的脆弱性、战略性、复杂性在全国都属典型。区域水土流失、土地沙化、草原退化、湿地萎缩、冰川消融、工农业污染等生态问题类型多样，且面临着经济发展、脱贫攻坚和生态环境保护的多重压力，在环境投入、环境效益等方面与东部省份还存在较大差距（张瑞宇，2021）。

5.3 东西部企业家成长社会文化环境比较

社会文化环境，是指区域内所集中体现的一个地区社会形态下的风俗习惯、价值观念、道德规范等各种行为规范，是影响区域内主体活动的各种精神文化环境的因素总称。企业家的能力、素质、冒险精神和创新意识的培养无不与一定的文化环境相关，企业家所受的教育，包括从前辈那里继承下来的思想观念、从周围社会文化环境中所受的熏陶、企业家对传统文化和异质文化中精华和糟粕的认知与态度，都会影响企业家的文化底蕴和文化视野，进而影响到企业家的知识结构、能力水平和素质状态（罗莲，2004）。

5.3.1 社会环境比较

在社会市场环境方面，东部地区经过40多年的改革开放，经济发展水平大幅提高，财政资金充足，市场化发育水平较高，市场体系较为成熟（姚丽娟，2006）。在资源开发、市场准入、投资开放等方面真正落实对民营经济的“国民待遇”。由于东部地区要素收益率明显高于西部，西部在资金短缺的情况下投资培养的专业人才大量流向东部，成为东部人力资本的一部分。由于技术成果得不到应有的市场回报，出现成果东流和廉价外卖的现象，西部在计划经济时期积累的人才和技术在市场经济环境下向东部地区转移（李懋君，2004）。东部地区市场体系较成熟，人才聚集，形成了各民营企业发展欣欣向荣的景象。

西部经济发展较为缓慢，基础设施较差，市场化水平不高，GDP总量和人均GDP同东部地区存在较大差距，部分省份甚至位于全国倒数，且基础设施落后，市场条件混乱，城市管理水平不够先进，市场规模有待发展和提高。企业家是经济活动的重要主体，西部企业经济虽然在不断崛起，但从2021年胡润研究院发布的《2021衡昌烧坊·胡润百富榜》中可以看出（见图5-3），西部地区各省份、各行业多名企业家上榜，共187人上榜，占总人数的6.75%；东部地区上榜企业家共2010人，占总人数的72.59%，西部地区上榜人数与东部差距较大。因此，西部地区要加快改革的进程，加快培育市场机制的步伐，增强西部自身经济发展的能力，构建成熟、良好、适合企业发展的社会环境。

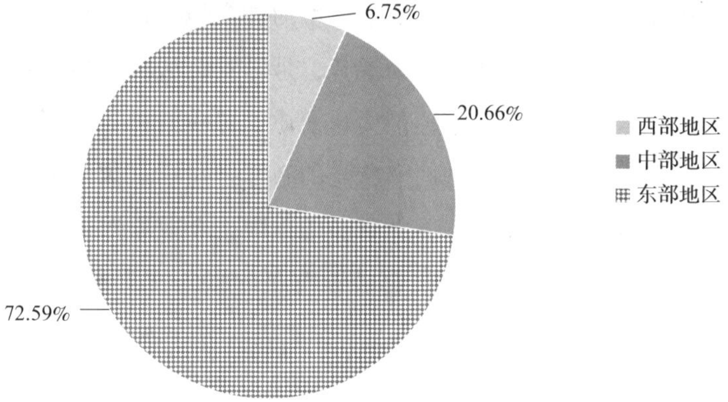

图5-3　《2021衡昌烧坊·胡润百富榜》东中西部企业家占比

重商业传统、创业精神、注重效率和利益的价值取向是东部地区独特的社会观念和传统。东部地区的人民在特定的物质环境中，较早与外界进行贸易往来，拥有历史悠久的商业传统，而历史形成的商业传统为个人经商提供的宽容的社会氛围和学习经商技能的机会，是经过长期的社会实践得出的（奚菁，2010）。这种社会观念和传统影响着企业及企业家的成长，一方面，东部地区对人们从事工商活动的评价是正面的、鼓励的，强化了行为者的意愿；另一方面，价值观的导向作用引起了大量的模仿行为，在这种社会观念下，具有远见卓识的企业家往往能赢得较高声望，发挥重要的带头作用，形成一大批相关企业共同发展的局面①。而西部地区长期生活在传统的小农经济文化条件下，对市场经济改革动作较迟缓，在社会观念方面，西部地区民众安于现状，重效率与利益的价值观不强。

① 奚菁．我国企业集群形成中的文化因素分析［J］．中国经贸导刊，2010（1）：95.

5.3.2 文化环境比较

我国东部地区省市多沿海分布，毗邻港、澳，与海外联系更为密切，渔业和海上贸易的发展历史培育滋养了东部地区开放、开拓和冒险的精神和文化。改革开放后，中央政府在深圳设立特区，吸引了来自全国各地怀揣梦想的年轻人。深圳和其他沿海城市如广州、珠海等作为中国对外开放的窗口，最先接触了市场经济和外来文化，这些城市也是港台和国外资本最先进入中国市场的试验地，市场经济和流行文化为企业家创业提供了良好环境。如今，这些“新兴城市”已然是国内最为发达的一线城市，这些城市纷纷承办乌镇戏剧节、广州中国进出口商品交易会、世界互联网大会等国际盛事，充分体现了沿海城市年轻、活力、开放、创新的精神面貌和文化思维。

而西部省份地处内陆，交通闭塞，守旧、安土重迁的小农思想较重，计划经济更加深化了其文化与市场经济的不适，虽然历经改革开放，但是本地市场化改革深度和广度不如沿海城市，本地人不曾像沿海城市居民一般经历过市场经济和流行文化迎面而来的冲击，思想和态度转变也不如沿海城市居民深刻，很难实现大突破和大发展，因此西部地区政府机构和人员也未能在改革开放中发生相适的思想和智能转变，直到现在，在西部地区依然能看到体制僵化的行政机构，这必然对当地企业发展和企业家成长造成阻碍。总的来说，东部沿海城市开拓、求变、创新、开放的社会文化更加有利于创办企业和培育企业家，相反地，西部地区守旧、传统、保守、求稳的社会文化不利于企业家成长。

在地域文化方面，对比东西部企业发展环境的差异，可以发现不同的地理环境、自然禀赋造就了不同的思维方式、风俗习惯和价值观念，形成了独特的地域文化，而地域文化又决定了人们不同的生存方式和就业选择。东部地区企业集群最为发达的浙江、江苏、广东三省，都具有有利于商品经济和中小企业发展的共同特点，江、浙沿海地区由于地处偏远，受主流文化的羁绊较小，加之海上交通的便利，当地人很早就与外界有了贸易往来。广东从商的历史更悠久，早在西汉时期，广州就已是南方的商品集散地，重商的传统使人们将做生意看成天经地义的事，容易接受改革开放的新观念，并很快融入市场经济。而西部地区的人们长期在传统的小农经济文化条件下生活，在思想观念和地域文化上与经商形成天然的对立，因此对市场经济改革显得不适应，动作迟缓。

在经商文化方面，历史形成的商业传统为个人经商提供了宽容的社会氛围和学习经商技能的机会，而能否抓住商机、敢于承担商业风险则需要创业精神。商业传统与创业精神的区别如同“想干”和“肯干”的区别。东部沿海普遍人多地少，仅靠从事农业生产无法满足家庭生存的需要，必须想方设法寻求其他谋生手段，这就迫使当地的民众尝试通过商品贸易来维持生计。而西部地区的农民虽然贫穷，但相对东部地区来说，地广人稀，守着一份薄田总能糊口，便形成了安于现状的陋习（奚菁，2010）。此外，处于“边缘文化”的江、浙、粤摆脱了中原传统的“耻言利”意识，倡导“经世致用”的实用主义，形成了重效率与利益的价值观。这与新古典经济学的“理性人”假设相符，为企业的持续发展提供了动力，而西部地区的人们对于这种理性精神的形成尚有不足。同时，这种价值观使人们对有能力、会赚钱的人倍加推崇，从而刺激了个人学习与创新的热情。在这种经商文化氛围下，具有远见卓识的企业家往往能赢得较高的声望，发挥重要的带头作用，形成东部地区一大批相关企业共同发展的局面（奚菁，2010）。

5.4 东西部企业家成长市场环境比较

5.4.1 市场主体数量比较

东部地区在资源开发、市场准入、投资开放等方面真正落实对民营经济的“国民待遇”，深圳、上海、广州等地都是港台和国外地区企业投资的热土。东部地区市场规模是全国之重，东部 11 个省、直辖市总面积占全国的 11.1%，人口和 GDP 分别占全国的 39.93%和 51.78%（李懋君，2006）。从相对市场规模来看，2021 年全国 GDP 排行前十省份中，东部地区就有 6 个省份位列其中。从市场主体数量上看，“十三五”期间，市场主体数量新增

6000多万户。2020年，中国全年新登记市场主体2502万户，日均新登记企业2.2万户，年末市场主体总数达1.4亿户。截至2021年8月，我国登记在册的市场主体达1.45亿户。2021年，全年新登记市场主体2887万户，日均新登记企业2.5万户，年末市场主体总数达1.5亿户①。其中，东部地区一直保持着绝对优势，2008年东部地区市场主体数量占全国的61.89%，此后几年，该数据一直保持缓慢增长的趋势，至2011年该数据增长至62.84%，2017年第一季度数据显示，东部、中部、西部、东北地区分别新登记企业72.5万户、23.2万户、23.5万户、6.3万户，其中，东部地区占新登记企业总数的57.8%。由此可见，东部地区在市场主体数量上具有压倒性优势。

由于地理位置的相对封闭和思想观念的落后，西部地区对外开放缓慢滞后，对外开放的领域、引进外资的规模、进出口贸易都大大低于东部沿海市县，使区内不多的优势产业得不到必要的技术和资金支持，同时无法在充分竞争的行业环境下良性发展。对外开放的开发主体比较单一，主要以政府出面主办论坛、招商引资、谈判立项为主，而以民间机构、企业机构为主体的对外开放规模较小。政府管理体制、市场结构和政府行为的开发程度不高，比较关注中央政府的对外开放政策，而对改善体制创新、管理高效、治安稳定、法治保障以及提供规范、高效、廉洁的服务吸引国内外资金和技术等方面做得不够，西部地区现实的市场规模偏小（李懋君，2006）。

截至2021年，东西部上市企业数量如下（见图5-4）：东部地区（港澳台数据网上暂未公布）民营上市企业数量，广东位列第一，共649家；浙江民营上市企业数量位列第二，共502家；江苏民营上市企业数量位列第三，共447家。西部地区12省份民营上市企业数量最多的是四川省，民营上市企业数量为139家；陕西省位居第二，民营上市企业数量为116家；重庆位列第三，民营上市企业数量为57家。与东部地区相比，西部地区民营上市企业数量整体偏低，与东部民营上市企业数量差距较大（见图5-5），东部地区民营上市企业数量为2839家，而西部地区民营上市企业数量仅为581家，东部地区的民营上市企业数量为西部地区的4倍多。总体上看，西部地区由于对

① 中华人民共和国2021年国民经济和社会发展统计公报［J］. 中国统计，2022（3）：9-26.

外开放起步较晚，层次较低，综合实力和实际操作技巧与东部地区相比存在相当大的差距，导致上市企业数量较少。

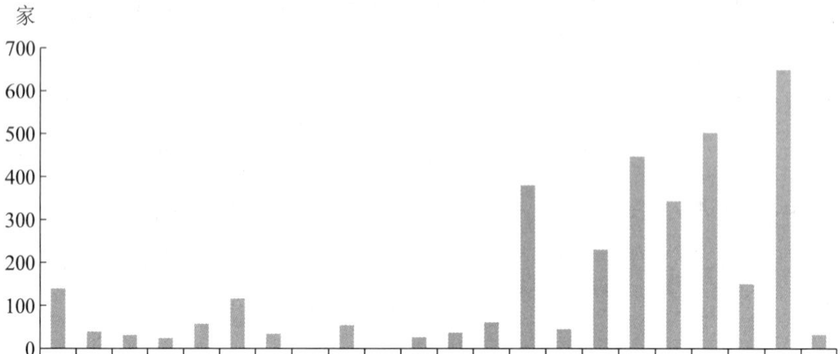

	四川	云南	贵州	西藏	重庆	陕西	甘肃	青海	新疆	宁夏	内蒙古	广西	河北	北京	天津	山东	江苏	上海	浙江	福建	广东	海南
上市企业数量	139	39	31	24	57	116	34	11	54	13	26	37	61	380	45	230	447	343	502	150	649	32

图 5-4　2021 年东西部民营上市企业数量

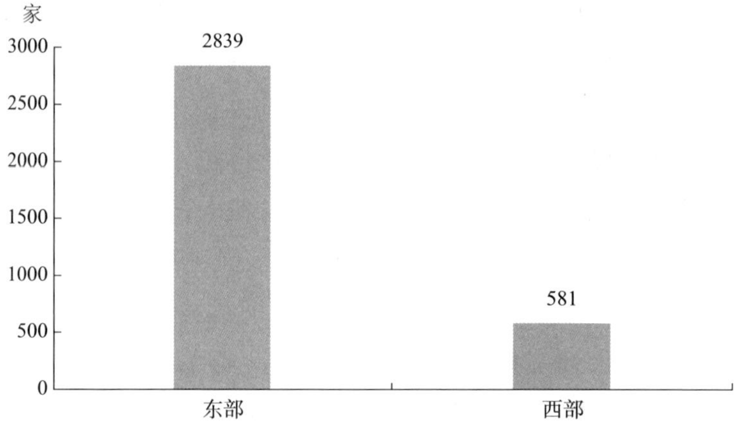

图 5-5　东西部民营企业上市总数

5.4.2　人才吸引力比较

从东部地区的要素市场发展来看，东部地区人口密度高，特别是深圳、上海、北京、杭州等地每年都吸引大量求职者来此发展，我国高科技产业群基本坐落在东部省份，中国已初步形成了长江三角洲、珠江三角洲、环渤海地区等各具特色的高技术产业带，有些还成为著名的世界级企业，如华为、腾讯、比亚迪、大疆、研祥等。劳动力、技术和资本在东部省份充分流动，要素发展程度较为成熟。因此从人才吸引力来看，东部地区经济发达，市场体系较为成熟，高新科产业几乎全部落地东部地区，就业机会远高于西部地区，且东部地区城市管理水平高，面向国际，对外交流机会多，城市建设和配套设施逼近国际大都市水平。

西部地区 12 个省、自治区、直辖市总面积占全国面积的 71%，人口和 GDP 仅分别占全国的 27.12%和 20.95%。从相对市场规模看，2021 年只有四川省跻身于全国 GDP 前十，多个西部省份排名在全国 20 名以后，这表明西部地区不仅绝对市场规模偏小，而且相对市场规模也明显偏小，这主要是受到经济基础和发展水平的制约。西部要素市场发育程度明显偏低，要素市场发育程度体现了市场的总体发育水平，从劳动力、技术、资本市场发育程度来衡量。西部地区要素市场的发育程度明显偏低，造成人才、技术、资本等要素流动性下降，得不到市场应有的回报。因此，在西部地区，由于配套设施和资源缺失，人才吸引力下降，很难留住优秀人才（李懋君，2006）。

5.4.3　优秀企业家比较

2018 年是改革开放 40 周年，为宣传民营经济发展巨大成就，中央统战部、全国工商联联合推出了“改革开放 40 年百名杰出民营企业家”名单，这些民营企业家是改革开放的见证者、践行者，是国家经济建设的拼搏者、奉献者。根据百名杰出民营企业家任职企业的注册地划分，百名杰出民营企业家分布在全国 31 个省、自治区、直辖市。从图 5-6 中可以看出，此次获奖的杰出民营企业家人数较多的省市主要集中在东部地区，东部地区此次获奖的企业家共 48 人，西部获奖企业家共 27 人，由此可以看出，在优秀人才方面，西部地区与东部地区还存在较大差距。西部地区应加大改善民营经济发展环境力度，吸引民间资本投资和优秀人才参与到西部民营企业经济发展中。

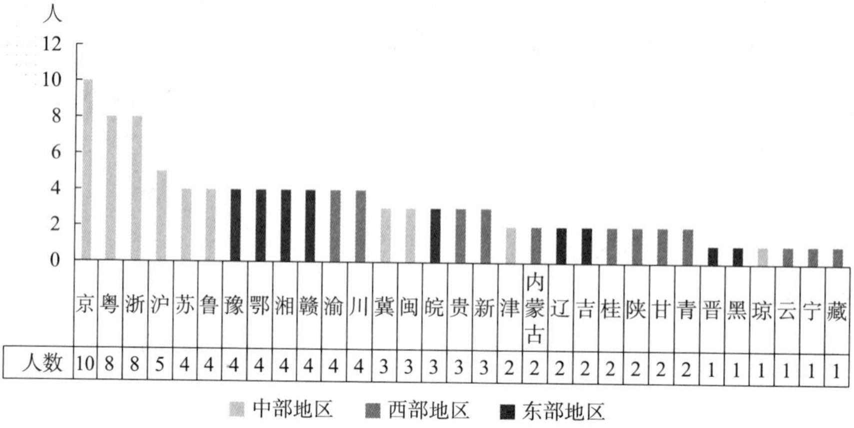

图 5-6 改革开放 40 年百名杰出民营企业家

5.4.4 落户政策比较

据中国城市和小城镇改革发展中心 2016 年进行的一次全国新型城镇化试点调研，调研中的几十个中西部城市，不仅在落户政策方面对有一定学历的人才放开，甚至一部分城市对外来的农民工落户也进行了不同程度的放开。2014 年以来，全国有 1.3 亿农业转移人口成为城镇居民，全国户籍人口城镇化率由 2013 年的 35.93%提高到 2021 年的 46.7%，户口迁移政策普遍放开放宽，中西部地区除省会（首府）外，基本实现了城镇落户“零门槛”。东部地区除少数超大、特大城市外，进一步放宽了落户条件，农业转移人口进城落户更加便捷。居住证制度实现全覆盖，全国共发放居住证超过 1.3 亿张，以居住证为载体，与居住年限等条件相挂钩的基本公共服务提供机制进一步健全（王金虎，2022）。东部地区以上海为例，上海市政府发布的《2020 年非上海生源应届普通高校毕业生进沪就业申请本市户籍评分办法》将之前“以北京大学、清华大学为试点，探索建立对本科阶段为国内高水平大学的应届毕业生，符合基本申报条件即可落户的绿色通道政策”的范围扩大至在沪“世界一流大学建设高校”（路建楠等，2021）。西部地区以西安为例，只凭身份证和毕业证即可落户。据招聘网站“BOSS 直聘”3 月 6 日发布的《2018 旺季人才趋势报告》，随着本科落户、创业支持、购房优惠、所得税减免等

“新一线”城市人才吸引政策的集中出台，城市间“抢人集团”的排位雏形已经显现。其中杭州、武汉、成都、郑州、西安5个城市人才吸引力最高，2018年离开北、上、广、深的求职者中，有35.5%的人选择了这5个城市。过去是人到东部就业，回去西部消费，但这样就存在每次和家人团聚会大大增加支出成本，这也促使东部劳动力上涨成为一种趋势。但如果回到西部地区就业，在一定程度上就解决了这个问题，同时产业也在向中西部转移，在这个转移过程中，土地成本、劳动力成本都在大幅度降低，一定程度上助推了西部经济活力的增加①。

① 这场二线城市抢人大战　没你想的那么简单［EB/OL］. http：//news.eastday.com/c/20180327/u1a13782173.html，2018.

第6章 西部企业家成长路径案例研究

6.1 个人奋斗成长路径案例

"创业女神"：老干妈食品有限责任公司董事长陶华碧

（1）企业家创业经历简介

1947年，陶华碧出生在贵州省湄潭县永兴镇的一个农场里。由于家里贫穷，她没有上过一天学，很早就与父母一起承担起了养家糊口的重担。20岁那年，她嫁给一名地质普查员，婚后没过几年，丈夫病逝，扔下她和两个孩子，为了生存，陶华碧不得不去打工和摆地摊（杨雪、赵东，2021）。在打工的过程中，她学会了做麻辣酱。1989年，陶华碧用省吃俭用积攒下来的钱，在贵阳市南明区龙洞堡的街边开了一间专卖凉粉和冷面的小饭馆，名叫"实惠饭店"。"实惠饭店"的确实惠，龙洞堡附近有不少中专学校，众多的学生构成了小饭馆庞大的消费群体。尽管做小本生意充满艰辛，她却乐善好施，时常接济附近一所学校的一名贫困生。感激之下，这名学生就叫她"干妈"（沈浩，2009）。"干妈"的称呼因为陶华碧的善良，很快传了出去。后来陶华碧年纪大了，"干妈"变成了"老干妈"，还延续成为后来的品牌名。

为了佐餐，她特地制作了麻辣酱，专门用来拌凉粉，结果生意十分兴隆。有一天早晨，陶华碧起床后感到头很晕，就没有去菜市场买辣椒。谁知，顾客来吃饭时，一听说没有麻辣酱，转身就走。这件事对陶华碧的触动很大。她一下就看准了麻辣酱的潜力，从此潜心研究起来。经过几年的反复试制，陶华碧制作的麻辣酱风味愈加独特。很多客人吃完凉粉后，还特意买一点麻辣酱带回去，甚至有人不吃凉粉而专门来买她的麻辣酱。后来，她的凉粉生意越来越差，而麻辣酱却做多少都不够卖。一天中午，她的麻辣酱卖完后，吃凉粉的客人就一个也没有了。她关上店门，走了10多家卖凉粉的餐馆和食摊，发现他们的生意都非常好。原来就因为这些摊主调味的麻辣酱都是从她那里买来的。第二天，她再也不单独卖麻辣酱了。经过一段时间的筹备，陶华碧舍弃了苦心经营多年的饭馆。1996年7月，她租借南明区云关村委会的两间房子，招聘了40名工人，办起了食品加工厂，专门生产麻辣酱，定名为“老干妈麻辣酱”①。

从小店老板变身工厂经营者，陶华碧第一次真正感受到经营的压力。如何打开销路、扩大经营，成为“老干妈”必须面对的问题。她选择了最“笨”的方法。用提篮装着辣椒酱，走街串巷去各商店和单位食堂推销，甚至向经销商承诺辣椒酱卖出去她再收钱，卖不出就退货给她。这种销售策略对新品牌而言是一着险棋，但陶华碧坚信，自己产品的味道一定能够帮她赢得客人。果然，一周后，很多商店和食堂纷纷通知她加倍送货。陶华碧很快开始扩大生产，她给贵阳市第二玻璃厂的厂长打了一个电话：“我要一万个瓶子，现款现货。”要知道，就在不久之前，玻璃厂还险些拒绝了她一次订货量仅有几十个的订单。

企业越做越大，对陶华碧来说，最大的难题不是生产技术，而是员工管理。尽管没上过学，但陶华碧明白一个最简单的道理——“靠心算管财，靠亲情管人”。

在这个理念下，陶华碧形成了一套独具个人特色的“老干妈管理模式”。对内陶华碧以情待人，对外她也以情经商。20多年来，陶华碧一直坚持使用老包装，就是为了省下包装设计的费用，尽量让消费者用便宜的价格买到“老干妈”的产品。在陶华碧的“干妈式”管理下，“老干妈”的产值从1998年的5000万元增长到2019年的50亿元，陶华碧依旧坚守着不贷款、不融资、不上市的原则，踏踏实实靠产品做品牌。

（2）企业家成长环境分析

20世纪80年代中期，城市体制改革启动之后，中国涌现出一批实业兴邦的企业家，他们踏实地做实业，抓质量。在供不应求、商品极其短缺是主要

① 老干妈陶华碧的精彩人生［J］. 商场现代化，2013（29）：1，24-28.

问题，质量、产品创新还不是主要矛盾的时代，多数人在扩大产能，他们则在努力提升质量，他们眼光更独特，有远见，能够把握商业的本质。他们中的多数至今仍然活跃在企业改革、创新发展的主战场，有的仍然具有引领作用。对于优秀企业家来说，虽然承担社会责任重要，但能够看清商业的本质，围绕本质保持警觉性、务实进取，更加重要，也更具有持续性。20 世纪 90 年代兴起的创业者群体虽然仍具有社会边缘群体的特征，但行为明显不同，在创业活动中他们既能把握市场规律，又特别注重与政府的互动。与政府的联系也使得他们不再像改革初期创业者群体那样只是提供典型经验，而是积极参与和政府的互动，这对提升民营经济的地位乃至国有企业的改革创新都起到了促进作用（张玉利、谢巍，2018）。

（3）企业家成长路径经验借鉴——打铁还需自身硬

依靠个人奋斗成长起来的企业家多为创业型企业家，创业型企业家是我国改革开放以来出现的新型企业家中较为普遍的一类，他们是凭借自己的一技之长或经营才能自创企业并成功发展起来的。他们的成长有一个从无到有、由小到大，经历了一个“白手起家”、艰苦创业、自我积累、自我发展的过程。一部分与个体私营经济发展同步，他们中的许多人即是民营企业的创业者和经营者。在创业起步阶段他们或是凭手艺或一技之长从事个体劳动，或是摆地摊做小本生意，或是为人打工积累创业的资金。他们曾在体制外谋生，受尽了各种艰辛，至今仍然有相当的一部分仍在做小本生意，小部分因经营有方或机遇较好而发展起来。创业型企业家的特点是勤劳踏实、吃苦耐劳、坚强不屈、百折不挠、头脑比较灵活、对市场反应机敏和不强烈的商业意识，不足是文化素质不高（孙亮，2001）。

6.2 团队带动成长路径案例

白手起家女首富：龙湖地产董事长吴亚军

（1）企业家创业经历简介

吴亚军出身于重庆合川一个普通家庭，父亲在供销社工作，母亲是一名裁缝。她的学生时代与大部分人无异，唯独性格上面比较男孩子气，喜欢课余时间与男孩子打篮球。1984 年于西北工业大学航海学院毕业后，她从事过技术员、行业记者。5 年的记者生涯，让吴亚军积累了宽广的人脉资源，这也为她后来进入重庆房地产界打下坚实的基础。

1994 年，吴亚军决定离职创业，她借助报社平台，创办了重庆佳辰公司，当时有 4 个股东，包括她的丈夫蔡奎，每个人出资 50 万元。最早的时候公司只有十几个人，主要做装修跟进口建材的贸易生意。第二年，公司注册资本由 200 万元增至 1000 万元，其中吴亚军和丈夫蔡奎出资 750 万元，吴亚军正式涉足房地产。重庆佳辰经济文化发展有限公司一边增加注册资本，一边与一家隶属建设部和国家科委，名叫中建科产业有限公司的国有企业合资创建重庆中建科置业有限公司。不久，重庆中建科置业有限公司更名为重庆龙湖地产发展有限公司。1995 年开发的龙湖南苑是吴亚军的第一个项目。尽管当时她没有成熟的开发经验，也没有品牌，但由于她善于学习和创新，所以，龙湖南苑很快成为当时重庆楼市的“标杆”。随着龙湖南苑项目开发的成功，吴亚军也初步树立起了龙湖的品牌。1999 年，龙湖西苑项目启动。由于吴亚军首创了重庆楼市板式围合、样板景观，该项目一开盘便成为抢手货，为了能买到房子，不少市民甚至熬通宵排队等着放号。业界人士回忆当时的情景称，“那房子卖得简直比菜还快”。西苑项目成功后，龙湖的资金也由此充裕起来，但吴亚军并没有盲目扩张。直到 2000 年，吴亚军才开始大手笔开发龙湖的系列品牌。截至 2006 年底，龙湖地产已累计开发面积约 185 万平方米，在建面积约 230 万平方米，规划面积约 1100 万平方米。龙湖集团重庆、成都两地销售总额突破 38 亿元，成为西部地区首家销售额突破 30 亿元的房地产企业，成为全国最好的开发商之一①。2019 年 10 月 23 日，2019 年《财富》未来 50 强榜单公布，龙湖地产排名第 45。

（2）企业家成长环境分析

依靠团队带动成长的企业家多半由于资金不足或管理经验欠缺，利用团队的力量进行创业，这种通过资本积累的创业型企业家是我国改革开放下的产物。党的十一届三中全会把以阶级斗争为纲转变为以经济建设为中

① 吴亚军［EB/OL］. 创业百科，http：//wiki. ujelly. org/index. php？ edition-view-4486-4.

心，作出了实行改革开放的伟大决策，这是我国上层建筑的重大变革；党的十四大明确了我国经济体制改革的目标是建立社会主义市场经济体制；党的十五大对国有资本的战略重组作了部署，明确了所有制结构的调整方向；1999年中华人民共和国宪法修正案的通过，是我国上层建筑的又一次重大变革，《中共中央关于制定国民经济和社会发展第十个五年计划的建议》要求继续调整和完善所有制结构，支持、鼓励和引导私营、个体企业尤其是科技型中小企业健康发展（郭毅等，2010）。这些重大变革为我国民营经济的发展和资本积累型民营企业家的生成奠定了政治基础、经济基础与法律基础。

（3）企业家成长路径经验借鉴——发挥“长板优势”和“同伴力量”

在团队中成长起来的企业家具有丰富的管理经验和知识，他也许对于自己所掌握的企业的专业技术知识并不十分精通，但却可以有效地运用各种管理协调手段将各种生产要素有机地组合起来，以高瞻远瞩的战略眼光和敏锐的市场嗅觉带领企业前进。他们多具有严谨治理企业的作风，不追求急功近利，而是扎扎实实地把企业做大做强（孙亮，2001）。善于利用团队成员的“长板优势”和“同伴力量”，引导企业快速成长。

6.3 导师引领成长路径案例

“创二代”：新希望六和股份有限公司董事长刘畅

（1）企业家创业经历简介

刘畅出生于1980年，16岁赴美求学。2002年，获得MBA学位的刘畅回国，加入新希望集团，从基层开始历练。2011年就任新希望集团团委书记，2013年5月，刘永好宣布刘畅接棒成为新希望集团下属上市公司新希望六和的董事长，华南理工大学教授、博士生导师陈春花则被任命为联席董事长兼CEO，担起“辅佐”重任。

在陈春花的帮助下，刘畅“挂帅”新希望六和后，从业务、组织到文化层面，实行了全面改革。随着一批“80后”高管密集上任，人事层面的震动强烈。管理团队逐渐年轻化，新希望集团首席人力资源官刘军表示，通过3年的努力，新希望高管团队的平均年龄下降至40岁，公司多位副总裁只有40岁出头，而投资团队的平均年龄只有26岁，比互联网公司还要年轻。从更宏观的视角来看，刘畅正带领新希望六和实现数字化转型，同时她对商业方式也进行了创新，以发挥更大的产业协同效应，并开创属于新希望的管理智慧和商业模式（李艳艳，2021）。

"创新本质上就是寻找新的希望，这也是新希望集团能够持续发展的根基。"在刘畅看来，养猪已变成了土地密集型、资金密集型和资源密集型产业。接下来，农业会是非常重要的大风口。这是一条很长的供应链条，需要通过科技来改革，势必影响每一个人。

2020年2月，刘畅位列福布斯中国"最杰出商界女性排行榜"第17位，2020年5月，刘畅在《中国企业家》杂志社2020年度"中国最具影响力的30位商界女性"榜单中入选"年度人物"。

（2）企业家成长环境分析

依靠导师引领成长起来的企业家大多懂管理，善于利用团队优势，多为管理型企业家。市场竞争的国际化和组织规模的大型化是孕育管理型企业家成长的前提条件，大企业、大集团往往是成功的管理型企业家施展才能的舞台。改革开放40多年来，随着我国市场经济体制的发展和现代企业制度的完善，管理型企业家将在我国市场舞台居于重要地位（孙亮，2001）。老一代的企业"掌门人"逐渐退居幕后，新一代企业接班人（以下简称"第二代民营企业家"）传承企业的大潮涌现。这种大规模的传承能否顺利完成，是决定民营经济盛衰的关键。因此，要通过突出企业家的主导作用来提升整体素质与能力、凸显政府的导向作用从而构建新型政商关系、发挥舆论推动作用促进良好环境的营造等大力促进第二代民营企业家的成长。但第二代民营企业家与第一代民营企业家不同的是，他们不需要白手起家、空手创业，而是站在父辈的"肩膀"上继承企业，因此有着较多的社会资源和人脉资源。"企业不仅是一种社会经济组织，更是企业家精神的寄托。"民营企业顺利完成新老交替，不仅是对企业产权的传承，也包括对企业家精神的传承。

（3）企业家成长路径经验借鉴——善于管理、懂得经营

开展“导师带徒”工作是企业缓解人才短缺矛盾、充分发挥人才效应的一项“人才强企”工程。“导师带徒”本质上就是带文化、用文化带、带出文化。对于企业组织来讲，通过一系列“外在的言语或劝说”给徒弟提供一种确定性的组织支持，从而让徒弟对企业产生持久的效能感才是“导师带徒”的终极目的。徒弟的本质是一种后备人才。在“导师带徒”期内通过“适度的考核”之后达到“优秀”等级的徒弟可以进入企业后备人才库。因此，在导师的引领下徒弟能较早地适应企业管理环境，提前进入企业运营管理状态，他们的成长速度相对较快。

6.4 学校教育成长路径案例

“藏药女王”：西藏奇正藏药股份有限公司董事长

（1）企业家创业经历简介

雷菊芳1953年出生于甘肃临洮，1974年考入西安交通大学，1978年毕业分配至中科院兰州近代物理研究所工作。当时老专家们正在为“真空室表面洁净处理技术”焦头烂额，雷菊芳敢想敢干，凭借着自己的勇气与信念，研制出了这项技术，这让当时的业内人士大吃一惊，而她也因此获得了“三八红旗手”与“新长征突击手”的称号。

也正是因为她敢想敢干，1987年，在国家提出“科技人员走向经济主战场”的倡议时，雷菊芳也迅速地以自身行动支持了这一项政策。她从研究所辞了职，离开了人人羡慕的岗位，走上了创办民营企业之路。就在这一年，中共十三大提出：要在坚持公有制为主体的前提下，继续发展多种所有制形式和多种经营方式。一直从事物理研究工作的雷菊芳成了当时最早“醒悟”的人。其间，雷菊芳创建的兰州工业污染治理研究所越做越大。1991年，雷菊芳将研究所更名为“汇友科技有限公司”（阚世华，2009）。

在“人人有份”的思想下，雷菊芳主动给每一位参与创业的人都分配了大比例的股份。当年公司盈利百万元，成为兰州民营企业中的佼佼者。但不久，当雷菊芳想实行企业转型时，却遭到守旧的同人们的一致反对。分歧导

致百万元资产按股份比例被瓜分，四位股东拿走了大部分资金，雷菊芳突然间陷入了困境。雷菊芳第一次尝到了盲目的"公平股份制"的苦涩，第一次创业以失败告终（阚世华，2009）。

伤心之余，她开始寻求心灵的慰藉，佛教文化就是在这个时候闯进她的生活。随着对佛教文化的逐渐了解，加上急于离开兰州这个伤心之地，雷菊芳产生了到青藏高原游历一番的想法。1992 年，雷菊芳告别家人，拦了一辆从兰州开往西藏的货车，一个人上路了。雷菊芳没有想到，此次西藏之行，成了她个人事业的重大转折点。在西藏，雷菊芳接触藏文化时，接触到藏医学，认识了雪山深处许多有着令人不可思议疗效的药材。于是，雷菊芳选择了藏医药作为自己事业的新起点。她盘算着如何运用现代高科技的手段，对藏传民间药物进行新的嫁接、改造，从而走向产业化生产的道路（阚世华，2009）。

经过反复研究，雷菊芳从自己过去从事的物理研究和藏医药中找到了平衡结合点，她将西藏特有的具有良好疗效，但不易保存的糊状黑膏药，运用物理学最新的真空冻干技术进行处理，制出既有效保存了这些膏药的药性药效，又干净而便于携带的产品。在此基础上，1993 年，雷菊芳的第一个藏药产品"奇正炎痛贴"问世。适逢八一篮球队在兰州集训，她送了几帖过去，受伤队员用后惊奇不已："效果太快了！这个药做出来就是奥林匹克药。"

"奇正炎痛贴"一炮打响。1993 年 8 月，雷菊芳注册成立了奇正藏药有限公司。谈到为什么给自己的公司取名为奇正，雷菊芳说，是因为古代兵法家孙子的一句话："凡战，以奇胜，以正合。奇正之术，不竭于江河。"这是雷菊芳最欣赏的一句话。正者，正业正直之道，奇者，兵家之权术谋变，人要走正道，命运要掌握在自己手中。

在对藏药的经营过程中，雷菊芳的人生观也受到了藏文化影响。在西藏，医生被尊称为"济世太医"，世世代代享有崇高的声誉。藏医伦理要求行医者一要具备相当智慧，二要具备慈悲为怀、悬壶济世的心肠。耳濡目染之下，雷菊芳也对自己的企业提出了这样的要求：讲究道德自律，善待别人，"行人间善事，做千秋企业"。

雷菊芳用辛勤与汗水创造了一个"藏药帝国"。2019 年，奇正藏药业务保持稳健增长，公司营业收入达 14.03 亿元，同比增长 15.62%；归属于上市公司股东的净利润达 3.64 亿元，同比增长 14.27%。公司纳税 2.21 亿元，其中在西藏纳税 2.01 亿元。累计投入 1.2 亿余元用于藏区和西部的医疗、教育、扶贫等社会公益事业。

（2）企业家成长环境分析

19 世纪末，大学的职能发生了重大变革，不仅承担教学和研究的功能，而且开始发挥社会服务的功能，并逐渐成为促进经济与社会发展的前沿阵地。尤其是研究型大学逐渐从象牙塔范式向创业范式演变，由此，科研成果的产业化被纳入大学章程。鉴于此，知识产权的创造与商业化成为诸多大学的制度目标。例如，美国的《拜杜法案》不仅推进了美国科研院所科技成果的商业化，而且催生了众多科研人员的创新创业，也助推了美国从制造经济向知识经济的转型。在此情境下，全球诸多大学日趋重视科研成果的转化，鼓励科研人员创新创业，涌现了诸多学术型企业家（黄永春等，2021）。

（3）企业家成长路径经验借鉴——依赖扎实的专业知识和良好的创业氛围

大部分的企业家在成为企业家之前都接受过学校教育，近年来，随着大众创业、万众创新政策的提出，高校创业教育成为孕育企业家的摇篮。大量企业家在创办企业之前都接受过高等教育，高等教育在企业家成长方面发挥着优势，一方面，在高校外部，政府（特别是教育行政部门）出台的相应教育政策，引导、鼓励、推动高校创业教育的发展，形成了良好的创业教育政策环境与社会环境。另一方面，在高校内部，学校领导对创业教育的重视，转变高等教育办学观念，在学校里积极营造重视创业教育的良好氛围。鼓励学生积极尝试兼顾专业教育与创业教育学习，全体教职人员相互配合，使教育影响一致。总之，良好氛围的形成和观念的转变相互发展、相互促进。

6.5 特殊机遇成长路径案例

“钢铁大王”：东岭集团股份有限公司董事长李黑记

（1）企业家创业经历简介

李黑记是土生土长的陕西省东岭村人，自 1975 年高中毕业后，先后在村民小组任保管员、小加工部学徒。1978 年起，改革开放的春风吹遍了神州大地，家庭联产承包责任制点燃了中国亿万农民致富的希望。全国各地的乡镇企业也如雨后春笋般蓬勃发展。李黑记的创业故事也由此开始，1978 年他加入了由联盟村六组（东岭村前身）开办的黑白铁皮加工铺，当时只有不到 10 名工人，生产水桶、烟囱、簸箕等。1985 年，黑白铁皮加工铺更名为东岭铆焊机械厂。1988 年，就在企业收入连年攀升、村民生活持续改善的时候，一场意外的安全生产事故的发生，重挫了村民们继续办企业的信心。出了伤亡事故，要补偿死者家属，厂子也生死难料，20 余名工人走得只剩下几个人。1988 年 7 月 15 日，李黑记和村民小组签订了 3 年的承包合同，约定由他个人承包经营东岭铆焊机械厂，每年给组里交 5000 元承包费。发展到 1994 年，李黑记不仅年年足额上交了承包款，而且产值首次突破亿元，企业资产积累达到了 6000 多万元，确定了“村企合一、以企带村、共同发展”的发展体制。1995 年李黑记担任村委会主任后，他把自己积累的 6800 万元资产全部拿出来，作为带领全村治穷致富的本金。1996 年他组建东岭集团，1999 年正式改设东岭村，2000 年，东岭铆焊机械厂进行了股份制改造，村民和企业员工同时持有企业的股份。2009 年东岭集团成为陕西省唯一年收入突破 200 亿元的民营企业。如今的东岭集团位列 2020 年“中国企业 500 强”第 169 位、“中国民营企业 500 强”第 29 位，位居服务业民营企业百强榜第 13 位，连续 19 年上榜，稳居陕西省民营企业第一。东岭村也先后被评为“中国经济 10 强村”“中国十佳小康村”以及“全国文明村”（单宝仁，2019）。

（2）企业家成长环境分析

机遇型企业家即是能领先一步把握发展空间和运用这种特殊资源的开拓者、先驱者。机遇大致可以分为两类：一类是由经济和社会发展带来的市场机遇。经济和社会的发展会不停地创造新的价值、新的理念和新的需求，这些新生事物对于那些市场中敏锐的开拓者来说无疑是施展才华的大好机遇。这种由经济和社会发展带来的机遇看似偶然，其实有它的必然性。另一类机遇特指我国体制转轨的特殊背景下产生的某种机会。在从计划经济向市场经济转轨的过程中，每一项新的改革方案的出台，往往都会带来一个新的获利空间，谁率先把握了这种机遇，谁就有可能获得成功。另外，转轨过程中的制度不健全或体制漏洞也会带来某种特殊获利机会，渐进性的体制转轨过程中有过一个过渡性体制——双轨制，这种过渡性的体制往往给一些人带来获得暴利的机会。不得不承认有一些创业者或今天的企业家是利用这一体制完成了“原始资本积累”（孙亮，2001）。

（3）企业家成长路径经验借鉴——抓住机遇，抢占先机

机遇型企业家的突出特征是他们往往靠一个或几个关键点使自己的企业从无到有、从有到大，走的都是非常规的跳跃式发展道路，每一次机遇都提供一个发展的支点，使企业迅速发展。

这类企业家的特点：①头脑灵活、思维敏捷，具有很强的洞察力和感性直觉即灵感，这是他们能够正确把握机遇的前提；②敢想敢干，行动力强，不畏首畏尾，不瞻前顾后，正因如此，他们才能占领市场先机；③有魄力和勇气，敢于冒险，甚至具有孤注一掷的“赌性”，敢于去做只有万分之一成功机会的事；④具有坚忍不拔的毅力和承受挫折的韧性，对机遇的把握并不能每次都准确和顺利，成功者往往是历经挫折仍满怀豪情壮志的人。当然，在转轨时期这类企业家的性格特点也常常留下他们某些不够“完美”的特征（孙亮，2001）。

6.6 科技进步成长路径案例

“创新标兵”：恒源煤电集团有限公司董事长孙俊良

（1）企业家创业经历简介

孙俊良出生在陕西神木县孙家岔镇水井湾村一个农民家庭，20 世纪 90 年代走上创业之路。1998 年，他大胆引进直立炭化炉技术，兴建了神木第一个 4×3 万吨/年直立式机焦炉，为彻底取缔陕北地区土法炼焦，就地转化资源，起到了积极的示范带头作用；2001 年，根据国家资源综合利用产业政策，他建设了西北地区第一个资源综合利用电厂，带动榆林市一大批民营企业走上了产业一体化的可持续发展之路；2005 年起，他投资 6100 万元建设恒源工业园区废水处理回用系统，成为榆林市同类工业园区中第一个实现废水零排放、再利用的工业园区；2007 年，他投资 6000 多万元建设了兰炭尾气净化回用中心站，实现变废为利（该项目已获得国际 CDM 认证）；2008 年，他投资

5000多万元实施发电锅炉烟气脱硫项目，书写了榆林地区同类电厂的先例；2009年，根据国家节能减排的要求，他投资3.2亿元建设4×33000千伏·安密闭式电石生产线及收集回用电石尾气气烧石灰生产线（30万吨/年），开创了榆林市电石行业密闭式电石炉建设的先例；2011年，他投资3200万元进行电厂水湿煤泥掺烧系统技改项目，为榆林市民营企业节能减排工作做了表率。2012年开始，孙俊良和他的团队多方调研论证高端装备制造、精细化工、新型农业等项目，积极筹划投资新兴领域。近年来，集团公司先后被榆林市委、市人民政府授予"榆林市十佳企业""榆林市非公有制纳税十强企业""挂牌重点保护企业"等荣誉称号，被榆林市工商局授予"重合同、守信用"单位，被神府经济开发区评为"先进企业"，被省农行授予"AAA级企业"称号，被神木县人民政府评为"煤炭系统先进集体"（刘剑波、刘彦荣，2019）。

（2）企业家成长环境分析

在经济环境方面，目前我国进入经济发展"新常态"，经济增长放缓，传统产业相对饱和，产业结构亟须转型，"科技推动""知识技术商业化"必然成为下一阶段经济发展的主要动力。同时，新产品、新技术和新的商业运作模式带来的投资机会大量涌现，生产科技化、智能化将成新特征，这些为我国科技型企业的发展带来了机遇。在政策环境方面，为促进科技型企业的发展，我国先后制定了《中华人民共和国促成科技成果转化法（2006）》《国家中长期科学和技术发展规划纲要（2020）》等，同时还有一系列配套政策辅助实施，如政府直接资金支持政策、金融支持政策、财税支持等，这些都为科技型企业家的成长营造了良好的政策环境。企业家个人成长环境加速了企业家成长。伴随着改革开放和社会主义市场经济的大潮，我国一大批优秀的科技型企业家在制度创新和技术进步的历程中脱颖而出，逐渐成为推动中国经济发展、制度变革和社会进步的重要力量。他们通常具有较强的技术专业背景，大多受过正规的高等教育，有较高的学历，并且小时候大都有过艰苦的生活经历（刘丽丽等，2016）。

（3）企业家成长路径经验借鉴——凭借技术专长推动企业发展

知识技术型企业家因缺乏启动资金，只有依赖自身的人力资本，对经济活动价值链中原有的知识技术链条进行“创造性的破坏”，从未挖掘出利润增长空间，企业一般没有固定的组织结构，大部分人员为科研人员，表现为几个志同道合的人一起创业（郑小平等，2003）。各成员之间没有明确的职责分工和职权划分，大部分工作由所有成员一起完成。这种成长路径是知识经济时代企业家成长的主要路径（吴京芳，1998）。

他们凭借其技术专长快速、有效地识别到创业机会，并经过一番运作后成功创建自己的事业平台并实现快速成长。技术型企业家拥有的技术专长是影响其创业发展的关键，技术专长是企业家一种重要的创业资源，它有助于企业家在其熟悉、擅长的行业领域内精准地识别到合适的创业机会，并高效地整合行业资源进行成功创业。技术型企业家创建新企业过程是在一个基于技术专长的作用下，在企业家认知和市场导向作用下进行创业机会识别和资源拼凑，从而抓取机会进行创业发展的过程。一般来说，企业家的技术专长和认知不会一成不变，在创业过程中，企业家通过持续学习以及实践，会不断拓展其技术专长，从而有助于深化企业家对行业的认知，不断提升企业家对行业的认知水平。而随着企业家认知水平的不断提升，企业家会敏锐地判断和把握行业发展的新方向或新趋势，并适时调整企业市场导向，不断识别新的发展机会并通过资源拼凑把握及利用机会实现持续成长（尹剑峰，2019）。

6.7 家族继承成长路径案例

“以父之名”：重庆宗申高速艇开发公司董事长左颖

（1）企业家创业经历简介

左宗申，男，出生于重庆，籍贯上海，是中国民主同盟党员，现任宗申产业集团有限公司董事局主席兼总裁。2018 年 10 月 24 日，入选中央统战部、全国工商联“改革开放 40 年百名杰出民营企业家”名单。2020 年 2 月 26 日，左宗申、袁德秀夫妇以 70 亿元人民币财富名列《2020 世茂深港国际中心·胡润全球富豪榜》第 2642 位。左颖，1982 年 9 月 8 日生，美国迈阿密大学毕业。2004 年 10 月担任宗申动力董事至今。2005 年 2 月，宗申动力发布 2004 年报，该年报显示，宗申动力的控股股东重庆宗申高速艇公司已于 2004 年 9 月 29 日办理完毕工商手续，宗申高速艇法定代表人、董事长由左宗申变更为左颖。左颖以 1 亿元的出资持有宗申高速艇 50%的股份。这意味着，左颖一跃成为中国最年轻的富豪之一。在母公司宗申产业集团中，左颖持有 7%的股份，而宗申产业集团持有重庆宗申高速艇开发公司 40%的股份，重庆宗申高速艇开发公司为宗申动力第一大股东，持 2.3 亿股，占 22.54%，这样，左颖间接持有宗申动力股票市值 7800 多万元。其实，早在 2001 年，时年 19 岁的左颖就开始现身。2001 年 9 月 4 日，左颖受让了重庆市渝北区农业综合开发公司持有的宗申进出口公司 51%的股权。2001 年公布的《长江证券有限责任公司关于成都联益实业股份有限公司关联交易之独立财务顾问报告》中还披露，左颖持有 ST 联益第二大股东宗申高速艇公司 55.88%的股权。接下来，为了能让上市公司盈利，在 ST 联益 2001 年 10 月 8 日召开的第三次临时股东大会通过的决议中，左宗申把集团公司所持的重庆宗申集团进出口有限公司 48.5%的股权和其女左颖所持的进出口公司 51%的股权都赠予了 ST 联益①。

在很早之前，左颖就感受到了有一个富豪父亲对自己的影响。22 岁时，就已经被媒体称为中国最年轻的亿万富豪。这种句式的潜台词，包含了国人对财富的复杂感情。于是在一些电视节目上，作为嘉宾出席的左颖直接被贴上“富二代”的简单标签。但对她来说，这一切的争议似乎都没有迈阿密海滩的阳光来得更重要。所以当被问及她父亲 2009 年末“回收”其股权时有何感想，左颖的回答是“他（父亲）安排、我听从”。对于父亲的光环，左颖有自己的逻辑。和许多嚷嚷着白手起家的二代企业家不同，左颖对父亲“父辈搭台、儿孙唱戏”的理论非常认同。她认为应该尽可能利用父亲的名声、资源和人脉，这样成功的概率更大。“但至于你能通过这个舞台演什么戏、卖多高的票价，那就完全是自己的本事了”②。就在某次采访进行之中，在公司内“例行巡视”的左宗申踱步走进左颖的办公室，父女两人对视一眼都没说

① 左颖：是什么左右我们的人生［EB/OL］. 中国中学生联盟网，https：//www.cando100.com，2011.

② 续写家族辉煌的接班人［J］. 现代企业文化，2013（Z1）：54-58.

话，记者突然感觉现场气氛有点紧张。良久，左宗申问了一句，“下面开会为什么你没参加?”这个细节，也许能够从另一个角度来诠释左颖的“以父之名”战略。

（2）企业家成长环境分析

改革开放以来，中国民营经济成为推动国民经济发展、劳动力就业和社会进步的重要主力军，从企业所有结构、经营决策权以及企业家族日常运营的参与度等不同角度来看，我国民营经济都表现出鲜明的家族化特征。家族继承型企业家的成长主要经历4个阶段，第一个阶段是创业导入期，是继承人从孩童期到职业生涯初期，导入的来源分为两个，一个是继承人参与到家族创业期，另一个是继承人在接受高等教育和企业外工作阶段对自身知识的构建；第二个阶段是“十字路口”生成期，在这个时期企业继承人面临着某些冲突和压力，在十字路口出现时个体无法继续遵循外部程式来应对传承中的困境，逐步转变为努力从多个角度进行考量，选择适合他们的工作方式；第三个阶段是继承人创业实践期，这一时期是继承人获得创业知识、创业能力和自我认知的战略时期，在创业家族中创始人会给予继承人充分授权和全力支持；第四个阶段是继承人创业升华期，继承人经历创业实践后，不断内化知识、经验和能力，经过创业投入—反思—创业收获—反思—创业投入的多重循环，创业知识经验不断积累、创业能力不断提升、自我认知不断清晰（王扬眉，2019）。

具体的继任经历大致有4种类型：①从学校毕业后进入所在企业从事管理工作；②从学校毕业后，先进入企业基层锻炼，后进入企业高层工作；③先在其他企业锻炼，后回自家企业工作；④先从事其他行业工作，或尝试创业，后回到自家企业工作（王志刚，2014）。

（3）企业家成长路径经验借鉴——先天优势加后天努力

在经济环境方面，家族企业二代成长在一个经济快速发展的时代，他们的教育条件优于父辈，接受过更好的系统性教育。家族企业二代普遍都接受过高等教育，基本都有海外留学背景，海外经历会促使其思维的灵活开放和价值观的拓展，使他们产生非常规性的观点。拥有留学经历的家族企业二代在国外接触的文化环境与国内存在差异，他们兼具更高的全球化视野和更强的国际化专业能力，在国外西方教育的熏陶下，容易形成与“创一代”们截然不同的观念，导致他们往往更具“现代性”（吴杰，2018）。

在企业家个人成长环境方面，出于职业锻炼或者个人喜好，大部分的家族企业二代从学校毕业后并没有立即进入家族企业，而是先进入职业市场，寻求家族企业外的工作。人的工作经历会影响个人的性格特点和行为，来自工作经历的知识对于个人决策行为具有重大的影响。家族外部工作经历使得二代能够了解更多行业的状况，学习更多行业的知识，明白企业的核心竞争力在于企业的创新能力；同时还可以接触更为广泛的发展机会，特别是当二代所从事的工作并不同于家族企业所在的行业时，这种丰富的工作经历就会使二代更希望在自己感兴趣的领域开疆拓土，更多去寻求外部发展机会。

6.8　资本青睐成长路径案例

“风投女王”：中华英才网的初始投资者和董事会主席徐新

（1）企业家创业经历简介

徐新，籍贯重庆市双桥区，中学就读重庆南开中学（被评为杰出校友），1988年毕业于南京大学外语系。中华英才网的初始投资者和董事会主席，中国风险投资协会理事会理事，中国最优秀的风险投资家之一。拥有在中国10年以上的风险投资经验。2005年，徐新离开霸菱投资，创办今日资本集团①。

1999年，徐新相信丁磊能把公司做大，就向网易公司注入500万美元风险投资；2000年，网易在纳斯达克上市，18个月融得1.15亿美元巨资，徐新最初的投资是5美元一股，网易在纳市最高值达到每股30多美元，徐新却并没有套现。但随后全球互联网出现泡沫危机，股市狂跌，网易的股票最低时跌到每股不到1美元。那时徐新是原巴林银行旗下的霸菱投资集团中国区董事总经理，如此惨重的亏损让霸菱的股东们对她很不满，但她顶住了压力，并耐心等待。随着市场的好转，网易在纳市逐渐有了优异的表现，2004年，

① 徐新［EB/OL］. https://baike.baidu.com/item/%E5%BE%90%E6%96%B0/17487，2018.

徐新套现为股东们带来了800%的收益。业界注意到，不论是此前投资娃哈哈，还是后来投资中华英才网，徐新都表现出了女性领导者身上所特有的耐心，而上天似乎也更青睐这个有耐心的女人，当然，这也得益于她在风投行业磨砺多年所具备的“杀手”般的直觉和敏锐。2005年，徐新离开霸菱投资，创办今日资本集团，并于次年把新公司搬到上海。此后，徐新仍一直专注于自己擅长的互联网、零售和消费品等行业，即使在始于2008年的金融危机影响下，今日资本仍未盲目扩大投资范围，女性特有的谨慎和耐心仍然使徐新在2009年继续看好互联网行业。2014年初，今日资本牵头其他投资者向3C零售网站京东商城投资2100万美元，这已经是京东商城来自今日资本的第二笔融资①。

风险投资这个圈子，历来被认为是男人的天下。入行11年，徐新越发自信，放言要创中国第一VC品牌。身为今日资本集团的总裁，她掌控着20亿元的资金，这些资金大多来自欧美政府和企业，可他们却全权交给她打理，这在风险投资界颇为罕见。一问原因：外国投资者相信她有一双慧眼。和同行相比，徐新常常是“温柔一刀”，笑傲投资场。女人的直觉，就是她与生俱来的撒手锏。“选人是门艺术，这么多创业者，这么多项目，动辄需要几百万上千万元的资金，投给谁，除了做调研、看数据，还离不开直觉。女性的直觉特准，所以我总能投对人”，说完，徐新乐了（吴京芳，1998）。

（2）企业家成长环境分析

在经济环境方面，依靠资本青睐成长的企业家处在一个不断变动的经济环境中，技术创新、产品更新的速度都大大快于其他行业中的企业，这推动着企业自身不断地成长、发展，企业更新速度大大快于其他产业中的企业，企业在成长过程中，需要不断开发和保有新的信息资源，并进行与新的信息资源相应的组织变革，以适应信息资源变化的形势，企业在经过初始阶段、规模经济成长阶段之后，必须考虑到外部环境的变化，开始“二次创业”，进行大规模的变革，以赶上外界日新月异的发展步伐，并占据领先地位。企业

① 徐新女士——中华英才网的初始投资者和董事会主席［EB/OL］. 云里雾里，https://blog.sina.com.cn/s/blog_c3bf7b070101dilb.html，2013.

家也应在此过程中适时地转变在企业中担当的角色以及行为模式，不断实现自我成长①。

在企业家个人成长环境方面，依靠资本青睐成长的企业家有强烈的投资意识和风险规避与风险锁定意识，了解高科技工业背景，有丰富的企业管理经验，具备很强的社会协调能力及人格魅力。依靠资本青睐成长的企业家一般有以下三种来源：①金融机构。具有丰富的金融、财务知识和资本运作的实际经验，了解投资技巧与法则。②政府部门。政策水平高，了解高新技术产业及发展重点，具有较强的协调能力。③企事业管理人员、高校、科研机构。有较高的文化素质和知识水平，接受新事物的能力强（田永力，2003）。

（3）企业家成长路径经验借鉴——风险承担韧度大

依靠资本青睐成长的企业家主要体现在具有极大的风险承担韧度，以经营风险为其企业利润的主要来源。网络经济时代，风险企业的成功可以为企业和企业家带来巨大的超额利润，甚至是一夜暴富。在高新技术转化为生产力、转化为高新技术产品的过程中，其风险强度是不一致的。一项新技术在转化为产品的初期风险最大，正因如此，“经营风险”成为商品价值链实现的中间环节之一，“经营风险”需要承担很高的“失败成本”。同时，一旦经营成功，他就可能得到更高的“风险收益”，所以“经营风险”就为那些对风险具有极大承受力的人提供了一条以经营风险企业为职业的路径。依靠资本青睐成长的企业家的主要能力体现为：一是敢于承担风险；二是善于规避风险；三是拥有一定的风险投资资本。敢于承担风险是指对经过论证的风险项目敢于投资并运作成功，从其成功的运作中获得高额利润；善于规避风险是指善于在众多的风险项目中找到风险相对较小、利润高、成长性快的项目，从而将风险降到相对最低程度。依靠资本青睐成长的企业家是一种典型的风险极化型的企业家成长路径，这种路径主要集中在信息网络、高技术行业，高新技术企业孵化器是这种风险极化型企业成长的形式之一（郑小平等，2003）。

---

① 吴京芳．高科技企业组织变革和企业家成长［J］．江苏经济探讨，1998（8）：14-16.

第7章 西部企业家成长实证研究

本研究在第 2 章企业家相关理论分析、第 4 章企业家成长的内外环境及路径理论分析的基础上，结合企业家相关文献梳理，构建西部企业家成长环境与路径的理论框架，并在本章中采取访谈和问卷的方式针对西部企业家进行实证研究，探讨西部企业家成长的环境与路径。

7.1 研究问题

国外关于企业家的研究已有 200 多年的历史，目前学术界的绝大多数企业家及其相关模型的研究都是由西方学者们提出的，我国学者针对企业家进行的相关实证研究较少。近年来，国内涌现出一批学者从不同角度对企业家成长路径、素质提升、发展困境、企业家精神等进行实证研究，例如，中国企业家调查系统（2008）发布了《中国企业家队伍成长与发展 15 年调查综合报告》，为企业家理论研究提供了实证数据；徐静（2019）结合实证数据基于企业家创新行为的中介作用，探讨了企业家文化资本对企业成长的影响作用；季祥（2019）构建了中国企业家素质模型；中国企业家调查系统（2016）针对中国民营企业经营状况通过对企业经营者发放调查问卷的方式进行了实证研究，并指出企业成功转型存在的问题，提出相关建议；程锐（2016）结合中国省际面板数据，实证考察了市场经济条件下企业家精神对地区经济发展差距的影响；程俊杰（2016）以江苏为例，结合面板数据通过实证研究对制度变迁、企业家精神与民营经济发展进行研究。此外，还有部分学者从多个维度对企业家成长影响因素进行分析，例如，任洲麒等（2009）通过探索性分析，考查中国企业家成长过程中的影响因素，并将不同维度的因素归类为同一分析框架下的因子，揭示出中国企业家成长的整体影响因子构成；李映红、黄晓晔（2012）以235家安徽省科技型中小企业为样本，通过实证分析，探讨了影响科技型中小企业家成长的多维因素。

本研究认为以往关于企业家或企业家成长因素的相关研究主要集中于单一个体因素或环境因素，缺乏对企业家群体全貌及企业家成长过程中多因素的研究，事实上企业家成长是一个长期积淀的过程，其成长过程受到环境、困境、路径等多重因素的影响。因此，本书在已有企业家相关理论研究基础上，结合案例，通过访谈及问卷调查的方式，重点关注影响西部企业家成长的多维因素。

7.2　研究思路

7.2.1　访谈调查

为了清晰了解实践中我国西部企业的成长因素，我们通过对企业家个体面对面的个别访谈方式，并通过对访谈要点的分析，提炼出影响西部企业家成长的目前在发展中的困境、内外部环境与自我认知因素，这也是我们访谈的主要目的。针对访谈方式我们选择介于结构性访谈和非结构性访谈之间的半结构性访谈方式，半结构性访谈兼有结构性访谈和非结构性访谈的优点，它既可以避免结构性访谈缺乏灵活性、难以对问题做深入的探讨等局限，也可以避免非结构性访谈的费时、费力等缺陷（朱晓霞，2008）。

访谈过程依据一个访谈提纲采取比较灵活的方式进行，访谈提纲的拟订建立在阅读相关文献及专家小组讨论的基础上，将研究所需要获取的重要信息资料，按照问题的形式向被访者提出。在提纲中确定访谈的程序、主要问题以及排列的顺序。在访谈进程中，不必拘泥于问题的顺序，按照访谈进程灵活运用即可。Sanders针对现象研究提出以下观点：选择较多的访谈对象并非产生较多的信息，通常可以通过3~6个人搜集到足够的信息，它的重要性在于少数的人经历了研究者想要搜集的现象或事情。我们选择了分布在不同行业的陕西、宁夏、内蒙古等地的 10 个企业家或管理者进行了半结构性访谈，每次访谈基本用时在 45 分钟到一个半小时，这种带着预先设计问题的引导性访谈有利于获得对特定人群的了解而不是得到某一特定人群的一般化结论，其优点是灵活性，并提供了询问一系列问题的可能性（朱晓霞，2008）。访谈结束后，对访谈提纲中存在的不足之处进行调整和修改，经过不断的访谈、测试和修改等方式，最终将题目经过筛选编制成问卷（张焕勇，2007）。

7.2.2　问卷调查

本研究实证部分一共包含 3 个部分：第一部分是通过对西部企业家基本信息情况和创业动机进行问卷调研，对西部企业家及企业目前发展状况、创业动机有初步的认识；第二部分是通过对西部企业家的现状及问题、成长环境与路径进行问卷调研，研究西部企业家目前发展遇到的困境、内外部环境对西部企业家成长的影响，以及目前西部企业家发展有哪些路径；第三部分是通过对西部企业家自我认知进行问卷调研，研究目前西部企业家对自我的认知及不足，从而探索适合西部企业家成长的机制和路径，为培养更多西部企业家献计献策。

经过访谈阶段及问卷的修改结果，进入问卷的正式调查阶段，一是依托西北大学 MBA 教育平台，线下在教学楼进行实地调研，进行随机纸质版问卷发放。在调查的正式实施阶段，我们针对问卷对学生调查员做了一定的指导，对个别题目做了具体解释和强调，使参与调查者对问卷内容有一个完整的理解，并要求调查员引导被调查者填写完整的问卷。二是对项目负责人、项目参与者等老师和同学相识的西部企业家进行电子版问卷调查，当被访者遇到阅读或理解困难时，有利于及时地沟通，调查员可以亲自解释问题及选项，鼓励或帮助其顺利完成问卷的调查，提高问卷的填写质量和回收率（朱晓霞，2008）。

7.3　问卷设计

根据修改好的访谈提纲引导访谈对象叙述其企业发展过程，发展过程中是否遇到一些困难，如资金短缺、人才缺乏、技术、管理等问题，遇到这些问题如何解决，并引导其叙述企业家网络关系如家庭、亲戚、朋友、其他企业家、银行、政府机构等对其解决企业遇到的问题是否有帮助，这些对企业成长是否有影响。最终通过访谈内容进行问卷题项的设计（朱晓霞，2008）。

西部企业家成长问卷调查主要分为六大部分：第一，西部企业家的基本信息情况，包括性别、年龄、学历、所在省份、办企业之前的职业、政治面貌、是否为荣誉获得者、所在公司职务；第二，西部企业家所在企业基本情况，包括所属行业、员工人数、公司成立年数、公司规模、公司所处发展阶段；第三，西部企业家创业动机的调查；第四，西部企业家面临的困境调查；第五，西部地区企业家成长环境与路径调查；第六，西部地区企业家自我认知调查。其中，西部企业家创业动机、成长环境与路径、自我认知调查来源于文献梳理与现有指标体系借鉴（朱雪蕾，2019）。后三项调查是从西部企业家角度对创业动机、面临的困境、成长环境因素、企业家素质能力与自身符合程度评价，考虑到西部企业家群体的特殊性与调研获得的样本数量规模，采用5级李克特量表制。

7.4　样本选择及数据收集

7.4.1　样本选择

为了保证所选择的样本符合本研究的目的，在收集数据之前，先对样本的选取标准和抽样范围做如下限制：

①样本企业规模。如果企业规模相似性太强，研究的结果就不会有普遍性。因此，本书将样本企业规模限制在大、中、小各种规模均应有一定

的数量。

②被调查者的职位。根据我们对企业家的定义，企业的所有者和经营者都是我们研究的对象。因此，被调查对象应为企业的创始人、董事长、总经理或企业高管等，或两者兼任。

③样本企业所在行业。为了使研究结果有更强的代表性和普适性，所选样本不应该集中在某个行业，而应该适度分散在各个行业。

④样本的地域性选择。为了使研究结果具有更强的代表性和普适性，所选企业家样本涉及陕西、宁夏、内蒙古、青海、重庆、贵州、云南、广西、新疆等西部地区（张焕勇，2007）。

7.4.2 数据收集

针对西部企业家成长的调研，其数据来源主要有以下两方面：一是依托西北大学 MBA 教育平台对在职西部企业家进行现场问卷调研；二是通过项目负责人、项目参与者等老师和同学相识的西部企业家进行电子版或纸质版问卷调研（朱雪蕾，2019）。选择公司在西部地区运营的企业家，调研共回收问卷 206 份，其中，线上回收问卷 86 份，线下回收问卷 120 份，剔除打分明显不合理及不符合条件的问卷，得到有效问卷 202 份用作后续分析，问卷回收率为 98.05%。

7.5 数据分析

7.5.1 西部企业家基本情况分析

通过对西部企业家成长调查的 202 份有效问卷进行回收，并针对西部企业家群体的基本特征进行分析得出，西部企业家呈现性别差异显著、低年龄、高学历的特点。西部企业家性别差异显著，男性企业家占比 70.30%，女性企业家占比 29.70%（朱雪蕾，2019）。39 岁以下青年企业家占比 63.36%。154 位西部企业家具有本科以上学历，占比 76.24%。44 位西部企业家在办企业之前的职业是专业技术人员，占比 21.78%；50 位西部企业家在办企业之前是机关企事业干部，占比 24.75%；26 位西部企业家在办企业之前是商业服务人员，占比 12.87%，这三项所占比例较大，表明一半多的企业家在办企业之前都具有理论文化基础、专业的技能或商业服务经验。参与调研的西部企业家中 54 位为总经理，占比 26.73%，52 位为创始人，占比 25.74%，28 位为董事长，占比 13.86%，4 位为总裁，占比 1.98%，64 位为非上述职务的企业高管，占比 31.68%，说明此次参与调研的西部企业家职务符合本项目对企业家的定义。在此次调研中，104 位西部企业家政治面貌为群众，占比 51.49%；92 位西部企业家政治面貌为中共党员，占比 45.54%，政治面貌为群众的西部企业家比政治面貌为党员的西部企业家略多。其中，仅 2 位企业家为全国人大代表或政协委员，占比 0.99%；4 位为市级人大代表或政协委员，占比 1.98%；6 位为劳模或杰出青年等荣誉获得者，占比 2.97%；186 位为非上述荣誉获得者，占比 92.08%，说明参与调研的大多数西部企业家为非上述荣誉获得者（见表 7-1）。

表 7-1　西部企业家调查样本的基本情况

企业家基本情况	选项	数量/位	占比/%
性别	男	142	70.30
	女	60	29.70
年龄	20 岁以下	0	0
	20~29 岁	36	17.82
	30~39 岁	92	45.54
	40~49 岁	48	23.76
	50~59 岁	24	11.88
	60 岁以上	2	0.99
学历	高中及以下	10	4.95
	大专	38	18.81
	大学本科	110	54.46
	硕士研究生	36	17.82
	博士研究生	8	3.96

续表

企业家基本情况	选项	数量/位	占比/%
办企业之前的职业	机关企事业干部	50	24.75
	专业技术人员	44	21.78
	商业服务人员	26	12.87
	外资企业人员	8	3.96
	普通工人	10	4.95
	专业户	0	0
	个体户	18	8.91
	大学生	20	9.90
	军人	6	2.97
	农民	2	0.99
	无职业者	2	0.99
	其他	16	7.92
政治面貌	中共党员	92	45.54
	民主党派	6	2.97
	群众	104	51.49
荣誉获得	全国人大代表或政协委员	2	0.99
	省级人大代表或政协委员	0	0
	市级人大代表或政协委员	4	1.98
	县级人大代表或政协委员	4	1.98
	区级人大代表或政协委员	0	0
	劳模或杰出青年等荣誉获得者	6	2.97
	非上述荣誉获得者	186	92.08
公司职务	创始人	52	25.74
	总裁	4	1.98
	董事长	28	13.86
	总经理	54	26.73
	非上述职务的企业高管	84	31.68

7.5.2 企业基本情况分析

此次被调研的202位企业家来自不同的行业（见图7-1），34位属于工业行业，占比16.83%；28位属于卫生和社会服务行业，占比13.86%；24位属于文化和体育行业，占比11.88%；22位属于建筑行业，占比10.89%；18位属于批发和零售行业、科学技术行业，分别占比 8.91%；16 位属于运输、邮电和软件行业，占比 7.92%；10 位属于住宿、餐饮和旅游行业，房地产行业，分别占比 4.95%；4 位属于金融行业，占比 1.98%；2 位属于农业行业，占比 0.99%，教育行业，占比 7.92%，说明此次调研样本适度分散在各个行业，具有代表性和普适性。

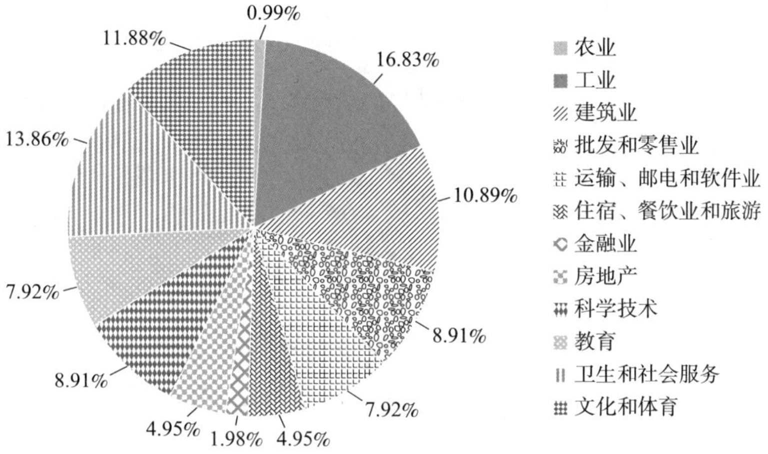

图 7-1　参考调研的调查西部企业行业分布

此次被调研的 202 位西部企业家的企业，其中企业规模在行业中属于中型规模以上的企业占 52.48%（见图 7-2），共 106 家公司，说明参与问卷调研的企业有超过一半都是中型规模以上的企业，本次研究所涉及的企业包含微型、小型、中型、大型及规模以上企业，涉及范围较广，研究结果具有普适性。

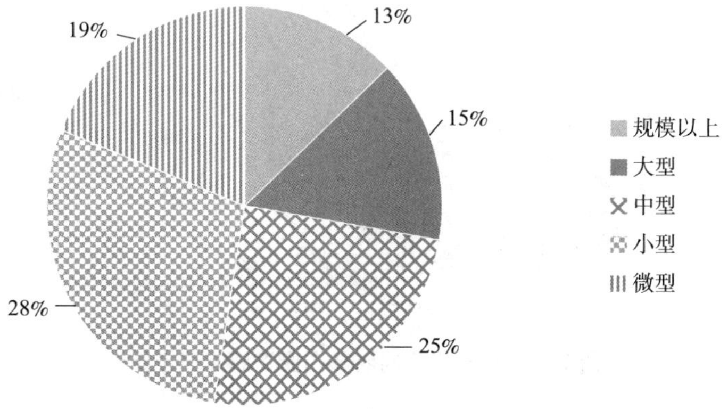

图 7-2　参与调研的西部企业公司规模占比

参与此次调研的公司成立年数分布较均匀（见图 7-3），成立 3~5 年的公司占比 28.71%，数量相对较多，说明此次调研具有普适性和代表性，参与调研的公司成立的不同年数均有涉及。

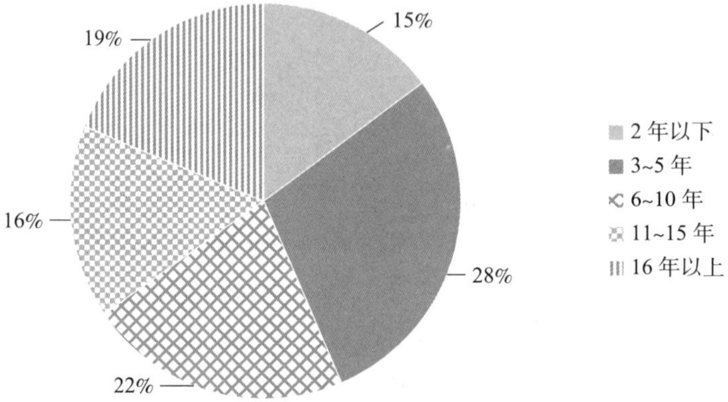

图 7-3　参与调研的西部企业成立年数占比

目前调研中接近一半的企业家认为所处公司的目前发展阶段是成长阶段（见图 7-4），占比 47.52%，共 96 人，接下来依次是选择创业阶段的企业家（占比 23.76%）、选择成熟阶段的企业家（占比 18.81%）、选择转型阶段的企业家（占比 9.91%）。企业所处发展阶段的不同，决定了该企业的不同特点，进而影响企业文化及企业家决策等。

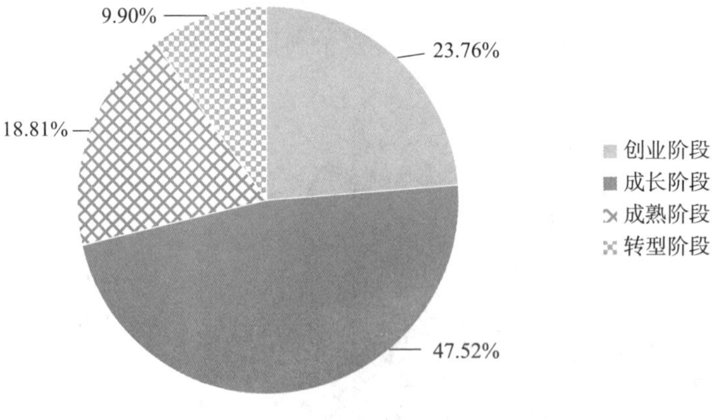

图 7-4　参与调研的西部企业发展阶段占比

7.5.3　西部企业家创业动机分析

（1）信度和效度分析

问卷的信度是考查问卷测量的可靠性，是指测量所得结果的内部一致性程度（王琳，2022）。将西部企业家创业动机调查数据录入 SPSS 软件，对样本进行信度分析（见表 7-2），结果显示其样本基于标准化项的 Cronbach's α 信度为 0.919，该样本信度大于一般研究要求的 0.7 的标准，说明测量的一致性程度较高并且内部结构较能反映总体情况（朱雪蕾，2019）。

表 7-2　西部企业家创业动机样本信度分析

克隆巴赫 Alpha	基于标准化项的克隆巴赫 Alpha	项数
0.918	0.919	12

效度分析，采用因素分析对问卷的理论构思效度进行验证，将西部企业家创业动机调查数据录入 SPSS 软件，对样本进行效度分析（见表 7-3），结果显示样本的 KMO 取样适切性量数为 0.871，该样本效度高于一般要求的 0.7 的标准，说明该样本数据具有较好的效度。

表 7-3　西部企业家创业动机样本效度分析

KMO 取样适切性量数		0.871
巴特利特球形度检验	近似卡方	810.288
	自由度	66
	显著性	0.000

（2）主成分分析

因为每个变量都在不同程度上反映了所研究问题的某些信息，并且指标之间有一定的相关性，所以将样本数据录入 SPSS 进行主成分分析得到总方差解释（见表 7-4），由表 7-4 可以看到，西部企业家创业动机样本提出 3 个公因子，旋转载荷平方和累计贡献率达到 74.160%，说明提取的公因子解释力度较好。从碎石图（见图 7-5）中可以看出，提取的前三个公因子在图中特征值较高，随着组件号的增加，特征值趋于平缓，因此认为提取的 3 个公因子具有代表性。

表 7-4　西部企业家创业动机总方差解释

成分	初始特征值			提取载荷平方和			旋转载荷平方和		
	总计	方差百分比/%	累计百分比/%	总计	方差百分比/%	累计百分比/%	总计	方差百分比/%	累计百分比/%
1	6.391	53.261	53.261	6.391	53.261	53.261	3.011	25.090	25.090
2	1.630	13.581	66.842	1.630	13.581	66.842	2.956	24.630	49.720
3	0.878	7.317	74.159	0.878	7.317	74.159	2.933	24.440	74.160
4	0.726	6.049	80.208						
5	0.508	4.230	84.438						
6	0.468	3.902	88.341						
7	0.324	2.698	91.039						
8	0.306	2.552	93.591						
9	0.240	2.000	95.590						
10	0.200	1.669	97.259						
11	0.184	1.530	98.790						
12	0.145	1.210	100.000						

注：提取方法为主成分分析法。

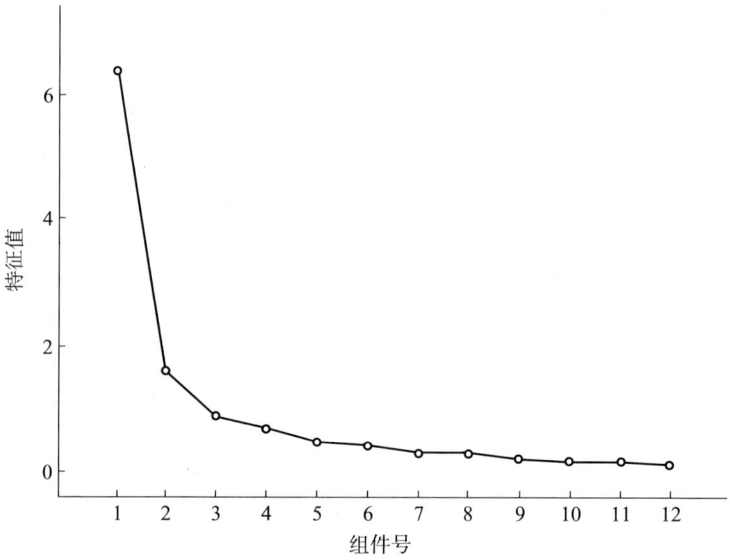

图 7-5　西部企业家创业动机分析碎石图

根据旋转后的成分矩阵（见表7-5），可以得出对西部企业家创业动机进行主成分提取的3个公因子，首先，“迫于生活经济压力”“为以后退休做准备”“为后代留一份家业”“为亲人提供一份保障”“能够当老板”可以归类为第一个公因子“经济原因”。其次，“可以自己做决策”“为了赚取利润”“能够获得舒适的生活”可以归类为第二个公因子“自我实现”。最后，“使公司成为全国或世界知名企业”“提供就业机会给他人”“喜欢挑战”“为了获得认可”可以归类为第三个公因子“社会理想”。由此，可以得出，参与问卷调研的西部企业家创业动机分为三大类：经济原因、自我实现、社会理想，正是这些因素促使西部企业家开始创业。

表7-5　西部企业家创业动机样本旋转后的成分矩阵[a]

项目	成分		
	1	2	3
Q1. 迫于生活经济压力	0.847	0.171	-0.051
Q2. 为以后退休做准备	0.826	0.169	0.266
Q3. 为后代留一份家业	0.668	0.454	0.252
Q4. 为亲人提供一份保障	0.557	0.475	0.306
Q5. 能够当老板	0.471	0.435	0.258
Q6. 可以自己做决策	0.259	0.797	0.281
Q7. 为了赚取利润	0.314	0.794	0.224
Q8. 能够获得舒适的生活	0.526	0.691	0.155
Q9. 使公司成为全国或世界知名企业	0.254	0.095	0.855
Q10. 提供就业机会给他人	0.351	0.142	0.833
Q11. 喜欢挑战	-0.049	0.495	0.737
Q12. 为了获得认可	0.008	0.511	0.718

注：提取方法为主成分分析法；旋转方法为凯撒正态化最大方差法。a. 旋转在7次迭代后已收敛。

通过对参与调研的西部企业家创业动机的得分进行分析，将得分值按照高低次序进行排序（见图7-6）可知，得分值最高的是“为了赚取利润”，得分值3.88，得分值前五个其他选项分别是“喜欢挑战”“可以自己做决策”

“为了获得认可”“为亲人提供一份保障”，从个人生活角度来说，西部企业家希望“赚取利润”，在此基础上“为亲人提供一份保障”，这是个人及家庭生活影响因素促使西部企业家创业。从个人性格特质角度来说，“喜欢挑战”“可以自己做决策”“为了获得认可”，都是一种敢于挑战、积极向上的性格特质。

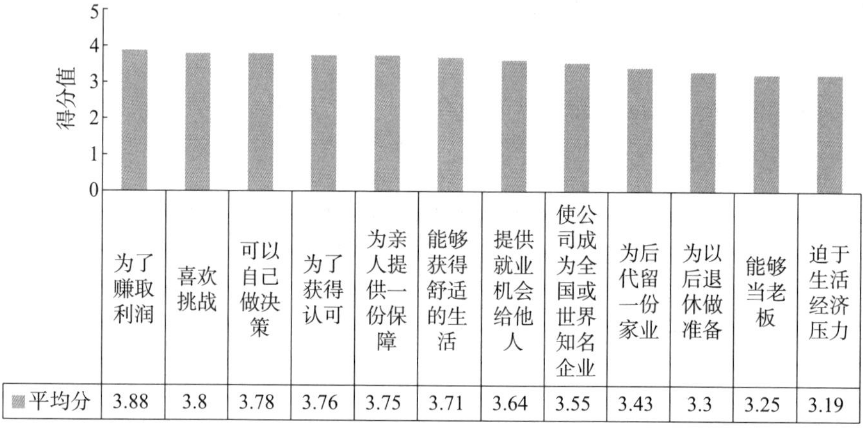

图 7-6　西部企业家创业动机选项分值

7.5.4　西部企业家面临困境分析

（1）信度和效度分析

将西部企业家面临困境调查数据录入 SPSS 软件，首先，对样本进行信度分析（见表 7-6），结果显示其样本基于标准化项的 Cronbach's α 信度为 0.958，该样本信度大于一般研究要求的 0.7 的标准，说明测量的一致性程度较高并且内部结构较能反映总体情况（朱雪蕾，2019）。其次，对样本进行效度分析（见表 7-7），结果显示样本的 KMO 取样适切性量数为 0.918，该样本效度高于一般要求的 0.7 的标准，说明该样本数据具有很好的效度，具有很好的可靠性。

表 7-6　西部企业家面临困境样本信度分析

克隆巴赫 Alpha	基于标准化项的克隆巴赫 Alpha	项数
0.957	0.958	23

表 7-7　西部企业家面临困境样本效度分析

KMO 取样适切性量数		0.918
巴特利特球形度检验	近似卡方	1828.771
	自由度	253
	显著性	0.000

（2）主成分分析

将样本数据录入 SPSS 进行主成分分析得出总方差解释（见表 7-8），可以看到西部企业家面临困境样本提取 4 个公因子，旋转载荷平方和累计贡献率达到 70.671%，达到一般标准（60%），说明提取的公因子解释力度良好。从图 7-7 的碎石图中可以看出，提取的 4 个公因子在图中特征值较高，随着组件号的增加，特征值趋于平缓，所以认为提取的 4 个公因子在代表西部企业家面临困境的题项上具有代表性。

表 7-8　西部企业家面临困境总方差解释

成分	初始特征值			提取载荷平方和			旋转载荷平方和		
	总计	方差百分比/%	累计百分比/%	总计	方差百分比/%	累计百分比/%	总计	方差百分比/%	累计百分比/%
1	11.957	51.989	51.989	11.957	51.989	51.989	4.679	20.342	20.342
2	2.295	9.979	61.968	2.295	9.979	61.968	4.085	17.759	38.101
3	1.019	4.432	66.400	1.019	4.432	66.400	3.839	16.690	54.791
4	0.983	4.272	70.672	0.983	4.272	70.672	3.652	15.880	70.671
5	0.822	3.573	74.245						
6	0.724	3.147	77.393						
7	0.696	3.024	80.417						
8	0.584	2.538	82.955						
9	0.495	2.154	85.109						
10	0.446	1.941	87.050						
11	0.411	1.788	88.838						
12	0.401	1.744	90.582						
13	0.309	1.344	91.926						

续表

成分	初始特征值			提取载荷平方和			旋转载荷平方和		
	总计	方差百分比/%	累计百分比/%	总计	方差百分比/%	累计百分比/%	总计	方差百分比/%	累计百分比/%
14	0.284	1.236	93.162						
15	0.262	1.139	94.301						
16	0.234	1.016	95.316						
17	0.212	0.922	96.238						
18	0.200	0.871	97.109						
19	0.171	0.743	97.852						
20	0.143	0.620	98.472						
21	0.140	0.610	99.083						
22	0.115	0.501	99.584						
23	0.096	0.416	100.000						

注：提取方法为主成分分析法。

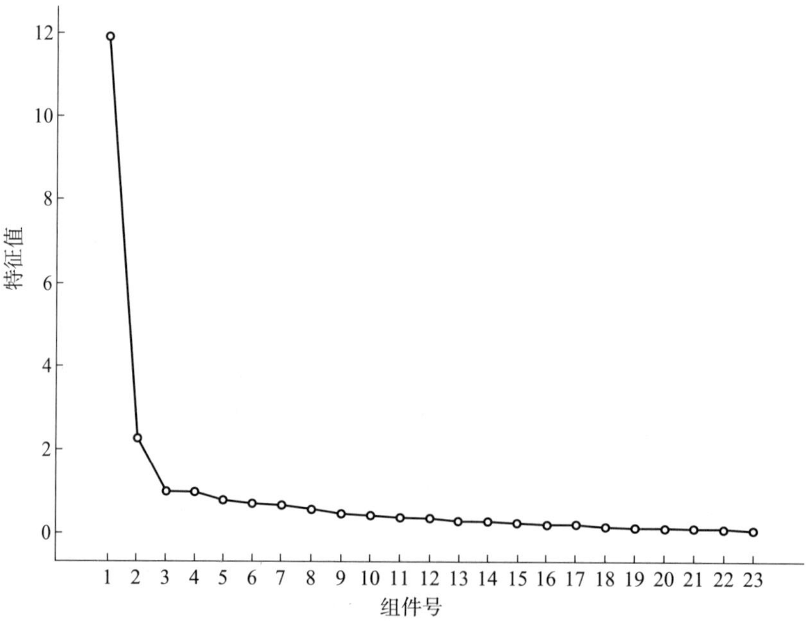

图 7-7 西部企业家面临困境分析碎石图

根据旋转后的成分矩阵（见表7-9），可以得出对西部企业家目前面临困境进行主成分提取的4个公因子，首先，“身体状况差”“接班人问题无法解决”“子女教育问题”“业余时间少”“家庭矛盾较大”可以归类为第一个公因子“个人、家庭”因素。

其次，“社保、税费负担过重”“资源、环境约束较大”“未来影响企业发展的不确定性因素太多”“国内需求不足”“缺乏创新能力”“遭受不公平竞争”“整个行业产能过剩”可以归类为第二个公因子“企业扩张”因素。

再次，“人工成本上升”“缺乏人才”“能源、原材料成本上升”“企业融资困难”“资金紧张”“人民币贬值过快”可以归类为第三个公因子“资源、人才及团队”。

最后，“企业冗员安排困难”“缺乏投资机会”“出口需求不足”“行业发展前景不明”“地方政府干预较多”可以归类为第四个公因子“企业内部管理及行业前景”。由此，可以得出，参与问卷调研的西部企业家面对困境可分为四大类：个人、家庭因素，企业扩张因素，资源、人才及团队因素，企业内部管理及行业前景，这些因素是目前西部企业家面临的困境。

表7-9 西部企业家面临困境样本旋转后的成分矩阵[a]

项目	成分			
	1	2	3	4
Q1. 身体状况差	0.855	0.147	0.168	0.152
Q2. 接班人问题无法解决	0.754	0.229	0.121	0.343
Q3. 子女教育问题	0.735	0.223	0.182	0.240
Q4. 业余时间少	0.704	0.074	0.395	0.193
Q5. 家庭矛盾较大	0.548	0.353	0.199	0.504
Q6. 社保、税费负担过重	0.023	0.700	0.487	0.148
Q7. 资源、环境约束较大	0.212	0.695	0.224	0.324
Q8. 未来影响企业发展的不确定性因素太多	0.364	0.684	0.331	0.021
Q9. 国内需求不足	0.472	0.614	0.017	0.298
Q10. 缺乏创新能力	0.163	0.612	0.446	0.244
Q11. 遭受不公平竞争	0.136	0.577	0.355	0.404
Q12. 整个行业产能过剩	0.539	0.575	0.180	0.213

续表

项目	成分			
	1	2	3	4
Q13. 人工成本上升	0. 131	0. 132	0. 821	0. 157
Q14. 缺乏人才	0. 149	0. 306	0. 719	0. 024
Q15. 能源、原材料成本上升	0. 312	0. 370	0. 679	0. 174
Q16. 企业融资困难	0. 172	0. 216	0. 611	0. 504
Q17. 资金紧张	0. 160	0. 509	0. 565	0. 287
Q18. 人民币贬值过快	0. 390	0. 372	0. 441	0. 247
Q19. 企业冗员安排困难	0. 432	0. 201	0. 123	0. 752
Q20. 缺乏投资机会	0. 277	0. 214	0. 351	0. 725
Q21. 出口需求不足	0. 559	0. 201	0. 111	0. 646
Q22. 行业发展前景不明	0. 609	0. 210	-0. 008	0. 644
Q23. 地方政府干预较多	0. 133	0. 337	0. 351	0. 550

注：提取方法为主成分分析法；旋转方法为凯撒正态化最大方差法。a. 旋转在 9 次迭代后已收敛。

通过对参与调研的西部企业家面临困境的得分进行分析，将得分值按照高低次序进行排序（见图 7-8）可知，得分值最高的是“缺乏人才”，为 4. 18，参与调研的西部企业家基本上都认为目前企业发展困境是缺乏人才。前五个得分值其他选项分别是“未来影响企业发展的不确定因素太多”“社保、税费负担过重”“能源、原材料成本上升”“人工成本上升”，从这里可以看出参与调研的西部企业家现在面临的困境大多都与成本上升、负担过重相关，以及 2020 年受新冠疫情的影响，大多数企业都遇到了太多影响西部企业未来发展的不确定性因素，也成为西部企业家目前面临的困境。

随着全球化经济的发展，企业间的竞争已经扩展到了全球范围内，以往站稳国内脚跟就可以高枕无忧的时代已经过去，国际化已经成为现在企业发展的主流方向，扩张伴随着企业国际化的整个过程，企业会根据自身的经营状况采取不同的扩张模式，“社保、税费负担过重”“资源、环境约束较大”“未来影响企业发展的不确定性因素太多”“国内需求不足”“缺乏创新能力”“遭受不公平竞争”“整个行业产能过剩”等因素是西部企业家认为目前企业扩张面临的主要困境（赵甜甜，2013）。

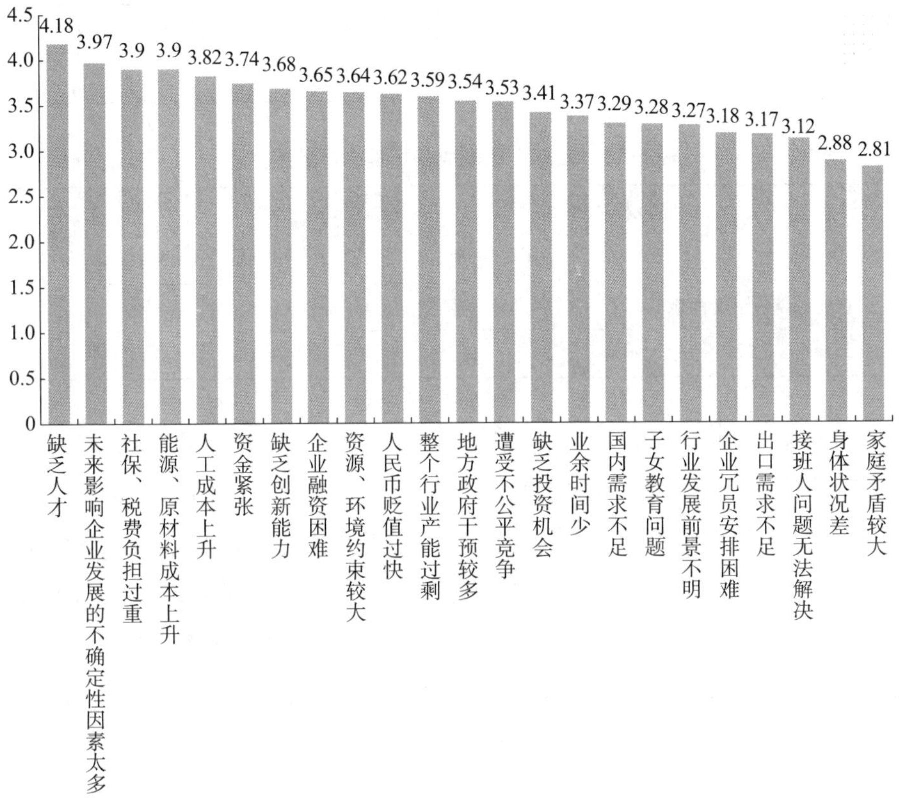

图 7-8　西部企业家面临困境选项分值

7.5.5　西部企业家成长环境与路径分析

（1）西部企业家成长环境分析

①信度和效度分析。

在进行西部企业家成长环境分析时，首先，将样本数据录入 SPSS，对样本进行信度分析（见表 7-10），结果显示其样本基于标准化项的 Cronbach's α 信度为 0.982，该样本信度大于一般研究要求的 0.7 的标准，说明测量的一致性程度较高并且内部结构较能反映总体情况（朱雪蕾，2019）。其次，对样本进行效度分析（见表 7-11），结果显示样本的 KMO 取样适切性量数为 0.915，该样本效度高于一般要求的 0.7 的标准，说明该样本数据具有很好的效度。

表 7-10 西部企业家成长环境样本信度分析

克隆巴赫 Alpha	基于标准化项的克隆巴赫 Alpha	项数
0. 982	0. 982	32

表 7-11 西部企业家成长环境样本效度分析

KMO 取样适切性量数		0. 915
巴特利特球形度检验	近似卡方	4066. 620
	自由度	496
	显著性	0. 000

②主成分分析。

在对西部企业家成长环境分析中，运用主成分分析得到总方差解释（见表 7-12），可以得到西部企业家成长环境样本有 4 个公因子，旋转载荷平方和累计贡献率达到 77. 398%，达到一般标准（60%），说明提取的公因子解释力度良好。从图 7-9 中可以看出，提取的前 4 个公因子在图中特征值较高，随着组件号的增加，特征值趋于平缓，所以认为提取的 4 个公因子在代表西部企业家成长环境的题项上具有较好的代表性。

表 7-12 总方差解释

成分	初始特征值			提取载荷平方和			旋转载荷平方和		
	总计	方差百分比/%	累计百分比/%	总计	方差百分比/%	累计百分比/%	总计	方差百分比/%	累计百分比/%
1	20. 741	64. 817	64. 817	20. 741	64. 817	64. 817	7. 742	24. 193	24. 193
2	1. 573	4. 915	69. 732	1. 573	4. 915	69. 732	7. 185	22. 453	46. 646
3	1. 298	4. 055	73. 787	1. 298	4. 055	73. 787	5. 146	16. 082	62. 728
4	1. 155	3. 610	77. 397	1. 155	3. 610	77. 397	4. 694	14. 670	77. 398
5	0. 878	2. 745	80. 142						
6	0. 669	2. 089	82. 231						
7	0. 645	2. 015	84. 246						
8	0. 577	1. 803	86. 049						
9	0. 489	1. 528	87. 578						

续表

成分	初始特征值			提取载荷平方和			旋转载荷平方和		
	总计	方差百分比/%	累计百分比/%	总计	方差百分比/%	累计百分比/%	总计	方差百分比/%	累计百分比/%
10	0.460	1.438	89.016						
11	0.435	1.358	90.374						
12	0.337	1.054	91.428						
13	0.313	0.977	92.405						
14	0.287	0.897	93.302						
15	0.254	0.794	94.097						
16	0.241	0.754	94.850						
17	0.222	0.693	95.543						
18	0.197	0.614	96.158						
19	0.176	0.551	96.709						
20	0.159	0.496	97.205						
21	0.143	0.446	97.651						
22	0.132	0.412	98.063						
23	0.119	0.373	98.436						
24	0.093	0.289	98.725						
25	0.080	0.249	98.973						
26	0.075	0.234	99.207						
27	0.067	0.209	99.417						
28	0.054	0.169	99.586						
29	0.048	0.150	99.737						
30	0.033	0.105	99.841						
31	0.026	0.082	99.923						
32	0.025	0.077	100.000						

注：提取方法为主成分分析法。

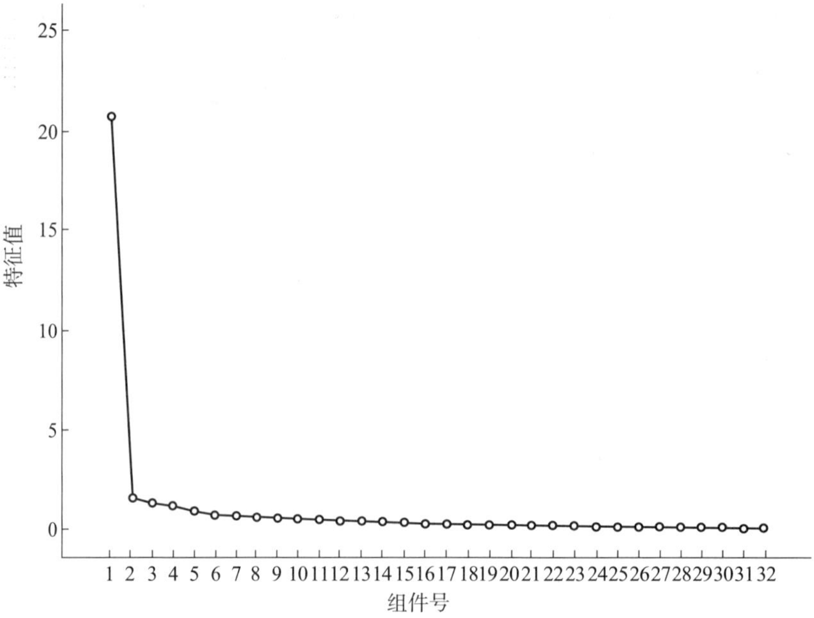

图 7-9　西部企业家成长环境分析碎石图

根据旋转后的成分矩阵（见表 7-13），可以得出对西部企业家成长环境进行主成分提取的 4 个公因子，首先，“政府宏观经济政策”“国家政治体制及基本制度安排”“市场竞争环境”“产业发展的带动”“法律体系的保障”“政府行政效率与规范”“生态环境保护政策”“产业扶持政策”“对技术的执着追求”“企业家社会地位状况”可以归类为第一个公因子“政策与法律环境”。

其次，“团队氛围”“学习环境影响”“对某一行业的热爱”“事业心”“自主创新体系”“企业家精神”“成功的行业经验”“失败的教训”“社会机遇的影响”“基层工作经历”“个人品格”可以归类为第二个公因子“企业内部发展环境”。

再次，“学历”“家庭熏陶、配偶支持、遗传”“榜样（偶像）力量”“朋友、同乡、老师”“社会风尚的影响”“社会思想观念的影响”可以归类为第三个公因子“个人、家庭及社会环境”。

最后，“社会教育与培训”“地区科技水平”“地区基础设施”“相关人才”“知识产权、技术等保护”可以归类为第四个公因子“技术及行业发展水平”。由此可以得出，西部企业家环境影响因素分为四大类：政策与法律环境因素，企业内部发展环境因素，个人、家庭及社会环境因素，技术及行业发展水平因素，正是这些内外部环境因素影响西部企业家的成长。

表 7-13　西部企业家成长环境样本旋转后的成分矩阵[a]

	成分			
	1	2	3	4
Q1. 政府宏观经济政策	0. 704	0. 381	0. 336	0. 221
Q2. 国家政治体制及基本制度安排	0. 702	0. 212	0. 379	0. 280
Q3. 市场竞争环境	0. 700	0. 392	0. 228	0. 350
Q4. 产业发展的带动	0. 695	0. 325	0. 321	0. 301
Q5. 法律体系的保障	0. 692	0. 371	0. 334	0. 337
Q6. 政府行政效率与规范	0. 683	0. 363	0. 410	0. 189
Q7. 生态环境保护政策	0. 662	0. 224	0. 196	0. 496
Q8. 产业扶持政策	0. 641	0. 475	0. 326	0. 244
Q9. 对技术的执着追求	0. 633	0. 363	0. 205	0. 414
Q10. 企业家社会地位状况	0. 625	0. 233	0. 313	0. 235
Q11. 团队氛围	0. 344	0. 768	0. 312	0. 239
Q12. 学习环境影响	0. 253	0. 768	0. 292	0. 305
Q13. 对某一行业的热爱	0. 343	0. 760	0. 215	0. 266
Q14. 事业心	0. 373	0. 756	0. 293	0. 197
Q15. 自主创新体系	0. 272	0. 638	0. 206	0. 455
Q16. 企业家精神	0. 432	0. 616	0. 321	0. 297
Q17. 成功的行业经验	0. 553	0. 610	0. 222	0. 221
Q18. 失败的教训	0. 570	0. 572	0. 158	0. 172
Q19. 社会机遇的影响	0. 218	0. 560	0. 513	0. 274
Q20. 基层工作经历	0. 500	0. 556	0. 341	0. 147
Q21. 个人品格	0. 415	0. 531	0. 511	0. 042
Q22. 学历	0. 333	0. 145	0. 757	0. 232
Q23. 家庭熏陶、配偶支持、遗传	0. 441	0. 277	0. 725	0. 159
Q24. 榜样（偶像）力量	0. 224	0. 411	0. 671	0. 261

续表

	成分			
	1	2	3	4
Q25. 朋友、同乡、老师	0.259	0.477	0.632	0.188
Q26. 社会风尚的影响	0.482	0.221	0.623	0.330
Q27. 社会思想观念的影响	0.208	0.435	0.569	0.361
Q28. 社会教育与培训	0.334	0.247	0.273	0.780
Q29. 地区科技水平	0.313	0.284	0.295	0.773
Q30. 地区基础设施	0.470	0.137	0.104	0.743
Q31. 相关人才	0.081	0.507	0.324	0.666
Q32. 知识产权、技术等保护	0.510	0.370	0.238	0.563

注：提取方法为主成分分析法；旋转方法为凯撒正态化最大方差法。a. 旋转在 11 次迭代后已收敛。

通过对参与调研的西部企业家成长环境因素的得分进行分析，将得分值按照高低次序进行排序（见图 7-10），可知，得分值最高的是“个人品格”，得分值为 4.29，参与调研的西部企业家基本上都认为个人品格是企业家成长

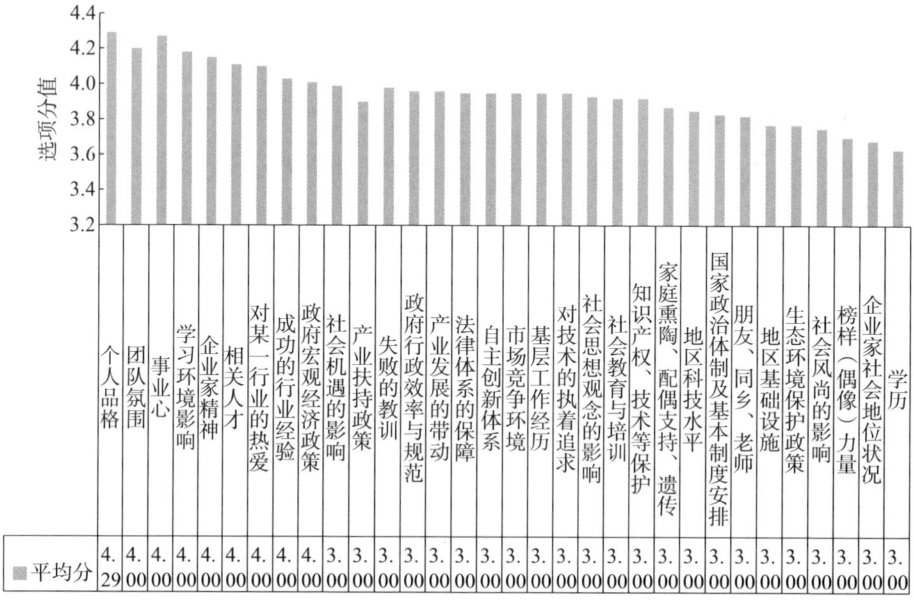

图 7-10　西部企业家成长环境选项分值

的因素之一。前五个得分值其他选项分别是“团队氛围”“事业心”“学习环境影响”“企业家精神”，从这里可以看出参与调研的西部企业家认为外部因素如团队氛围及学习环境影响对企业家成长环境影响较大，内部因素个人的事业心和企业家精神对企业家成长环境影响也很大。此外，“相关人才”“对某一行业的热爱”“成功的行业经验”“政府宏观经济政策”的选项分值都在4分以上，说明参与调研的西部企业家对人才、经验、政策、个人热爱的影响也较认同。

（2）西部企业家成长路径分析

从问卷调研的数据中可以看出，在西部企业家的成长路径中，自主创业的企业家占28.71%，共58人；边学边干，自学成长的企业家占16.83%，共34人；学习知识技术的企业家占12.87%，共26人。有10.89%的企业家是通过职业经理人路径成为企业家的，职业经理人为成为企业家奠定了良好的基础。这表明大多数企业家都是直接进行自主创业，或者依靠自身的主观能动性学习知识技术进行创业，即边学习边创业。由此可以看出西部企业家成长路径之一是个人奋斗（见图7-11）。

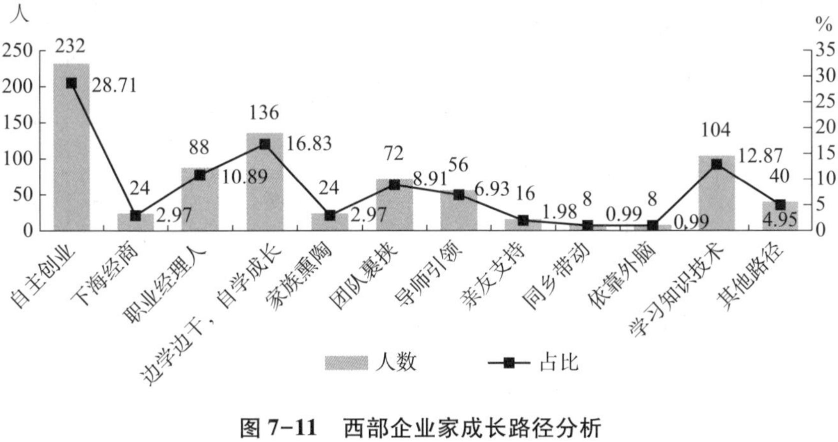

图7-11　西部企业家成长路径分析

此外，有2.97%的企业家是受家族熏陶，8.91%的企业家是受到团队带动，6.93%的企业家是在导师引领下成为企业家，1.98%的企业家是在亲友支持下成为企业家，0.99%是在同乡带动中成为企业家，由此可以看出，诸多的外部因素影响着企业家的成长路径，而团队带动、导师引领、学校教育、特殊机遇则成为西部企业家成长的主要路径。

7.5.6 西部企业家素质能力分析

（1）素质能力认知分析

“您认为企业家成功的标志是”这道题测量西部企业家对素质能力的认知，分别有90位企业家选择了“财富自由”和“能够长久地成功运营企业”，占比44.55%，说明参与调研的西部企业家中有接近一半的企业家认为成功运营企业和实现财富自由是企业家成功的标志。此外，41.58%的企业家选择“对社会具备相当影响力”，28.71%的企业家选择“形成自己的商业理论和商业哲学思想”“拥有企业的知名度”，说明参与调研的较多企业家认为社会影响力、形成商业理论、拥有企业知名度是成功的标志，主要表现为社会影响力的提高、自身能力和水平的提高（见图7-12）。

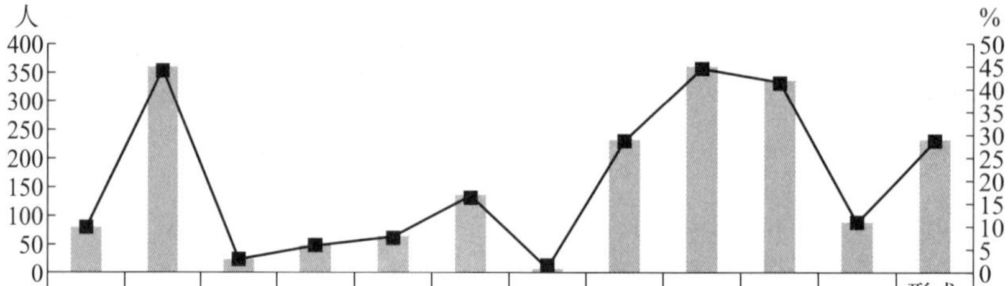

	列位财富排行榜	财富自由	在海外拥有企业	成为名人	获得社会职务	公司上市	在政府任职	拥有企业的知名度	能够长久地成功运营企业	对社会具备相当影响力	对政府政策具备相当影响力	形成自己的商业理论和商业哲学思想
人数	80	360	24	48	64	136	8	232	360	336	88	232
占比	9.9	44.55	2.97	5.94	7.92	16.83	0.99	28.71	44.55	41.58	10.89	28.71

图7-12 企业家成功标志分析

“您认为您自身最具备以下哪些企业家精神”该题项是对西部企业家对自身具备的企业家精神进行调研，通过调研数据可以看出，参与调研的西部企业家有超过一半的企业家认为自身具备“锐意进取的执着精神”“统筹协调团队的合作精神”“开拓拼搏的实干主义精神”“诚实守信的精神”，有接近一半的企业家认为自身具备“创新精神”“社会责任感”，相对来说，认为自身具备“敢于承担经营风险的冒险精神”和“把握不确定性局面”这两种精神的企业家较少，可以得知，目前参与调研的西部企业家大多数属于比较保守的风格，缺少冒险精神，面对不确定性局面，控制能力稍有不足（见图 7-13）。

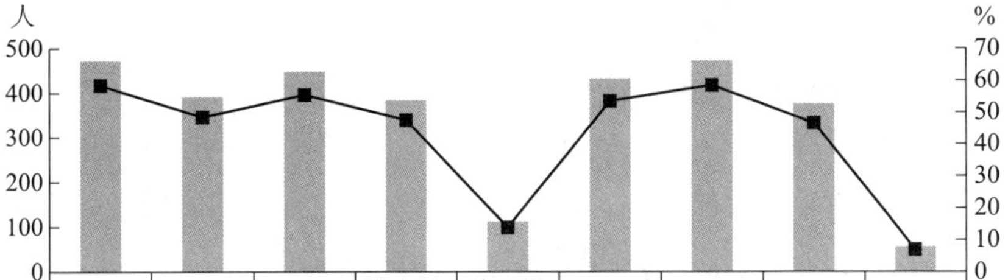

	锐意进取的执着精神	创新精神	统筹协调团队的合作精神	取之社会用之社会的奉献意识	敢于承担经营风险的冒险精神	开拓拼搏的实干主义精神	诚实守信的精神	社会责任感	把握不确定性局面
人数	472	392	448	384	112	432	472	376	56
占比	58.42	48.51	55.45	47.52	13.86	53.47	58.42	46.53	6.93

图 7-13　自身具备的企业家精神分析

（2）信度和效度分析

在进行西部企业家综合素质能力分析时，首先，将样本数据录入 SPSS，对样本进行信度分析（见表 7-14），结果显示其样本基于标准化项的 Cronbach's α 信度为 0.981，该样本信度大于一般研究要求的 0.7 的标准且超过 0.9，说明测量的一致性程度较高并且内部结构较能反映总体情况（朱雪蕾，2019）。其次，对样本进行效度分析（见表 7-15），结果显示样本的 KMO 取样适切性量数为 0.920，该样本效度高于一般要求的 0.7 的标准且高于 0.9，说明该样本数据具有很好的效度。

表 7-14　西部企业家综合素质能力信度分析

克隆巴赫 Alpha	基于标准化项的克隆巴赫 Alpha	项数
0.981	0.981	15

表 7-15　西部企业家综合素质能力效度分析

KMO 取样适切性量数		0.920
巴特利特球形度检验	近似卡方	2175.862
	自由度	105
	显著性	0.000

（3）主成分分析

对西部企业家素质能力进行分析时，运用主成分分析得出总方差解释（见表 7-16），提取到西部企业家素质能力样本有 3 个公因子，旋转载荷平方和累计贡献率达到 86.882%，达到一般标准（60%）并且超过 85%，说明提取的公因子解释力度很好。从图 7-14 中可以看出，提取的前 3 个公因子特征值较高，随着组件号的增加，特征值趋于平缓，所以认为提取的 3 个公因子在代表西部企业家素质能力的题项上具有代表性。

表 7-16　西部企业家综合素质能力总方差解释

成分	初始特征值			提取载荷平方和			旋转载荷平方和		
	总计	方差百分比/%	累计百分比/%	总计	方差百分比/%	累计百分比/%	总计	方差百分比/%	累计百分比/%
1	11. 840	78. 934	78. 934	11. 840	78. 934	78. 934	4. 834	32. 228	32. 228
2	0. 639	4. 263	83. 197	0. 639	4. 263	83. 196	4. 273	28. 484	60. 712
3	0. 553	3. 686	86. 883	0. 553	3. 686	86. 882	3. 926	26. 170	86. 882
4	0. 370	2. 464	89. 347						
5	0. 319	2. 126	91. 473						
6	0. 226	1. 510	92. 982						
7	0. 207	1. 383	94. 365						
8	0. 202	1. 348	95. 713						
9	0. 171	1. 142	96. 856						
10	0. 159	1. 062	97. 918						
11	0. 084	0. 562	98. 479						
12	0. 081	0. 537	99. 017						
13	0. 067	0. 446	99. 462						
14	0. 046	0. 310	99. 772						
15	0. 034	0. 228	100. 000						

注：提取方法为主成分分析法。

根据旋转后的成分矩阵（见表 7-17），可以得出对西部企业家素质能力进行主成分提取的 3 个公因子，首先，“主动性”“专业技能”“成就感”“认知能力”“人际交往能力”可以归类为第一个公因子“企业经营及关系网络能力”。其次，“风险管控能力”“群体能力”“战略能力”“整体评价”“管理能力”“创新能力”可以归类为第二个公因子“战略领导能力”。最后，

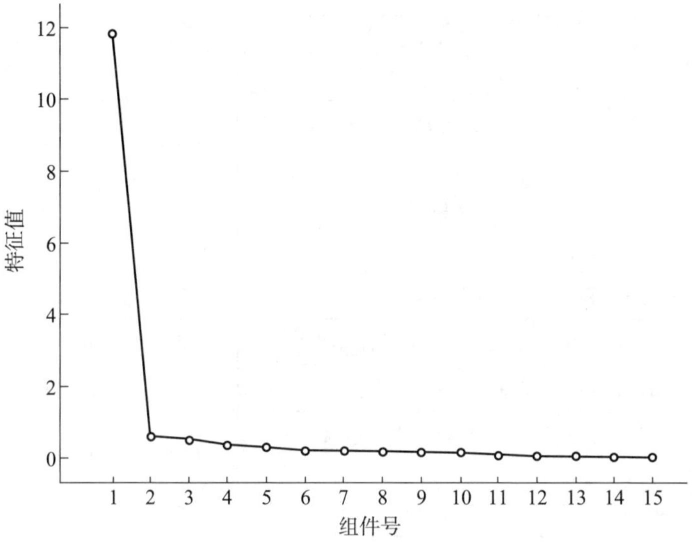

图 7-14　西部企业家素质能力分析碎石图

“环境保护能力”“社会责任意识”“个人品质”“身体素质”可以归类为第三个公因子“个人素质及社会责任能力”。由此，可以得出，西部企业家目前所具有的能力分为三大类：企业经营及关系网络能力、战略领导能力、个人素质及社会责任能力。

表 7-17　西部企业家综合素质能力样本旋转后的成分矩阵[a]

	成分		
	1	2	3
Q1. 积极完成既有工作，以较高的热情学习新知识和理念，并对未来发展积极探索（主动性）	0. 810	0. 275	0. 456
Q2. 在特定领域能将专业知识与管理知识结合起来（专业技能）	0. 799	0. 368	0. 398
Q3. 享受自己的工作过程及所取得的成果，对当前所做工作有较高的认可度（成就感）	0. 731	0. 489	0. 246
Q4. 对经营活动中遇到的问题能够认清政策形势，准确把握事物本质，做出及时应对措施（认知能力）	0. 722	0. 447	0. 426
Q5. 建立良好的人际关系，在经营活动中与下属、合作伙伴能够开展良好的合作，并获得预期效果（人际交往能力）	0. 721	0. 500	0. 337
Q6. 具有良好的风险意识，对既有风险能够及时采取措施进行控制和解决（风险管控能力）	0. 334	0. 830	0. 312

续表

	成分		
	1	2	3
Q7. 能快速融入群体，并在群体中形成权威的影响（群体能力）	0.443	0.699	0.404
Q8. 具有远见卓识的战略性眼光（战略能力）	0.450	0.680	0.387
Q9. 具有较强的综合能力（整体评价）	0.399	0.644	0.511
Q10. 具有良好的管理领导才能（管理能力）	0.351	0.625	0.602
Q11. 具有良好的创新意识，鼓励创新行为（创新能力）	0.591	0.596	0.378
Q12. 具有良好的生态环境保护意识（环境保护能力）	0.325	0.348	0.818
Q13. 有强烈的社会责任感，并对社会需求积极做出贡献（社会责任意识）	0.410	0.418	0.730
Q14. 具有良好的个人品质和务实的作风（个人品质）	0.613	0.289	0.656
Q15. 身体健康，有良好的体格（身体素质）	0.415	0.437	0.627

注：提取方法为主成分分析法；旋转方法为凯撒正态化最大方差法。a. 旋转在 5 次迭代后已收敛。

通过对参与调研的西部企业家自我认知中的素质能力因素的得分进行分析，调查企业对自身素质能力的评价。在发放调查问卷时，为了让被调查者明白每个题项的含义，将问卷题项设计得很详细，在分析中将每道题进行提炼，并根据得分值按照高低次序进行排序（见图 7-15）。由图 7-5 我们得知，得分值最高的是“个人品质”，得分值为 4.24，参与调研的西部企业家基本

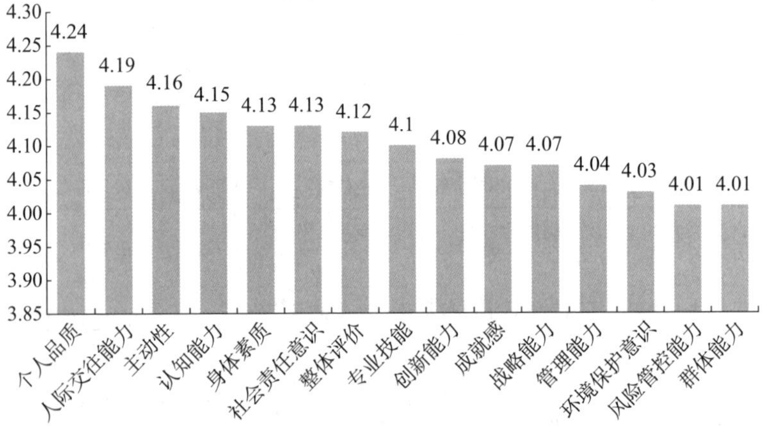

图 7-15　西部企业家素质能力选项分值

上都认为自身所具备的素质能力之一为个人品质。前五个得分值其他选项分别是“人际交往能力”“主动性”“认知能力”“身体素质”，从这里可以看出参与调研的西部企业家认为自身所具备的人际交往能力、主动性、认知能力较强。除此之外，大多数企业家认为自身身体素质较好。此外，“社会责任意识”“整体评价”“专业技能”“创新能力”“成就感”“战略能力”“管理能力”“环境保护意识”“风险管控能力”“群体能力”的选项分值都在 4 分以上，说明参与调研的西部企业家对自身所具备的这些能力都比较认同。

“您认为目前您最需要提升的方面是”题项，是对企业家认为自身需要提升的企业家精神进行分析，参与调研的西部企业家有接近一半的人选择“决策能力”，占比 47. 5%，“丰富的行业与专业知识”“识人用人能力”占比 45. 5%，说明参与调研的西部企业家有一半以上希望在公司层面的决策能力、个人层面的专业知识与行业知识能力、社会层面的社会交往能力有所提升。“预见能力”占比 28. 7%、“良好的社会关系”占比 30. 7%、“提升自身格局”占比 28. 7%，选择该题项的人较多，说明一部分西部企业家在个人层面希望提高个人格局和预见能力，在社会层面希望具有良好的社会关系。参与调研的西部企业家较少的人选择“良好的品德威望”“生态环保意识”，说明西部企业家大多数人认为自身现在已经具备良好的品德威望和环保意识，更多希望提高个人能力、社会交往能力等（见图 7-16）。

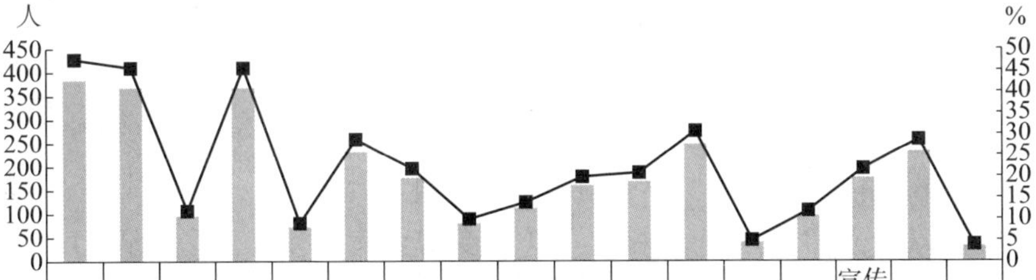

	决策能力	丰富的行业与专业知识	良好的品德威望	识人用人能力	社会责任感	预见能力	沟通协调能力	创业热情	毅力与坚韧	学习能力	创新与冒险精神	良好的社会关系	生态环保意识	人文素养	宣传能力和与人沟通能力	提升自身格局	其他
人数	384	368	96	368	72	232	176	80	112	160	168	248	40	96	176	232	32
占比	47.5	45.5	11.8	45.5	8.91	28.7	21.7	9.9	13.8	19.8	20.8	30.7	4.95	11.9	21.8	28.7	3.96

图 7-16　需要提升的企业家精神分析

7.6 实证研究结论

基于对西部企业家成长理论梳理与对西部企业家成长的实证研究，本书得出以下结论：

第一，我国西部企业家存在性别差异大、低年龄、高学历、办企业之前职业多元等鲜明特征。在西部企业家群体中男性占大多数，占比 70.3%，女性占比 29.7%，性别差异显著（见图 7-17）；西部企业家平均年龄低于 49 岁，整体呈年轻化发展趋势，青年企业家数量较多、规模庞大（见图 7-18）；西部企业家学历普遍较高，大学本科人数占比较高（朱雪蕾，2019）（见图 7-19）；西部企业家拥有多元化职业背景，在创办企业之前的职业多为机关企事业干部、专业技术人员、商业服务人员、个体户等（见图 7-20）。

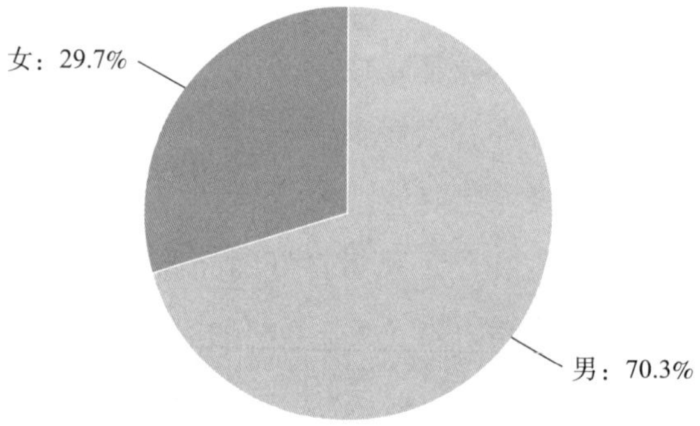

图 7-17　西部企业家性别统计

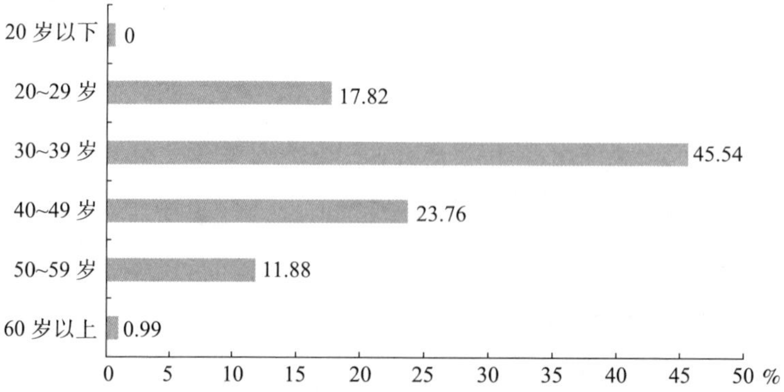

图 7-18　西部企业家年龄统计

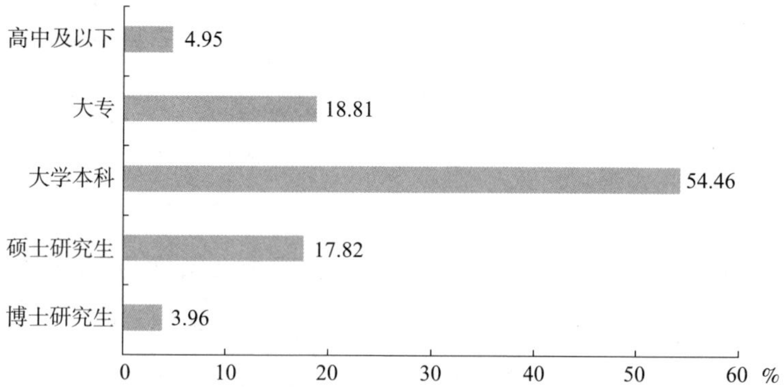

图 7-19　西部企业家学历统计

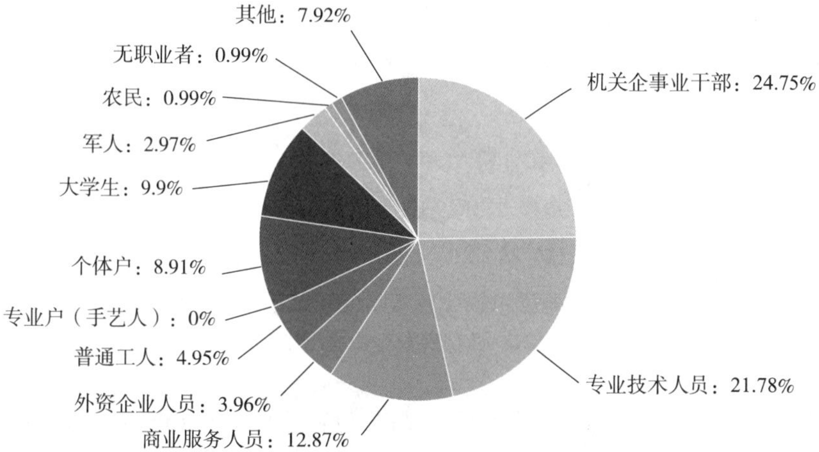

图 7-20　西部企业家创业前职业统计

第二，西部企业家创业动机主要可以分为“经济原因”“自我实现”“社会理想”三类因素（见图 7-21）。目前，西部企业家面临困境主要分为“个人、家庭”“企业扩张”“资源、人才及团队”“企业内部管理及行业前景”四类因素（见图 7-22）。影响西部企业成长环境的四类主要因素为“政策与法律环境”“企业内部发展环境”“个人、家庭及社会环境”“技术及行业发展水平”（见图 7-23）。影响西部企业家成长的路径主要包含个人奋斗、团队带动、导师引领、学校教育以及特殊机遇因素（见图 7-24）。西部企业家目前所具备的素质能力包含“企业经营及关系网络能力”“战略领导能力”“个人素质及社会责任能力”。由此，可以为下文探索适合西部企业家成长机制和路径提供依据，为培养更多西部企业家献计献策。

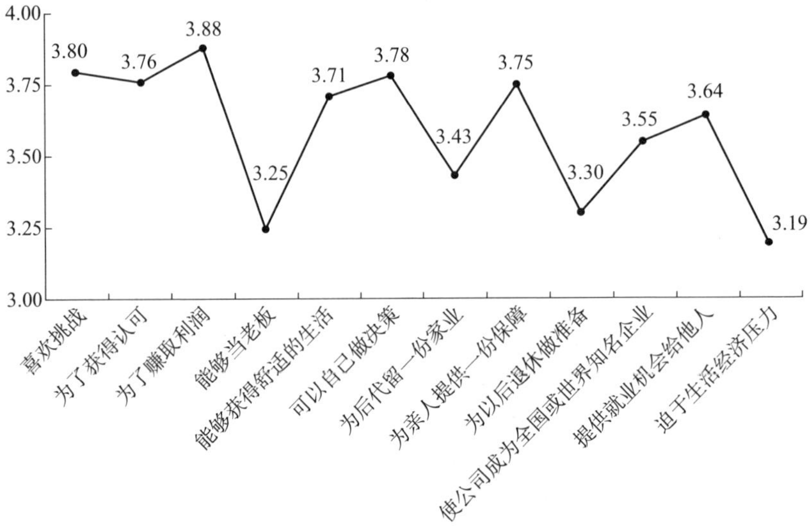

图 7-21　西部民营企业家创业动机

第三，通过对西部企业家自身需要提升的企业家精神进行分析，参与调研的企业家将“决策能力”作为首选。企业家注重个人能力的不断提高，在面对企业经营管理或突发事件时，沉着冷静的决策能力是大多企业家希望能提高的能力。其次是“丰富的行业与专业知识”“识人用人能力”。企业家精神要求企业家不断学习，更新行业与专业知识，如此才能有更高的眼光和格局来经营管理公司，识别人才也是企业经营中关键的部分。此外，“预见能

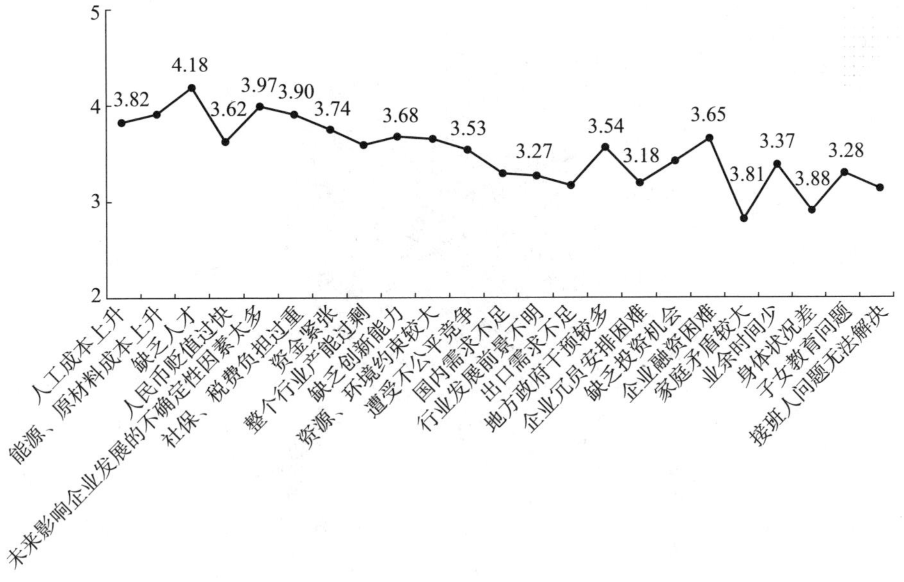

图 7-22　西部民营企业家面临困境

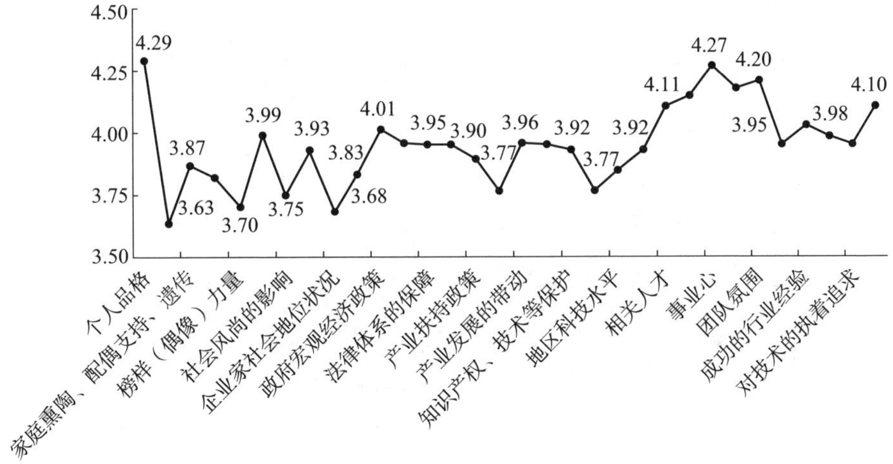

图 7-23　西部民营企业家成长环境

力”“良好的社会关系”“提升自身格局”选择人数占比较高，强调企业家注重个人提高及社会网络关系的影响（见图 7-25）。

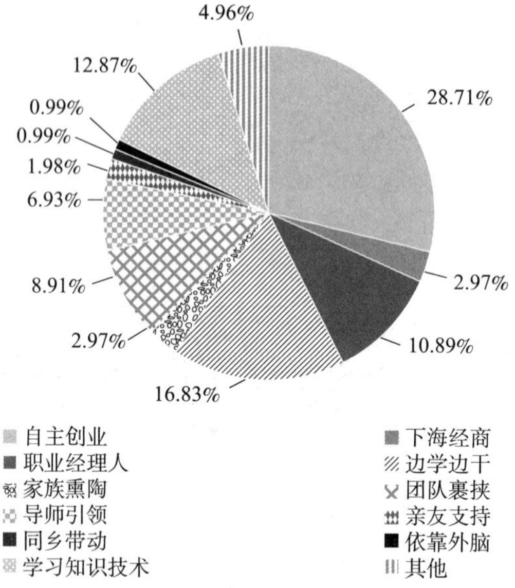

图 7-24　西部民营企业家成长路径

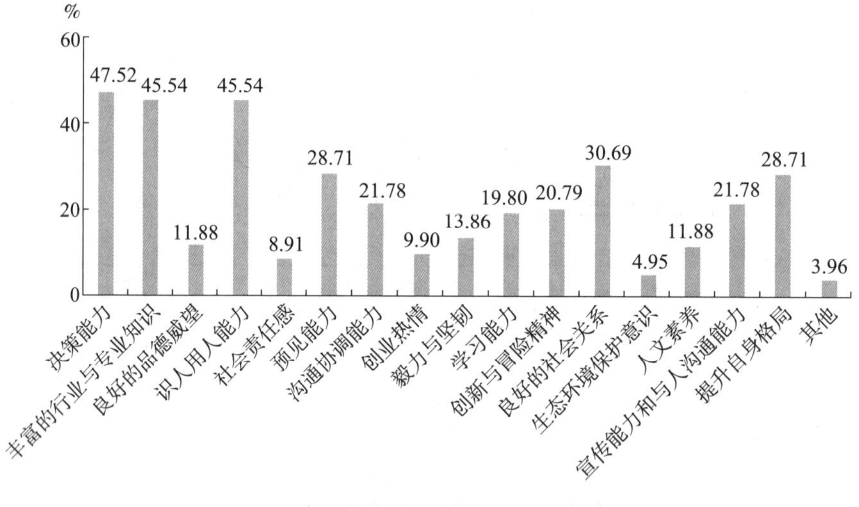

图 7-25　西部民营企业家自我认知统计

第8章 西部企业家成长的改革与探索

改革开放40多年来，特别是西部大开发建设以来，西部地区涌现出一大批优秀的企业家（习近平，2020），他们以西部人特有的执着和干劲为西部地区经济社会发展贡献着自己的力量，西部地区所发生的变化是全世界有目共睹的，但是我们也应该看到，东西部经济社会发展的差异依然存在，西部地区仍然是中国经济的洼地，优秀企业以及优秀企业家匮乏仍然是桎梏西部地区经济发展的重要问题。然而，企业家的培养不是一蹴而就的，而是一个尤为漫长的过程，本书研究的目的之一就是在分析西部企业家成长环境与路径的基础上，为西部企业家成长提出富有建设性的对策，以尽可能缩短企业家培育的时间，提高企业成长的效率，为西部地区培养更多优秀企业家献计献策。

8.1 西部企业家精神培育

企业家精神的本质是创新创业精神，从研究来看，西部企业家创新创业精神较为缺乏。这种精神缺失的根源是中国传统文化的影响，西部受自然经济和计划经济的双重影响较深。人类经济发展的三种形式是自然经济、计划经济和市场经济，与其对应的是三种理念，即自然经济理念、计划经济理念和市场经济理念，西部地区文化实质上是自然经济文化与计划经济文化相结合的产物，缺少市场经济观念和文化，而市场经济是企业家精神滋生的重要土壤，因此，西部企业家需要补上市场经济这一课。

第一，培育市场经济理念和生活方式。市场经济是过剩经济、开放经济、流通经济；计划经济是短缺经济，不愁销路，供不应求；自然经济是自给自足的经济，排斥流通和开放。培育市场经济理念就是要摒弃等、靠、要思想，建立市场经济的思维方式、经营思路和经营规则。西部企业家要自省自身的自然经济和计划经济思想，培育市场经济生活方式，培育市场经济城市人。

第二，强化企业家使命教育。我们认为，企业家使命就是企业家群体拥有的精神上的抱负，是一种以企业发展为依托而又超越企业发展的历史性的促进社会发展的宏大目标。中国企业家的历史使命就是为实现中国梦而经营好企业。而西部企业家除了中国梦之外，还要以振兴西部为己任，增加使命感和责任感，通过使命感教育提高西部企业家的思想境界，培育企业家精神。

第三，树立“创业即是就业”的新就业理念。有研究显示中国有 76.4% 的大学生有意愿报考公务员。而在重官轻商思想严重的西部地区，这一比例可能更高。在大众创业、万众创新背景下，鼓励西部大学生自主创业，树立大学生创业就是就业的理念，在创业的过程中磨炼意志，快速成长。西部创业者越多，出现企业家的可能性就越大，要鼓励年轻人转变就业观念，扶持年轻人创业，在创业中培育企业家精神。

第四，培育优胜劣汰理念。改革开放以前，在计划经济体制下，没有严格意义上的企业家，更谈不上资本的运作。改革开放以后，在市场经济下，企业家的生成通过市场竞争机制逐渐实现。市场经济是充满竞争的经济，市场经济反对平均主义，崇尚优胜劣汰。事实上企业家精神的孕育离不开市场经济，只有在竞争环境下才能培育出企业家优秀的品格，创新创业精神才得以发挥。西部地区是过去中国计划经济的集中区，军工企业和国有企业众多，计划经济的平均主义思想根深蒂固，多数企业缺乏退出机制，干好干坏一个样，很难培养出优秀企业家。因此，西部地区要培育企业家精神首先要培育优胜劣汰理念。

8.2　优化西部企业家成长环境

企业家成长环境包括政策与法律环境、技术及行业发展水平、社会环境、企业内部发展环境以及个人及家庭环境等多方面因素，除企业内部发展环境以及个人及家庭环境外，诸多环境因素都与政府治理息息相关，因此，培育西部企业家，首先要从政府层面优化西部企业家成长的环境。

第一，营造有利于西部企业家成长的社会风气和文化氛围。西部地区自古重农轻商，学而优则仕思想盛行。加之西部地区是我国贫困地区聚集地、革命老区的聚集地，也是解放区计划经济的发祥地，还是新中国成立初期“三线”建设的重要地区，长期以来计划经济思想根深蒂固。改革开放以来，尽管我国大力推进市场经济，计划经济思想仍然无处不在，等、靠、要的思想仍然严重，市场经济发展水平低，创业、从商氛围没有形成，企业家的社会地位没有建立起来。因此，西部要想培育更多优秀企业家，首先必须从打造适合企业家成长的社会风气和文化氛围入手。这就要求西部各地区政府，一方面要转变思想观念，正确认识企业家在经济社会发展中的作用，把企业家当朋友，在工作、生活等方面关注企业家群体，切实重视企业家的成长和培养问题。另一方面要积极在全社会营造有利于企业家发展的社会风气。积极宣传西部优秀企业家，提高企业家的社会地位，为西部企业家创造更多的参政议政的机会，树立西部企业家的良好形象，促进尊重企业家、爱护企业家的良好风尚的形成（朱雪蕾，2019）。

第二，在人才使用、企业减负、政策支持等方面为西部企业家提供更多支持和保障。从我们的研究来看，在西部企业家面临的主要困境的调查中，排在首位的是“缺乏人才”，其次依次是“未来影响企业发展的不确定因素太多”“社保、税费负担过重”“能源、原材料成本上升”“人工成本上升”等因素。归结起来，主要是人才使用、企业减负和政策支持3个因素。在人才使用方面，一方面西部地区政府要积极设计、制定有针对性的人才引进和使用政策，条件许可的可以设立专项人才引进和使用基金，以吸引更多高层次人才落户西部；另一方面要帮助高层次人才解决流通调动、安家落后、职称互认以及子女升学就业等实际问题。在企业减负方面，从我们的研究来看，西部民营企业家现在面临的困境大多与成本上升、负担过重相关，加之2020年受新冠疫情的影响，企业负担过重，这些是影响西部企业家成长环境的重要问题。因此，政府应当在减免税收、融资帮扶、设立创业补贴和风险基金等方面为西部企业家提供支持和保障。在政策支持方面，除了需要政府出台更多有利于西部企业家成长的政策外，还需要政策的相对稳定性作保障。我们认为，政策的连续性、稳定性会直接影响到西部企业家对未来的判断，企业家面对的市场环境本就很复杂，如果政府的政策朝令夕改，就更加深了这种复杂性。因此，政府在出台相关政策之前，应当进行科学论证和试点，尽可能保证政策出台的科学性、系统性、连续性和稳定性，以减少西部企业家对未来不确定性的担忧。

第三，提高政府市场监管能力，营造良好的市场秩序和法律环境。当前随着技术的进步，新业态不断涌现，新事物的出现在给西部企业家带来机遇的同时也考验着西部地区政府的治理能力。一方面，要以新观念、新思想创新管理模式，扶持西部传统产业及新兴产业的发展。另一方面，加快构建西部信用体系，促进西部产业链的利益、责任联合体建设，出台细分行业相关规范、标准等，营造公平、有序竞争的市场环境，激发西部企业家从业热情，维持良好的西部市场秩序，让企业家能够放手做（朱雪蕾，2019）。

第四，打造西部企业家学习交流、沟通互动的平台。积极推进西部企业家协会、俱乐部的建设，选举优秀西部企业家担任协会负责人，充分发挥西部企业家的主观能动性，促进西部企业家之间的互动交流。一方面通过政府及行业协会等组织搭建平台，组织西部企业家举办关于行业发展、专业技能、企业管理等方面的交流和培训活动。另一方面通过企业家行业协会、企业家俱乐部等平台为西部企业家对接资源、技术以及提供创业辅导、管理咨询服务等。同时，积极组织西部企业家出省、出国考察交流，学习先进管理经验；通过西部企业家协会或俱乐部，与政府进行良好沟通，及时获得政府发布的西部相关政策文件、建议标准等信息，西部企业家与政府相关部门反馈在营商过程中出现的困境、问题，或对政府工作提出合理化建议。

第五，开启西部企业家人才库建设。由政府牵头建立西部企业家人才库，推动企业家的大数据建设，完善西部企业家人才网。针对培养西部企业家设立“千人万人”计划，鼓励优秀人才在西部创业并给予相应的政策倾斜及资金支持。鼓励东中部人才在西部地区安家落户，给予其就业、住房、医疗、子女教育等补贴，引导各类具有企业家特质的优秀人才投身西部建设；完善西部企业家培训教育机制，组织西部企业家进行政策学习、理论学习与管理技能集体培训，提升其专业素养与管理能力。西部地区政府积极建立企业家大数据，一方面有利于对西部企业家进行跟踪服务，了解他们的诉求和困难，为西部企业家成长提供更多机遇；另一方面有利于研究机构对西部企业家群体的研究。

第六，打造有利于内部企业家成长的内部环境。西部企业应加快建立适应企业发展的组织结构，理顺企业权责关系，使西部企业家在企业内部管理中权力行使有效，提高管理效率；建立公开公平公正的企业家任命、选拔与晋升机制，明晰西部企业家职业生涯发展通道，对西部企业家进行科学有效的激励，积极培育西部内部企业家，推动西部企业家团队建设，增强企业家的责任认同感与自豪感；营造创新、活跃、学习的企业文化，健全对西部企业家的培育与考核制度，促进西部企业家在专业技能及管理能力方面的综合发展，从而不断优化西部企业家成长的内部环境（朱雪蕾，2019）。

8.3 探索西部企业家成长路径

我们的研究认为，西部企业家成长中的路径主要有五种，即个人奋斗、团队带动、导师引领、学校教育以及特殊机遇。在我们的研究中发现，西部企业家成长路径中个人奋斗和学校教育所占比例较高，而团队带动和导师引领占比相对较低。根据这种情况，我们针对西部企业家成长路径给出探索性的对策或建议。

第一，将学习能力的培养作为家庭教育、基础教育以及大学教育的重点。随着互联网时代的到来，企业家依靠单打独斗取得事业成功越来越难，但是现实中，无论东部企业家还是西部企业家，个人奋斗、自我成长无疑都是企业家成长的主要路径之一。自我学习是一个开放的系统，有学者提出企业家元学习概念，包括自主性原发性学习、内隐式学习、试错性学习、跨层次学习（张茉楠、李汉铃，2005）。其中内隐式学习是指企业家在开放的复杂系统中，直觉地获取复杂情境中的信息和知识的过程。内隐式学习主要依靠企业家深藏于心的心智模式、直感思维、洞察力等实现，这些心理活动都具有缄默性。我们认为，通过个人奋斗路径成长起来的企业家一般都具有较强的元学习能力，个人奋斗的动力主要源于个人意志品质和企业家精神。在我们的研究中发现，西部企业家成长中个人奋斗成长表现较为明显，西部企业家团队和引路人的相对缺失以及西部学校教育的相对薄弱这两者加大了西部企业家个人奋斗成长的比重。因此，在其他因素很难快速得到改变的情况下，一定要在家庭教育与学校教育中，注重基本的人格特质培养与基础知识学习。在基础教育阶段，注重素质教育，培养学生意志品质和学习兴趣，帮助树立良好的学习态度。通过与实践相结合的方式加强授课灵活性，培养学生学习能力、逻辑思维能力。通过音乐、美术等艺术活动学习积极挖掘和培养学生的艺术审美、创新能力。通过实践教学、案例教学培养学生责任意识、诚信意识与法律意识，提高学生的综合素质和学习能力，为其以后个人奋斗及企业家特质的培育奠定基础（朱雪蕾，2019）。

第二，加大西部地区管理教育的投入并提高教育质量。我们的研究显示，西部企业家成长的学校教育路径所占比重较高。在企业家成长过程中，学校教育的影响至关重要，而西部表现尤为突出的原因是西部企业家成长环境相对较差，企业家获得特殊机遇的概率较低，而团队带动和导师引领主要依赖于企业家交往人群的整体水平，相比而言通过学校教育途径更为直接。因此，西部地区要更加重视高等院校的管理教育，特别是高校的 MBA、EMBA 教育。一方面，在尚未开设但有条件开设企业管理专业、MBA、EMBA 的高等院校，增设企业管理本科专业及 MBA 和 EMBA 课程，在办学条件及招生中给予一定的政策倾斜；另一方面，加强现有高校管理教育专业教学质量的管理。

第三，重视西部企业家团队建设。在改革开放初期，企业家事业成功主要靠的是个人奋斗和胆量，中国第一代企业家很多都是通过个人奋斗成长起来的。然而，随着社会的进步、科技的发展，特别是互联网时代的到来，国际关系和市场情况日益复杂，经济社会发展中不确定因素增多，个人的能力越来越受到更多的限制，仅靠一己之力是很难取得成功的。有研究表明创业型企业中的合伙人比例很高，一个好的创业团队是可以相互影响、相互学习、互相带动成长的，在创业过程中企业家团队显得格外重要。但在我们的研究中发现，通过团队带动路径成长起来的西部企业家所占比重较小，一方面说明在西部地区多数企业家面临没有团队的局面，另一方面说明西部企业家团队尚不成熟，不能发挥应有的作用。

此外，我们的研究显示，通过导师引领而获得成长的西部企业家比例也相对较小。这里所指的导师是在企业家成长过程中起重要作用的人物的统称，包括同乡、朋友、师生等。鉴于此，我们认为西部地区政府和企业家都应该认识到西部企业家团队和企业家领袖的短板。从西部政府层面，积极开展企业家优秀团队以及优秀企业家领袖的评选和奖励活动，对西部优秀企业家团队及领袖人物进行积极正面的宣传，引导企业重视企业家团队建设及企业家领袖人物的塑造。同时，政府还应多为青年人提供接触社会精英人物的机会，积极鼓励社会精英担任青年人的创业导师。从西部企业家层面，一方面，从创业初期就要重视企业家团队的建设，有意识地培养企业家团队，提高企业家团队的整体水平。另一方面，注重企业家的自我修炼，将自己塑造成企业家领袖，做年轻的榜样和导师以及未来企业家们的引领者（朱雪蕾，2019）。

第四，创造西部企业家成长发展新机遇。从宏观层面上，我们要深刻认识当前面临的发展机遇。习近平总书记强调“我们正处在百年未有之大变局”，大变局下挑战与机遇并存。2020 年新冠疫情下，党中央适时提出构建以国内大循环为主，国内国际双循环共同发展新格局。新格局发展战略为西部地区发展提供机遇，东部沿海外向型经济向西部地区转移的可能性增大。高质量发展背景下，新基建、新经济催生新机遇、新需求，西部地区经济发展相对滞后，正是发挥后发优势，发展新基建、新经济的契机。从中观层面上，西部地区政府和行业协会应积极搭建企业家交流的平台，研究新的产业发展政策，为企业家成长创造更多的机遇。从企业家层面上，西部企业家要提高创造机会和把握机会的能力，勇于发现机会并大胆尝试，在实践中不断探索新的发展机遇。

第五，畅通科研人员到创新型企业家路径。当前，国际贸易摩擦的日益加剧和关键核心技术频频被“卡脖子”的现象凸显了企业创新发展的紧迫性，而企业家创新活动是推动企业创新发展的关键。2020年7月21日，习近平总书记在召开的企业家座谈会上明确强调：“企业家要做创新发展的探索者、组织者、引领者，勇于推动生产组织创新、技术创新、市场创新。”（王绛，2020）自改革开放以来，中国企业家带领中国企业克服重重困难，为中国经济高速发展增砖添瓦。进入新时代以来，企业家成为构建新发展格局、建设现代化经济体系、推动企业高质量发展的主力军（习近平，2020）。而科研人员是创新型企业家重要的潜在来源和主要的后备力量，促进科研人员转型为企业家是打造一支创新型企业家队伍的重要途径。具备强大研发背景和研发能力的科研人员，在人生定位、职业规划、政策环境等驱动下更易成长为具有创新能力的企业家。科研人员向企业家成功转型，不仅能够提高科研成果转化率和研发技术商业化，也能推动“大众创业、万众创新”向纵深发展。

8.4 西部创新创业教育改革

高等院校中的管理教育是培育企业家的直接路径。在我们的研究中可以看到，有相当多的西部企业家是通过管理教育的路径成长起来的。管理教育的目的是提升管理者的生命品质。一方面是灵魂教育，重塑管理者的灵魂，另一方面是向善教育，培育管理者的爱心。我们认为能力是一种稀缺资源，高尚的品德更是一种稀缺资源。有能力的人往往不诚实，而诚实的人往往缺乏能力。同时具有这两种稀缺资源的管理者是最稀缺的资源。管理教育的本质是开发稀缺资源，即让不诚实的人变得诚实，让没有能力的人变得有能力，使人德才兼备。我们认为管理教育分为三个层次：第一个层次是将弱能力者转变为较强能力者；第二个层次是在理念、境界、行为方式上转变管理者的品行；第三个层次是让管理者既具有能力，又具有高尚品德。西部地区应当重视管理教育改革，转变单纯的技能培养的模式。

第一，在管理教育中，不仅要重视相关专业技能培养，更要重视西部企业家精神培育。企业家的特质具有一定的先天因素，但可以在实践中不断塑造，因此，西部高等教育，特别是MBA、EMBA等的管理教育应以培育西部企业家为目标，既要重视相关专业技能培养，又要重视企业家精神的培育，建议西部地区高校普遍开设企业家精神课程，加强对学生职业导向的影响，引导学生树立创新创业的职业理想（朱雪蕾，2019）。

第二，搭建校企合作平台，建立西部企业家走进课堂的机制。积极与西部企业进行合作，建立管理教育的教学实践基地，加强西部高校学生与西部企业和企业家的互动，积极搭建校企合作平台，将西部优秀企业家引入高校管理教育课堂，建立起企业家进课堂的长效机制。一方面是西部企业家走进课堂，为学生讲授亲身经历与管理经验，促进学生开展与西部企业家交流会、案例学习研讨会、辩论赛等；另一方面鼓励和支持高校教师，特别是管理相关课程的教师在企业挂职锻炼，努力培育具有理论知识与实践经验的西部专业管理教育的教师队伍。

第三，促进管理教育教学内容和方式的改革。管理教育应注重学生心理教育、职业生涯发展规划教育，加强西部企业家精神培育，加强对西部企业家是传播中华文化先行者的观念教育，增强学生对西部企业家职业认同感、使命感和责任感的理解，激发起从事西部企业行业的自信心和热情。鼓励西部高等学校增加企业家相关课程比例，如创业指南、营商思维、互联网技术等教育课程，鼓励跨专业学习管理课程，注重对专业学生创新意识、管理能力、表达演说能力和谈判沟通等能力的培育。在教育方法上，提倡理论与实践相结合，提高课堂讨论、沙盘实验、模拟经营等实践类课程成绩比例；加强学生“双创”平台建设，鼓励学生将创新成果转化成产品和项目，推动现代科技在学校图书馆、创客空间等的应用，促进信息互动与共享（朱雪蕾，2019）。

第四，西部高校应重视和毕业生的联系。我们的研究发现，成功的企业家多半与自己的母校联系紧密，其中有的就是通过转化母校的科研成果而获得成功。建立毕业生档案管理及追踪回访制度，特别是对一些有创业意向的毕业生进行追踪，分析他们所在的创业领域，创业的最佳时间，收集毕业生对学校管理教育的建议等。此外，还可以在西部高校建立毕业生企业家研究所及企业家相关社团组织。

总之，西部企业家的培育是一个比较漫长的过程，需要转变观念，提高认识，为现代企业家成长提供思想保障。要实行企业内外部制度创新，为企业家成长提供制度保障。要营造依法保护企业家合法权益的法治环境，营造尊重和激励干事创业的社会氛围，只有这样才有助于西部企业家成长。

8.5 培养和造就高素质企业家队伍

在我们的研究中，西部企业家成长影响因素表现出明显特质，其中受个人品格、团队氛围、事业心等因素影响较大。从对西部企业家访谈和问卷的调查中得出“个人品格”是对企业家成长最重要的因素。其次依次为“团队氛围”“事业心”“学习环境的影响”以及“企业家精神”。西部民营企业家认为外部因素中“团队氛围”及“学习环境的影响”对企业家成长环境影响较大。内部因素中个人品格、事业心和企业家精神对西部企业家成长环境影响很大。在外部环境满足要求的前提下，企业家创业成功与否主要依赖于企业家个人素质的高低，西部地区要实现追赶超越，培养和造就高素质企业家队伍尤为重要，针对这种情况，我们提出以下建议：

第一，创新培训机制，促进企业家成长。当前，西部企业面临比以往更加激烈的竞争环境，互联网的高速发展要求企业有更为强大的人力资本和更加优秀的企业软实力。企业若想保持竞争优势，实现长远的发展就必须丰富自身人力资本，建立与企业发展适配的企业文化。对新老员工进行文化培训，无疑是提升企业人力资本、提升企业家和潜在企业家个人素质的一个重要方式（王雪冰，2021）。因此，西部企业应完善并创新企业家培训机制。一是在制定培训规划上，组织有关部门对西部企业家进行调研摸底，量身定做培养计划。可以和国内外高校进行合作，建立西部企业家培训基地，对企业家有计划、有步骤、有目的地加以系统培训。二是在丰富培训形式上，要充分考虑西部企业家的特点，采取多种形式进行培训，在有计划地组织外出参观学习的基础上，还可以委托高校、党校对其进行中、短期培训；举办西部企业家论坛，邀请优秀企业家介绍经验，建议先挑选一部分优秀的政府官员，加强他们的学习习惯和综合素养，充分发挥表率作用，用卓越的战略眼光来捕捉发展机遇，根据不同行业需求邀请行业领先学者及教授来上课。三是在区分培训层次上，应根据西部企业家的不同层次、不同行业、不同需求有的放矢地开展多层次的专题培训，鼓励企业家结合自身的特点和需要，自主接受培训（罗辉，2009）。

第二，健全奖励机制，设立培训基金。政府应在人才教育培训资金中专门安排新生代企业家培育专项资金，并逐年增加，逐步形成政府主导、企业与社会广泛参与的投入机制，切实提供财力资金保障。政府应当加大对再教育的投资，对再教育实行得好的单位和个人要实行相应的补贴和激励机制，让他们充分感受到学习的收获和价值，以言传身教的方式来感染身边的朋友及下一代。对一些优秀的企业家，政府应用补贴的方式来培养企业家的学习习惯，同时借鉴东部地区的成功经验，每年从财政经费中预算一笔资金，作为民营企业家培训的专项经费或培训基金，以保证培训活动的顺利开展。培训基金的设立，一是可以加强企业与企业之间的竞争，只有各项指标达标的企业，才有资格评选，推进企业之间良性的发展；二是培训基金可以大大降低企业家的培训成本，以此吸引更多企业加大对企业管理人才的培训力度（黄琴，2013）。

第三，建立人才生成机制，提高西部企业人才素质。建立当代的人才培育新机制需要政府、企业和个人的共同努力。政府作为宏观调控的主体，其在人才生成机制中的职责是创造良好的环境，通过规范国有企业的改革来提供良好的体制环境，规范市场行为，促进公平竞争，从而使企业在经营过程中可以充分尽其所能，真正成为自主经营的市场主体，进而不断提高其主动参与各种培训与人才开发的积极性。随着经营环境的不断规范和企业经营管理水平的不断提升，企业有能力为人才的培育提供必要的条件，对于人才的需求也会变得多样且客观，这便为个人的成长提供了机遇。作为渴望得到发展的个人自身，便需要从各方面努力提升自己的能力，使其具备企业家应有的能力和精神。因此，通过政府、企业和个人“三位一体”的人才培育机制，可以提高西部企业人才素质，实现管理人才培育的目标。

8.6 提高企业家应对不确定性的能力

在我们的研究中发现，西部企业家具有创新精神和社会责任感，但冒险精神和把握不确定性能力不足。在访谈和问卷被访的企业家中有接近一半的企业家认为自身具备“创新精神”“社会责任感”，相对来说，认为自身具备“敢于承担经营风险的冒险精神”和“把握不确定性局面”这两种精神的企业家较少，表现为比较保守的风格，缺少冒险精神，面对不确定性局面，控制能力稍有不足。企业家作为自身企业的掌舵者，对于企业的发展方向及战略部署需负起主要责任，而在企业家引领企业成长的过程中，需不断面临外界的迭代更新。“十四五”时期及今后较长一个时期，我国发展都处在世界大变局的国际背景下，在面对信息技术引领的信息化、智能化、数字化，全球呈现“东升西降”，以中国为代表的东方世界力量逐步上升，同时世界的全球化与反全球化进入摩擦和交叠时期等变化下，处于当今世界大变局之中的企业家们正确认识到中国新形势、世界大变局和应对不确定性至关重要。同时正因为事物有不确定性，企业才有能动性，才有选择权，才可以去搏击外部世界，去应对外部世界。因此，企业家的根本办法，就是要努力在不确定性中重新找到确定性，制定新的增长战略，以自己高水平的确定性去应对外部世界的不确定性和风险。

第一，企业家应改变自身，调整心态，积极应对不确定性。企业家在经营企业的时候，只有在能控制自身的决策和行为时，才能把握企业未来的行为和行为的后果，而越是企业家不能控制的、依赖别人或外界环境的决策就越没有把握。外部世界很精彩，外部世界不断地在变化，但是外部世界的精彩不等于是企业的精彩，外部世界的机遇不等于是企业的机遇。企业家只有改变自己去适应外部，只有顺势而为，顺着世界浩浩荡荡的发展趋势而为，才有成功的可能。要把外部发展的大势看清楚，树立“抬头看世界，埋头完善自己”的世界观。要把眼光看得远一点，眼睛睁得大一点，然后再回到“自身应该怎么办”的问题上来。

第二，企业家要树立忧患意识。“唯有惶者方能生存！”这是华为老总任正非的经典语录。任正非可以说是中国企业家群体中最具忧患意识的一位，尽管华为多年来一直保持着高速发展，创造了无数辉煌的成绩，但任正非始终强调华为人要有忧患意识。因此，企业家要树立忧患意识，即从企业长远和全面发展考虑，在取得成绩的时候，要能保持低调，要去思考自身还有哪些不足和需要改进的方面；在陷入困境时，又要坚定信念，要尽可能去寻找未来发展的机会。有了这种全面的考虑视角，必然可以最大限度规避风险，把生意做长远，使企业获得最有利的发展。

第三，企业家应培育自身企业的奋斗者和接班人。要成功应对外部世界的不确定性，只靠企业家自身不行，还要培养好企业的团队，利用团队的稳定性、高素质、顽强的战斗力，去对付外部世界的不确定性。企业中的每位员工都是一个小太阳，最终共同发出的能量便会很大。因此，企业应向员工灌输自身的理念、价值和文化，使其成为企业的奋斗者，忠诚、专业、拼搏、奉献、智慧、精良，一旦吹响集结号，马上就能集合冲上阵，就能攻坚克难，占领阵地，取得胜利。同时要舍弃小我心态，为企业的长远发展培养接班人，因此企业家应尽已之力给予青年员工成长的空间和机遇，使其为企业的繁荣发展增添动力。

第四，企业家应积极拥抱数字化，提高韧性。如果说时代的巨浪正迎面扑来，数字化就是抵抗“疯狗浪”的皮划艇，是企业家对抗冲击的最好武器。不管未来如何魔幻，我们可以肯定的是，未来一定会有产业的数字化、智能化，过去许多企业缺乏数字化的动力，觉得缺乏足够有说服力的应用场景，眼下，这些不同场景下数字化和智能化的应用充分证明了数字化的价值及开拓出的市场机遇。因此，企业家应转变认知，在深刻认识数字化的基础上完善企业的信息化流程，使数字化造福企业，同时企业家应善选数字化人才，使能够理解工业技术和信息技术，能够理解材料、能源和信息的复合型人才真正拥有发展空间。

参考文献

[1] AUSTIN J E, STEVENSON H, WEI-SKILLERN J. Social entrepreneurship and commercial entrepreneurship: Same, different, or both? [J]. Entrepreneurship Theory and Practice, 2006, 30 (1): 1-22.

[2] BANDURA A. Organisational applications of social cognitive theory [J]. Australian Journal of Management, 1988, 13 (2): 275-302.

[3] BAURMOL W J. Entrepreneurship: Productive, unproductive and destructive [J]. Journal of Political Economy, 1990, 98 (5): 893-921.

[4] BLAWATT K R. Entrepreneurship in Estonia profiles of entrepreneurs [J]. Journal of Small Business Management, 1995, 33 (4): 74-90.

[5] BUCK T, FILATOTCHEV I, WRIGHT M. Corporate governance and employee ownership in an economic crisis: Enterprise strategies in the former USSR [J]. Journal of Comparative Economics, 1999, 27 (3): 459-474.

[6] BYGRAVE W, MINNITI M. The social dynamics of entrepreneurship [J]. Entrepreneurship Theory and Practice, 2000, 24 (3): 25-36.

[7] CASSON M. Entrepreneurship and business culture [J]. Long Range Planning, 1997, 30 (1): 144.

[8] CASSON M. The entrepreneur: An economic theory, second edition [M]. Cheltenham: Edward Elgar Publishing, 2003.

[9] CHEN C, GREENE P. Does entrepreneurial self-efficacy distinguish entrepreneur from managers? [J]. Journal of Business Venturing, 1988 (13): 295-316.

[10] CLAYTON O. Planning a Career as a business owner [J]. Business Education, 1981 (36): 23-25.

[11] COVIN J G, SLEVIN D P. Strategic management of small firms in hostile and benign environments [J]. Strategic Management Journal, 1989, 10 (1): 75-87.

[12] DRUCKER P. The changing world of the executive [M]. London: Taylor and Francis, 2013.

[13] EISENHAUER J G. The entrepreneurial decision: Economic theory and empirical evidence [J]. Entrepreneurship Theory and Practice, 1995, 19 (4): 67-79.

[14] GARTNER W B. Some suggestion for research on entrepreneurial traits and characteristics [J]. Entrepreneurship Theory and Practice, 1989, 14 (1): 27-38.

[15] GARTNER W B. A conceptual framework for describing the phenomenon of new venture creation [J]. The Academy of Management Review, 1985, 10 (4): 696-706.

[16] HERBERT R F, LINK A H. The entrepreneur-mainstream views and radical critiques [M]. New York: Praeger Publishers, 1982.

[17] HISRICH R D. Entrepreneurship [M]. Boston: IRWIN inc., 1992.

[18] KIRZNER I M. Entrepreneurial discovery and the competitive market process: An Austrian approach [J]. Journal of Economic Literature, 1997, 35 (1): 60-85.

[19] KNIGHT F H. Entrepreneurship: Dealing with uncertainty [M]. Cheltenham: Edward Elgar Publishing, 1967.

[20] KURARKO D F. Entrepreneurship: A contemporary approach. 2nd ed [M]. New York: The Dryden Press, 1992.

[21] LEIBENSTEIN H. Entrepreneurship, entrepreneurial training, and X-efficiency theory [J]. Journal of Economic Behavior and Organization, 1987 (8): 191-205.

[22] LUTHANS F, STAJKOVIC A D, IBRAYEVA E. Environmental and psychological challenges facing entrepreneurial development in transitional economies [J]. Journal of World Business, 2000, 35 (1): 95-110.

[23] MC ADAM R, GALLOWAY A. Enterprise resource planning and organisational innovation: A management perspective [J]. Industrial Management & Data Systems, 2005, 105 (3): 280-290.

[24] MILLER D. The correlates of entrepreneurship in three types of firms [J]. Management Science, 1983 (29): 770-791.

[25] MOHAPATRA S, ROZELLE S, GOODHUE R. The rise of self-employment in rural China: Development or distress? [J]. World Development, 2007, 35 (1): 163-181.

[26] NAFFZIGER D W, HORNSBY J S, KURATKO D F. A proposed research model of entrepreneurial motivation [J]. Entrepreneurship Theory and Practice, 1994, 18 (3): 29-42.

[27] REYNOLDS P D. Sociology and entrepreneurship: Concepts and contributions [J]. Entrepreneurship Theory and Practice, 1992, 16 (2): 47-70.

[28] SCHULTS T W. Human capital investment and urban competitiveness [M]. London: Taylor and Francis, 1960.

[29] SHANE S, VENKATARAMAN S. The promise of entrepreneurship as a field of research [J]. The Academy of Management Review, 2000, 25 (1): 12-13.

[30] Standford GSB center for entrepreneur studies [EB/OL]. http: //www. Gsb. stanford. edu/ces/social-entrepreneurship. htm, 2001.

[31] WU X. Embracing the market: Entry into self-employment in transitional China, 1978-1996 [J]. William Davidson Working Paper, 2002, 512 (11): 1-44.

[32] YUEH L. China's Entrepreneurs [J]. World Development, 2008 (7): 10.

[33] Young E C. Major elements in entrepreneurial development in central Mexico [J]. Journal of Small Business Management, 1993 (4): 80-86.

[34] [英] 阿尔弗雷德·马歇尔. 经济学原理（中译本）[M]. 北京：商务印书馆，1981.

[35] 白臣，郄艳丽. 企业家角色道德自觉及其实现路径 [J]. 道德与文明，2013 (6): 108-111.

[36] 北京肉类食品协会 [J]. 食品安全导刊，2021 (35): 5.

[37]《财富》世界500强中国企业数首超美国　碧桂园排名上升最快 [EB/OL]. http: //news. 0745news. cn/2019/0723/1132604. shtml, 2019.

[38] 曹艺. TEDx 与 TED 比较分析——以 TEDxWeiyang 为例 [J]. 中国会展（中国会议），2021 (6): 42-45.

[39] 菖蒲. "全国脱贫攻坚"楷模"蘑菇院士"李玉：木耳虽小，也能致富一方水土 [N]. 老同志之友，2021-04-08.

[40] 陈爱吾. 我国企业家成长机制探析 [J]. 企业技术开发，2005 (6): 65-67.

[41] 陈春花. 企业家自律"秘诀"背后的六个新内涵 [J]. 人民论坛，2019 (34): 95-97.

[42] 陈剑林. 论微型企业能人存在的陷阱及向企业家转化的路径安排 [J]. 西南民族大学学报（人文社科版），2009, 30 (4): 187-191.

[43] 陈丽丽. 论西部企业组织与环境创新发展模式 [J]. 漳州师范学院学报（哲学社会科学版），2003 (2): 10-15.

[44] 陈韵琳. 民间商会在地方治理中的功能探讨——以云南省广东商会为例 [J]. 营

销界，2019（52）：98，100.

［45］陈耀祥（企业家）［EB/OL］. 搜狗百科，https：//baike. sogou. com/v62794177. htm，2019.

［46］程虹，刘三江，罗连发．中国企业转型升级的基本状况与路径选择——基于570家企业4794名员工入企调查数据的分析［J］. 管理世界，2016（2）：57-70.

［47］程俊杰．制度变迁、企业家精神与民营经济发展［J］. 经济管理，2016，38（8）：39-54.

［48］程锐．市场化进程、企业家精神与地区经济发展差距［J］. 经济学家，2016（8）：19-28.

［49］充分发挥川浙民间大使作用［J］. 今日浙江，2008（22）：33.

［50］重庆市浙江商会［EB/OL］. 搜狗百科，https：//baike. sogou. com/v66252485. htm，2019.

［51］从山村寡妇变身国民女神，这个身价百亿的贵州女首富为何选择悄然隐退［EB/OL］. http：//www. tuixinwang. cn/wenzhang/1414297151. html，2020.

［52］崔吕萍．金融科技企业乐信首度入围2019“中国服务业企业500强”［N］. 人民政协报，2019-10-15.

［53］戴玲．企业家成长环境的内生性分析［J］. 经济理论与经济管理，2005（11）：58-60.

［54］当好高质量发展排头兵　加快创建世界500强企业　李曙光获选“2019十大经济年度人物”［EB/OL］. 多彩贵州网，http：//www. zqrb. cn/huiyihuodong/2020-01-09/A1578571911876. html，2020.

［55］段德忠，杜德斌，谌颖，等．中国城市创新技术转移格局与影响因素［J］. 地理学报，2018，73（4）：738-754.

［56］杜雅文，陈志钢，刘丹．乡村旅游中饮食文化原真性感知、品牌形象与满意度研究——以陕西省“袁家村”为例［J］. 资源开发与市场，2017，33（1）：90-94.

［57］付珊珊．2022《财富》世界500强发布［N］. 中国房地产报，2022-08-08.

［58］方虹，徐露，刘春平．我国民营企业治理结构问题研究［J］. 北京市计划劳动管理干部学院学报，2006（4）：27-30.

［59］甘肃省上海商会成立大会6日在兰州隆重举行［EB/OL］. 上海论坛，http：//forum. china. com. cn/thread-1769129-1-40. html，2013.

［60］高冬萍．论企业家精神内涵［J］. 河北企业，2021（7）：95-98.

[61] 顾昕，赵琦. 中国政策企业家研究的理论反思：身份类型、活动功能和行动性质 [J]. 经济社会体制比较，2021（4）：171-181.

[62] 贵州省工商业联合会 [EB/OL]. 搜狗百科，https：//baike. sogou. com/v72608942. htm，2019.

[63] 郭福基. 肩负好新时代工商联的历史使命 [N]. 贵州政协报，2018-01-12.

[64] 郭富民. 重磅！中央下达最高院 1 号文件：保护企业家 [EB/OL]. @365https：//blog. sina. com. cn/s/blog_ 6045b3fb0102yhth. html，2019.

[65] 郭毅，王兴，章迪诚，等. "红头文件"何以以言行事？——中国国有企业改革文件研究（2000—2005）[J]. 管理世界，2010（12）：74-89，187-188.

[66] 关祥勇，王正斌. 西部企业发展的总体状况及其制约因素分析 [J]. 未来与发展，2011，34（10）：97-101.

[67] 韩杭城. 基于成长因素的青年企业家政府培育保障研究——以浙江余姚为例 [D]. 长沙：湖南师范大学，2014.

[68] 何建堂. 新一轮西部大开发所得税优惠"落地"[N]. 中国税务报，2012-05-07.

[69] 贺三宝. 江右商帮兴衰对区域经济社会影响研究 [D]. 武汉：武汉大学，2014.

[70] 贺小刚，沈瑜. 创业型企业的成长：基于企业家团队资本的实证研究 [J]. 管理世界，2008（1）：82-95，114.

[71] 胡晓琼，余来文. 共同富裕下企业家的新价值主张 [J]. 企业管理，2021（12）：31-33.

[72] 黄琴. 江西民营企业家素质及其培养途径研究 [D]. 南昌：南昌大学，2013.

[73] 黄文富. 企业家成长环境与机制研究 [D]. 武汉：武汉理工大学，2005.

[74] 黄永春，徐军海，徐高彦. 为什么中国缺少学术型企业家？——基于"认知目的"论 [J]. 科研管理，2021，42（6）：139-149.

[75] 季祥. 中国企业家素质模型构建及应用研究 [D]. 兰州：兰州理工大学，2019.

[76] 贾少卿，赵家艺. 企业家个人特质与中小企业绩效的实证研究 [J]. 中国商论，2018（9）：166-167.

[77] 姜枫. 引领民营企业家参与社会治理的路径研究 [D]. 扬州：扬州大学，2022.

[78] "金科之星　闪耀未来"金科集团 2018 校园招聘 [EB/OL]. 郑州大学就业创业指导服务中心微信公众号，http：//www. tuixinwang. cn/wenzhang/1409648413. html，2020.

[79] 阚世华. "藏药女王"雷菊芳：与资本结合走捷径 [N]. 名人传记（财富人

物），2009-12-15.

［80］老干妈陶华碧的精彩人生［J］. 商场现代化，2013（29）：1，24-28.

［81］李陈陈. 高校科研人员创业意愿及其影响因素研究［D］. 济南：山东财经大学，2020.

［82］李黑记：做新时代的追梦人［EB/OL］. https：//www.sanqin.com/，2019.

［83］李克强在政府工作报告中提出，更大激发市场活力和发展内生动力［J］. 中国注册会计师，2022（3）：5-6.

［84］李懋君. 论市场机制对西部可持续发展的推动［D］. 武汉：武汉大学，2004.

［85］李懋君. 西部可持续发展市场环境分析［J］. 铜仁师范高等专科学校学报（综合版），2006（4）：42-45.

［86］李梅香. 商会对公共政策的影响研究［D］. 上海：上海交通大学，2011.

［87］厉以宁. 经济学家厉以宁谈企业家四项标准［J］. 领导决策信息，2000（27）：20.

［88］厉以宁. 论新公有制企业［J］. 经济学动态，2004（1）：17-20.

［89］李永红，李国淮. 对深入实施西部大开发战略财税政策的思考［J］. 经济研究参考，2012（53）：32-36.

［90］厉征. 新一轮西部大开发税收优惠政策明确［N］. 中国税务报，2011-08-08.

［91］李巍，许晖. 企业家特质、能力升级与国际新创企业成长［J］. 管理学报，2016，13（5）：715-724.

［92］李艳艳. 刘畅："创二代"的浪漫与朴实［J］. 中国企业家，2021（4）：17-20.

［93］李映红，黄晓晔. 影响科技型中小企业家成长的多维因素分析——基于对安徽省样本企业家的实证调查［J］. 科技进步与对策，2012，29（11）：142-146.

［94］李正卫，李建慧，王飞绒. 企业家情怀的内涵界定与量表开发：理论与实证［J］. 技术经济，2017，36（7）：43-47.

［95］刘彬. CEO特质与企业竞争力研究［J］. 山西财经大学学报，2010，32（5）：56-65.

［96］刘剑波，刘彦荣. 不忘初心　我们都是追梦人［N］. 中国企业报，2019-03-05.

［97］刘建强. 中国企业家培育机制刍议［J］. 江西行政学院学报，1999（4）：99-101.

［98］刘丽丽，王弘钰，詹军. 国内外科技型企业家成长环境比较分析［J］. 关东学刊，2016（4）：145-150.

［99］刘茂松，左宏．基于现代公司治理的企业家经营占有模式［J］．中国工业经济，2007（7）：88-95.

［100］刘平青．家族企业家：转轨期中国的一种企业家群体模式［J］．河北学刊，2002（3）：59-63.

［101］刘涛．中国西部中小民营企业发展研究［D］．呼和浩特：内蒙古师范大学，2005.

［102］刘铁军，范德勤，赵世民．发展现代农牧业　带领乡亲脱贫致富［N］．中国民族报，2017-11-24.

［103］刘文华，丁栋虹．基于人力资本的资本家的本质分析［J］．理论界，2010（11）：52-54.

［104］刘新民，王垒，李垣．企业家类型、控制机制与创新方式选择研究［J］．科学学与科学技术管理，2013，34（8）：102-110.

［105］刘雪斌，黄春梅．我国欠发达地区民营企业家成长环境研究［J］．南昌大学学报（人文社会科学版），2005（6）：58-61.

［106］刘永好：经济格局错综复杂是一个挑战　更是转型的机遇［EB/OL］．证券日报网，http：//www.zqrb.cn/huiyihuodong/2020-01-09/A1578571911884.html，2020.

［107］刘志成，吴能全．中国企业家行为过程研究——来自近代中国企业家的考察［J］．管理世界，2012（6）：109-123.

［108］路建楠，吴新梅，倪晨昕．北京、上海、深圳打造“双创”升级版的若干比较［J］．上海城市管理，2021，30（2）：61-68.

［109］鲁爱民．我国女企业家在转型中的路径选择研究：基于温州的调查［J］．企业经济，2011，30（4）：86-91.

［110］罗莲．论企业家生成与文化环境［J］．冶金经济与管理，2004（6）：41-43.

［111］罗辉．乡村旅游人才培训体系构建［J］．玉溪师范学院学报，2009，25（3）：31-35.

［112］吕海涛．河北省民营企业家的路径依赖与引导对策［J］．河北学刊，2013，33（5）：205-208.

［113］吕政，黄群慧．职业企业家的产生机制与国有企业经营者的职业化［J］．经济界，2003（6）：51-56.

［114］马克·史库森．经济逻辑——微观经济学视角［M］．杨培雷，译．上海：上海财经大学出版社，2005.

［115］马莉．金属切削加工知识图谱构建及应用研究［J］．中国金属通报，2022（4）：171-173.

［116］马月媚．工商联服务非公有制经济组织的职能研究［D］．广州：华南理工大学，2019.

［117］孟令标，齐善鸿．企业家精神结构及培育的文化路径探索——基于老子管理哲学思想的视角［J］．企业经济，2021，40（12）：59-68.

［118］宁夏宝丰集团有限公司董事长党彦宝当选 2019 经济年度人物［EB/OL］．证券日报网，http：//www. zqrb. cn/huiyihuodong/2020-01-09/A1578571911877. html，2020.

［119］潘刚（内蒙古伊利实业集团公司党委书记、董事长）［EB/OL］．互动百科，https：//www. baike. com/wiki/%E6%BD%98%E5%88%9A，2020.

［120］企业家与企业家精神［EB/OL］．https：//www. sanbiaoge. com/p/4634544,2021.

［121］钱惠英．当代西方“社会企业家精神”理论综述［J］．现代企业，2013（3）：35，38.

［122］青海省工商业联合会［EB/OL］．搜狗百科，https：//baike. sogou. com/v70889384. htm，2019.

［123］荣兆梓．企业家生成模式比较——苏浙皖 13 位企业家个案调查综合研究报告［J］．学术界，2006（2）：34-57.

［124］任洲麒，温伟祥，姚先国．企业家成长影响因素的多维分析框架探索——基于企业家个体的实证研究［J］．重庆大学学报（社会科学版），2009，15（6）：63-72.

［125］阮德信，朱玉华．亚企业家成长影响因素及成长路径［J］．求实，2004（12）：59-61.

［126］阮林芳，陈长民．中小企业融资障碍及对策分析——以西部地区为例［J］．老字号品牌营销，2019（10）：25-26.

［127］［法］萨伊．政治经济学概论（中译本）［M］．北京：商务印书馆，1997.

［128］孙长坪．创新型企业家队伍建设的孵化机制［J］．科技管理研究，2009，29（6）：502-503，506.

［129］单宝仁．李黑记：打造“中国西部第一村”［N］．金秋，2019-04-01.

［130］沈浩．老干妈人性铸就辉煌［J］．农产品市场周刊，2009（50）：38-39.

［131］史贵禄．鼓足干劲练好内功　追赶超越贡献力量［N］．中华工商时报，2020-04-28.

［132］石榴云．新疆 3 家企业上榜中国民企 500 强［N］．新疆日报，2021-09-26.

［133］孙亮．中国企业家类型及其特征［J］．浙江经济，2001（7）：54-55.

［134］孙亮．转轨期企业家的类型特点及成长路径［J］．环渤海经济瞭望，2001（5）：29-31.

［135］唐丁祥，王艳辉．企业家成长与外部环境的动态演化分析［J］．华东经济管理，2011，25（2）：106-108.

［136］唐国华．企业家技术进步路径选择与经济增长［J］．技术经济与管理研究，2014（1）：32-37.

［137］田杰棠．新时代培育创新型企业家的若干思考［J］．新经济导刊，2019（2）：9-14.

［138］田永力．创新离不开风险投资人队伍［J］．经济论坛，2003（17）：91-95.

［139］四川省首届产业互联网高峰论坛［EB/OL］．成都网络营销吧，https：//tieba. baidu. com/p/5143677258，2019.

［140］万博新经济研究院．2018 年中国各省份营商环境大盘点：东部优势明显［N］．第一财经日报，2018-12-25.

［141］王建华．西部民营企业文化的构建［J］．唐都学刊，2008（2）：39-42.

［142］王绛．大力弘扬新时代企业家精神——学习贯彻习近平总书记在企业家座谈会上的重要讲话精神［J］．党课参考，2020（16）：10-26.

［143］王金虎．政法改革：有力推动政法工作高质量发展［N］．光明日报，2022-04-23（2）.

［144］王琳．组织互动关系对产学研协同创新绩效的影响研究［J］．现代商贸工业，2022，43（2）：20-22.

［145］王秀模．中国民营企业家成长机制研究［J］．重庆科技学院学报，2006（6）：68-70.

［146］王雪冰．企业文化与企业培训体系的融合发展［J］．人才资源开发，2021（23）：75-76.

［147］王亚民．企业家动机的分类和培养［J］．鹭江职业大学学报，1999（3）：30-34.

［148］汪艳．中国企业家成长环境的若干思考［J］．华东经济管理，2005（10）：45-47.

［149］王扬眉．家族企业继承人创业成长金字塔模型——基于个人意义构建视角的多

案例研究［J］. 管理世界，2019，35（2）：168-184，200.

［150］魏峥，徐志英，匡建超. 西部民营企业文化建设困境及对策［J］. 商场现代化，2006（35）：329-330.

［151］五粮液集团党委书记、董事长李曙光当选 2019 经济年度人物［EB/OL］. 证券日报网，http：//www. zqrb. cn/huiyihuodong/2020-01-09/A1578571911876. html，2020.

［152］吴杰. 家族二代的成长经历会影响企业的“成长”路径吗？［D］. 厦门：厦门大学，2018.

［153］吴京芳. 高科技企业组织变革和企业家成长［J］. 江苏经济探讨，1998（8）：14-16.

［154］吴亚军［EB/OL］. 创业百科，http：//wiki. ujelly. org/index. php？edition-view-4486-4.

［155］西安东盛集团有限公司［EB/OL］. 每日人才网注册企业，http：//www. rc365. com/q. asp？qiye_ code=28260c51-7192-4de6-8abc-5ae9e9afde12，2011.

［156］西部大开发［EB/OL］. https：//wenku. baidu. com/view/c477084eb307e87101f69667. html，2017.

［157］西部中小企业竞争力现状与塑造对策［EB/OL］. https：//www. mayiwenku. com/p-3255900. html，2020.

［158］习近平. 在企业家座谈会上的讲话［J］. 现代企业，2020（7）：1，4.

［159］奚菁. 我国企业集群形成中的文化因素分析［J］. 中国经贸导刊，2010（1）：95.

［160］谢涛. 筚路蓝缕：1979—1984 年广东经济特区的初创［J］. 炎黄春秋，2020（12）：16-20.

［161］西藏北京商会在拉萨成立［EB/OL］. 原创，http：//www. tibet. cn/cn/index/syyc/201809/t20180910_ 6248472. html，2018.

［162］新疆首富的励志故事［EB/OL］. http：//www. xjdsb. com/fuping/9806. html，2019.

［163］徐超，池仁勇. 企业家个人特质与创业企业绩效——社会资本的中介作用［J］. 科技与经济，2016，29（6）：76-80.

［164］续写家族辉煌的接班人［J］. 现代企业文化，2013（Z1）：54-58.

［165］徐新（中华英才网的初始投资者和董事会主席）［EB/OL］. https：//baike. baidu. com/item/%E5%BE%90%E6%96%B0/17487，2018.

［166］徐新女士——中华英才网的初始投资者和董事会主席_ 云里雾里［EB/OL］.

https://blog. sina. com. cn/s/blog_ c3bf7b070101dilb. html，2013.

［167］姚建文，姚岚．云南企业家产生机制及成长环境研究［J］．学术探索，2014（2）：72-75.

［168］姚丽娟．我国东西地区经济发展差距扩大成因及对策［J］．甘肃政法成人教育学院学报，2006（3）：143-145.

［169］姚书杰．我国不同所有制类型的企业家地位分析［J］．经济导刊，2011（5）：86-87.

［170］杨红．新泰市工商联所属商会组织发展研究［D］．济南：山东财经大学，2021.

［171］杨鸿玺．中阿经贸合作的动力分析与路径选择［J］．阿拉伯世界研究，2011（2）：29-35.

［172］杨洁．激发西部地区科研人员创新行为的思路［J］．企业技术开发，2014，33（28）：67-68，86.

［173］杨雪，赵东．贵州“老干妈”文化品牌的国际传播［J］．经营与管理，2021（2）：65-68.

［174］叶中俊，夏姗．新常态下西部地区中小企业技术创新能力提升研究［J］．商，2016（23）：24.

［175］尹剑峰．技术型企业家创业成长过程研究［J］．湖南财政经济学院学报，2019，35（5）：75-84.

［176］永辉超市2018年年度报告［EB/OL］．http：//www. sse. com，2018.

［177］余兴．我国企业家成长的内在障碍与消除路径［J］．湖北经济学院学报，2019，35（5）：75-84.

［178］于泳．“大块头”添活力　“小巨人”在成长［N］．经济日报，2021-09-27（9）.

［179］［美］约瑟夫·熊彼特．经济发展理论（中译本）［M］．北京：商务印书馆，1981.

［180］云南省民营企业家协会［EB/OL］．搜狗百科，https：//baike. sogou. com/v69039781. htm，2019.

［181］张焕勇．企业家能力与企业成长关系研究［D］．上海：复旦大学，2007.

［182］章丽厚，宁宣熙．民营企业家特质与企业发展阶段的适应性分析［J］．现代经济探讨，2007（9）：85-88.

［183］张茉楠，李汉铃．基于认知资源观的企业家创造性决策研究［J］．中国软科学，

2005（8）：113-120.

［184］张盼，马海珍．安徽省民营企业家特质研究——基于64份问卷的调查与分析［J］．中国集体经济，2011（18）：71-72.

［185］张瑞宇．“让黄河成为造福人民的幸福河”总目标实现的路径构建［J］．社科纵横，2021，36（6）：69-74.

［186］张素平．企业家提升企业创新能力的路径研究［J］．管理工程学报，2009，23（S1）：34，45-48.

［187］张苇．内部企业家特质及培育机制研究［D］．青岛：中国海洋大学，2012.

［188］张维迎．企业的企业家——契约理论［M］．上海：上海人民出版社，1995.

［189］张义学．陕西百强企业进与退［J］．西部大开发，2020（1）：52-57.

［190］张玉利，谢巍．改革开放、创业与企业家精神［J］．南开管理评论，2018，21（5）：4-9.

［191］赵胜男．新时代改革开放需要弘扬新时代企业家精神［J］．商场现代化，2021（8）：86-88.

［192］赵甜甜．企业扩张的动因分析［J］．科技资讯，2013（12）：175.

［193］赵慧军．关于企业家特质的调查研究［J］．经济与管理研究，2001（6）：55-59.

［194］朱晓霞．企业家网络与小企业成长关系研究［D］．上海：同济大学，2008.

［195］赵文红，李垣．企业家成长理论综述［J］．经济学动态，2002（11）：70-75.

［196］这场二线城市抢人大战　没你想的那么简单［EB/OL］．http：//news.eastday.com/c/20180327/u1a13782173.html，2018.

［197］郑健壮．民营科技企业家特质与企业绩效相关性研究——基于浙江省3937家民营科技企业的调查［J］．中国流通经济，2004（3）：37-40.

［198］郑小平，刘翔辉，阮德信．企业家成长的路径选择［J］．企业文明，2003（10）：48-49.

［199］周晶，王禹清，单立坡．中小企业发展环境改善显著　区域差异明显［J］．中国中小企业，2021（4）：28-30.

［200］邹立凯，宋丽红，王博．世代效应：民营企业家群体的阶层地位变迁研究［J］．经济管理，2020，42（4）：54-71.

［201］周秋蓓．唐金根：用投资的精神做奉献［J］．中国西部，2009（Z7）：56-57.

［202］中华人民共和国2021年国民经济和社会发展统计公报［J］．中国统计，2022

(3)：9-26.

［203］中华全国工商业联合会，这个团体你需要了解！［EB/OL］. 中国统一战线新闻网，人民网，http：//tyzx. people. cn/n1/2017/1127/c396781-29669753. html，2018.

［204］中国建材等7家水泥企业上榜2022年《财富》中国500强　海螺水泥列入最赚钱公司榜单！［J］. 中国水泥，2022（8）：87.

［205］中国企业联合会［EB/OL］. 互动百科，https：//www. baike. com/wiki/%E4%B8%AD%E5%9B%BD%E4%BC%81%E4%B8%9A%E8%81%94%E5%90%88%E4%BC%9A，2020.

［206］中国企业家调查系统，仲为国，李兰，等. 企业进入创新活跃期：来自中国企业创新动向指数的报告——2016·中国企业家成长与发展专题调查报告［J］. 管理世界，2016（6）：67-78.

［207］中国中小企业协会顺势而生［N］. 中国改革报，2006.

［208］中共江苏省委统战部课题组，王志刚. 新生代非公有制经济代表人士成长规律和培养路径问题研究［J］. 江苏省社会主义学院学报，2014（3）：10-13.

［209］中共中央，国务院. 关于营造企业家健康成长环境　弘扬优秀企业家精神　更好发挥企业家作用的意见［EB/OL］. http：//www. gov. cn/zhengce/2017-09/25/content_5227473. htm，2017.

［210］紫金e评. 找准"金钥匙"，让产业扶贫结出"致富果"［EB/OL］. 地评线 http：//news. cqnews. net/html/2020-04/21/content_ 50900284. htm，2020.

［211］朱雪蕾. 旅游企业家成长环境与特质研究［D］. 西安：西北大学，2019.

［212］朱敏. 中外企业家成长环境、激励与制约机制比较研究［M］. 成都：西南财经大学出版社，2010.

［213］左颖. 是什么左右我们的人生［EB/OL］. 中国中学生联盟网，https：//www. cando100. com，2011.

［214］2020年中国上市公司百强排行榜在上海发布　科创板企业崭露头角［EB/OL］. 证券日报网，http：//www. zqrb. cn/gscy/qiyexinxi/2020-08-25/A1598337415977. html，2020.

［215］2021中国500强企业榜单在吉林长春发布［J］. 中国产经，2021（19）：84-87.

［216］2021中国农业企业500强排行榜［N］. 农民日报，2021-12-18（5）.

附　录

问卷编码：__________

西部民营企业家成长问卷调查

省：__________________________

市：__________________________

单位名称：____________________

职务：________________________

姓名：________________________

电话：________________________

Email：________________________

填写时间：____________________

一、您本人的背景信息情况

01. 性别

□男　□女

02. 年龄

□20 岁以下　□20~29 岁　□30~39 岁　□40~49 岁　□50~59 岁

□60 岁以上

03. 您的学历

□高中及以下　□大专　□大学本科　□硕士研究生　□博士研究生

04. 办企业之前您的职业

□机关企事业干部（绿灯型）

□军人

□专业技术人员（智慧型）

□个体户（经验型）

□商业服务人员（精明型）

□大学生

□专业户（手艺人）（技能型）

□普通工人（生产型）

□农民（勤劳型）

□外资企业人员

□无职业者

□其他

05. 您的政治面貌是

□中共党员

□民主党派

□群众

06. 您是否为

□全国人大代表或政协委员

□省级人大代表或政协委员

□市级人大代表或政协委员

□县级人大代表或政协委员

□区级人大代表或政协委员

□劳模或杰出青年等荣誉获得者

□非上述荣誉获得者

07. 您在公司的职务是

□总裁

□创始人

□董事长

□总经理

□企业高管

08. 您目前的国籍是

□中国国籍　□外国国籍

二、您所在企业基本情况调查

09. 您企业所属行业

□农业

□工业

□建筑业

□批发和零售业

□运输、邮电和软件业

□住宿、餐饮业和旅游

□金融业

□房地产

□科学技术

□教育

□卫生和社会服务

□文化和体育

10. 员工人数：

□1~10 人　□11~50 人　□50~100 人　□100~500 人　□500 人以上

11. 公司成立年数

□2 年以下　□3~5 年　□6~10 年　□11~15 年　□16 年以上

12. 公司规模在行业中属

（本问题回答请参照附录）

□规模以上企业　□大型　□中型　□小型　□微型企业

13. 您所在公司所属阶段

□创业阶段　□成长阶段　□成熟阶段　□转型阶段

14. 企业第一桶金获取的重要原因是

请根据情况选择回答本题：1 不重要　2 不太重要　3 不确定　4 重要　5 特别重要

商业机遇好□1　□2　□3　□4　□5

有贵人相助□1　□2　□3　□4　□5

资本量充足□1　□2　□3　□4　□5

行业选择正确□1　□2　□3　□4　□5

广泛的社会关系资源□1　□2　□3　□4　□5

商业眼光独到□1　□2　□3　□4　□5

敢于冒险□1　□2　□3　□4　□5

团队合作得力□1　□2　□3　□4　□5

商业技巧运用合理□1　□2　□3　□4　□5

规避风险措施得当□1　□2　□3　□4　□5

政策红利□1　□2　□3　□4　□5

产品或技术在同行业间优势明显□1　□2　□3　□4　□5

三、西部民营企业家创业动机

15. 本模块是对民营企业家创业动机的调查

请根据情况在各选项上打钩：1 完全不同意　2 不同意　3 不确定　4 同意　5 完全同意　若您的企业未遇到该问题请选择 1

喜欢挑战□1 □2 □3 □4 □5

为了获得认可□1 □2 □3 □4 □5

为了赚取利润□1 □2 □3 □4 □5

能够当老板□1 □2 □3 □4 □5

能够获得舒适的生活□1 □2 □3 □4 □5

可以自己做决策□1 □2 □3 □4 □5

为后代留一份家业□1 □2 □3 □4 □5

为亲人提供一份保障□1 □2 □3 □4 □5

为以后退休做准备□1 □2 □3 □4 □5

使公司成为全国或世界知名企业□1 □2 □3 □4 □5

提供就业机会给他人□1 □2 □3 □4 □5

迫于生活经济压力□1 □2 □3 □4 □5

四、西部民营企业家面临的困境

16. 本模块是对西部民营企业家面临困境的调查

请根据情况在各选项上打钩：1 特别不重要 2 不重要 3 不确定 4 重要 5 特别重要

人工成本上升□1 □2 □3 □4 □5

能源、原材料成本上升□1 □2 □3 □4 □5

缺乏人才□1 □2 □3 □4 □5

人民币升值过快□1 □2 □3 □4 □5

未来影响企业发展的不确定性因素太多□1 □2 □3 □4 □5

社保、税费负担过重□1 □2 □3 □4 □5

资金紧张□1 □2 □3 □4 □5

整个行业产能过剩□1 □2 □3 □4 □5

缺乏创新能力□1 □2 □3 □4 □5

资源、环境约束较大□1 □2 □3 □4 □5

遭受不公平竞争□1 □2 □3 □4 □5

国内需求不足□1 □2 □3 □4 □5

行业发展前景不明□1　□2　□3　□4　□5

出口需求不足□1　□2　□3　□4　□5

地方政府干预较多□1　□2　□3　□4　□5

企业冗员安排困难□1　□2　□3　□4　□5

缺乏投资机会□1　□2　□3　□4　□5

企业融资困难□1　□2　□3　□4　□5

家庭矛盾较大□1　□2　□3　□4　□5

业余时间少□1　□2　□3　□4　□5

身体状况差□1　□2　□3　□4　□5

子女教育问题□1　□2　□3　□4　□5

接班人问题无法解决□1　□2　□3　□4　□5

五、西部地区民营企业家成长环境与路径调查

17. 本模块是对西部民营企业家成长环境的调查

您认为在您的成长过程中哪些因素对您的影响最大，请根据情况在各选项上打钩：1 特别不重要　2 不重要　3 不确定　4 重要　5 特别重要

个人品格□1　□2　□3　□4　□5

学历□1　□2　□3　□4　□5

家庭熏陶、配偶支持、遗传□1　□2　□3　□4　□5

朋友、同乡、导师□1　□2　□3　□4　□5

榜样（偶像）力量□1　□2　□3　□4　□5

社会机遇的影响□1　□2　□3　□4　□5

社会风尚的影响□1　□2　□3　□4　□5

社会思想观念的影响□1　□2　□3　□4　□5

企业家社会地位状况□1　□2　□3　□4　□5

国家政治体制及基本制度安排□1　□2　□3　□4　□5

政府宏观经济政策□1　□2　□3　□4　□5

政府行政效率与规范□1　□2　□3　□4　□5

法律体系的保障□1　□2　□3　□4　□5

市场竞争环境□1 □2 □3 □4 □5

产业扶持政策□1 □2 □3 □4 □5

生态环境保护政策□1 □2 □3 □4 □5

产业发展的带动□1 □2 □3 □4 □5

自主创新体系□1 □2 □3 □4 □5

知识产权、技术等保护□1 □2 □3 □4 □5

地区基础设施□1 □2 □3 □4 □5

地区科技水平□1 □2 □3 □4 □5

社会教育与培训□1 □2 □3 □4 □5

相关人才□1 □2 □3 □4 □5

企业家精神□1 □2 □3 □4 □5

事业心□1 □2 □3 □4 □5

学习环境影响□1 □2 □3 □4 □5

团队氛围□1 □2 □3 □4 □5

基层工作经历□1 □2 □3 □4 □5

成功的行业经验□1 □2 □3 □4 □5

失败的教训□1 □2 □3 □4 □5

对技术的执着追求□1 □2 □3 □4 □5

对某一行业的热爱□1 □2 □3 □4 □5

18. 您是通过什么路径成为企业家的？

□自主创业

□下海经商

□职业经理人

□边学边干，自学成长

□家族熏陶（家族带动成长）

□团队带动（在团队中成长）

□导师引领（师生、师徒带动成长）

□同乡带动（同乡）

□亲友支持（亲戚、朋友带动成长）

□依靠外脑（与大学、科研机构、咨询公司合作成长）

□学习知识技术（学习、读 MBA 等）

其他路径：________

六、西部地区民营企业家自我认知调查

19. 您认为企业家成功的标志是

□列位财富排行榜

□财富自由

□在海外拥有企业

□成为名人

□获得社会职务

□公司上市

□在政府任职

□拥有企业的知名度

□能够长久地成功运营企业

□对社会具备相当影响力

□对政府政策具备相当影响力

□形成自己的商业理论和商业哲学思想

20. 您认为您自身最具备以下哪些企业家精神

□锐意进取的执着精神

□创新精神

□社会责任感

□诚实守信的精神

□统筹协调团队的合作精神

□把握不确定性局面

□敢于承担经营风险的冒险精神

□开拓拼搏的实干主义精神

□取之社会用之社会的奉献意识

21. 本模块是对西部民营企业家素质能力的调查

在您的成长过程中这些素质能力是否符合您目前的情况，请根据情况在

各选项上打钩：1 完全不同意 2 不同意 3 不确定 4 同意 5 完全同意

享受自己的工作过程及所取得的成果，对当前所做工作有较高的认可度 □1 □2 □3 □4 □5（成就感）

积极完成既有工作，以较高的热情学习新知识和理念，并对未来发展积极探索□1 □2 □3 □4 □5（主动性）

建立良好的人际关系，在经营活动中与下属、合作伙伴能够开展良好的合作，并获得预期效果□1 □2 □3 □4 □5（人际交往能力）

在特定领域能将专业知识与管理知识结合起来□1 □2 □3 □4 □5（专业技能）

对经营活动中遇到的问题能够认清政策形势，准确把握事物本质，做出及时应对措施□1 □2 □3 □4 □5（认知能力）

具有良好的创新意识，鼓励创新行为□1 □2 □3 □4 □5（创新能力）

具有良好的风险意识，对既有风险能够及时采取措施进行控制和解决 □1 □2 □3 □4 □5（风险管控能力）

能快速融入群体，并在群体中形成权威的影响□1 □2 □3 □4 □5（群体能力）

具有远见卓识和战略性眼光□1 □2 □3 □4 □5（战略能力）

身体健康，有良好的体格□1 □2 □3 □4 □5（身体素质）

有强烈的社会责任感，并对社会需求积极做出贡献□1 □2 □3 □4 □5（社会责任意识）

具有良好的个人品质和务实的作风□1 □2 □3 □4 □5（个人品质）

具有良好的生态环境保护意识□1 □2 □3 □4 □5（环境保护）

具有良好的管理领导才能□1 □2 □3 □4 □5（管理才能）

对自我的综合能力的评价□1 □2 □3 □4 □5（整体评价）

22. 您认为目前您最需要提升的方面是？

□决策能力

□丰富的行业与专业知识

□良好的品德威望

□识人用人能力

□社会责任感

□预见能力

□沟通协调能力

□创业热情

□毅力与坚韧

□学习能力

□创新与冒险精神

□良好的社会关系

□生态环保意识

□心胸开阔

□人文素质

□其他

附　录

行业名称	指标名称	计量单位	大型	中型	小型	微型
农、林、牧、渔业	营业收入（Y）	万元	$Y \geqslant 20000$	$500 \leqslant Y < 20000$	$50 \leqslant Y < 500$	$Y < 50$
工业 *	从业人员（X）	人	$X \geqslant 1000$	$300 \leqslant X < 1000$	$20 \leqslant X < 300$	$X < 20$
	营业收入（Y）	万元	$Y \geqslant 40000$	$2000 \leqslant Y < 40000$	$300 \leqslant Y < 2000$	$Y < 300$
建筑业	营业收入（Y）	万元	$Y \geqslant 80000$	$6000 \leqslant Y < 80000$	$300 \leqslant Y < 6000$	$Y < 300$
	资产总额（Z）	万元	$Z \geqslant 80000$	$5000 \leqslant Z < 80000$	$300 \leqslant Z < 5000$	$Z < 300$
批发业	从业人员（X）	人	$X \geqslant 200$	$20 \leqslant X < 200$	$5 \leqslant X < 20$	$X < 5$
	营业收入（Y）	万元	$Y \geqslant 40000$	$5000 \leqslant Y < 40000$	$1000 \leqslant Y < 5000$	$Y < 1000$
零售业	从业人员（X）	人	$X \geqslant 300$	$50 \leqslant X < 300$	$10 \leqslant X < 50$	$X < 10$
	营业收入（Y）	万元	$Y \geqslant 20000$	$500 \leqslant Y < 20000$	$100 \leqslant Y < 500$	$Y < 100$
交通运输业 *	从业人员（X）	人	$X \geqslant 1000$	$300 \leqslant X < 1000$	$20 \leqslant X < 300$	$X < 20$
	营业收入（Y）	万元	$Y \geqslant 30000$	$3000 \leqslant Y < 30000$	$200 \leqslant Y < 3000$	$Y < 200$
仓储业	从业人员（X）	人	$X \geqslant 200$	$100 \leqslant X < 200$	$20 \leqslant X < 100$	$X < 20$
	营业收入（Y）	万元	$Y \geqslant 30000$	$1000 \leqslant Y < 30000$	$100 \leqslant Y < 1000$	$Y < 100$
邮政业	从业人员（X）	人	$X \geqslant 1000$	$300 \leqslant X < 1000$	$20 \leqslant X < 300$	$X < 20$
	营业收入（Y）	万元	$Y \geqslant 30000$	$2000 \leqslant Y < 30000$	$100 \leqslant Y < 2000$	$Y < 100$

续表

行业名称	指标名称	计量单位	大型	中型	小型	微型
住宿业	从业人员（X）	人	$X\geqslant300$	$100\leqslant X<300$	$10\leqslant X<100$	$X<10$
	营业收入（Y）	万元	$Y\geqslant10000$	$2000\leqslant Y<10000$	$100\leqslant Y<2000$	$Y<100$
餐饮业	从业人员（X）	人	$X\geqslant300$	$100\leqslant X<300$	$10\leqslant X<100$	$X<10$
	营业收入（Y）	万元	$Y\geqslant10000$	$2000\leqslant Y<10000$	$100\leqslant Y<2000$	$Y<100$
信息传输业*	从业人员（X）	人	$X\geqslant2000$	$100\leqslant X<2000$	$10\leqslant X<100$	$X<10$
	营业收入（Y）	万元	$Y\geqslant100000$	$1000\leqslant Y<100000$	$100\leqslant Y<1000$	$Y<100$
软件和信息技术服务业	从业人员（X）	人	$X\geqslant300$	$100\leqslant X<300$	$10\leqslant X<100$	$X<10$
	营业收入（Y）	万元	$Y\geqslant10000$	$1000\leqslant Y<10000$	$50\leqslant Y<1000$	$Y<50$
房地产开发经营	营业收入（Y）	万元	$Y\geqslant200000$	$1000\leqslant Y<200000$	$100\leqslant Y<1000$	$Y<100$
	资产总额（Z）	万元	$Z\geqslant10000$	$5000\leqslant Z<10000$	$2000\leqslant Z<5000$	$Z<2000$
物业管理	从业人员（X）	人	$X\geqslant1000$	$300\leqslant X<1000$	$100\leqslant X<300$	$X<100$
	营业收入（Y）	万元	$Y\geqslant5000$	$1000\leqslant Y<5000$	$500\leqslant Y<1000$	$Y<500$
租赁和商务服务业	从业人员（X）	人	$X\geqslant300$	$100\leqslant X<300$	$10\leqslant X<100$	$X<10$
	资产总额（Z）	万元	$Z\geqslant120000$	$8000\leqslant Z<120000$	$100\leqslant Z<8000$	$Z<100$
其他未列明行业*	从业人员（X）	人	$X\geqslant300$	$100\leqslant X<300$	$10\leqslant X<100$	$X<10$

后　记

企业家成长是一个永久的话题，身为西部教师和学者，我们长期关注西部人才的培养和地方经济的发展问题，也常常反思西部经济落后的原因。有人说民营经济的活跃度是衡量一个地区发达水平的标志，也是一个地区文明程度的标志，还有人说，资源和环境是制约一个地区发展水平的重要因素。我想，不管从哪种角度思考，西部企业家资源缺乏都是西部经济落后的重要原因之一。改革开放 40 多年，中国企业家经历了从无到有的发展过程，西部不乏好的大学，身为教育工作者，培养西部企业家是我们的责任。

2011 年我跟随导师白永秀教授开始创办永秀智库，起因正如导师所说的那样，为了更好地完成“企业家与企业家精神”课程的讲授，我们希望体验创业者的感受，体验成为企业家的全过程。回想创业 10 余年来，风风雨雨，百转千回，我们从只懂书本管理的大学教师成长为管理前沿的实践者，创业团队也成长为企业家团队。《西部企业家成长：环境与路径》一书，正是我们团队长期研究和实践企业家精神的产物，其观点是集体智慧的结晶。非常感谢多年来白教授团队给予的帮助，也感谢周遭朋友们的鼓励和支持！

我的研究生为本书的出版做了大量工作。研究生朱雪蕾的毕业论文选择了企业家成长研究方向，其毕业论文题目为《旅游企业家成长环境与特质研究》，还发表了论文《中国旅游企业家初探》。研究生宋海秋、柴婷艳和菅云林均参与了资料收集、初稿的撰写工作，其中宋海秋参与了第 5 章和第 7 章的撰写，共约 1.6 万字；柴婷艳参与了第 6 章的撰写，共约 1.5 万字；菅云林参与了第 5 章的撰写，共约 1.2 万字。柴婷艳和菅云林还参与了全书的统稿工作，感谢我的学生们为本书出版所做的贡献！

最后特别感谢陕西省教育厅和西北大学给予的支持，也感谢中国经济出版社的编辑贺静老师为本书出版所付出的辛勤劳动，她的专业水平和敬业精神是本书质量的保障。因作者水平有限，本书不足之处在所难免，恳请读者批评指正。

2017 年我被中国中小企业协会评为百名优秀企业家，是鼓励，更是鞭策。身为西部大学教师和创业者，研究和培育西部企业家问题将是我的永久课题，祝愿西部企业家人才辈出！

邵金萍

2022 年 10 月于西北大学